프레지 기본 & 실무

김성대·유정수 공저

PREZI

프레지에 파워포인트를 더하다

• 파워포인트를 활용해 프레지를 더욱 생동감 있게 제작하는 노하우를 담았습니다.
• 프레지 기본 기능부터 실무 프레젠테이션 제작까지 한 번에 배울 수 있습니다.

예문사

프레지에 파워포인트를 더하다!
프레지 기본&실무

머리말

건축가 겸 시각예술가 아담 솜러이 피셔(Adam Somlai-Fischer)는 2009년 4월 프레지라는 클라우드 기반의 프레젠테이션 도구를 발표했고, 5년 여간 많은 발전을 이룩했습니다. 이제 프레지는 초등학생부터 대학생, 직장인까지 사용하는 보편적인 프레젠테이션 도구로 자리매김하였고, 초창기의 지브라 도구에서 현재의 인터페이스까지 지속적인 업그레이드로 더욱 세상을 놀라게 하고 있습니다. 프레지는 빠르게 제작하여 역동적으로 발표할 수 있으며, 다른 사람과 공동으로 제작할 수 있는 공동 작업까지 지원합니다. 또한 인터넷만 연결되면 언제든지 프레젠테이션 제작과 발표를 할 수 있습니다.

프레지가 이렇게 많은 장점을 가지고 있지만 아직도 프레젠테이션 도구 중 가장 많이 사용되는 것은 파워포인트입니다. 파워포인트는 프레지의 역사보다 10년 이상 앞서 있으며 이러한 역사는 결코 무시할 수 없습니다. 프레지의 빠른 변화와 역동성 있는 움직임이 적응하기 힘들고 눈에 자극적이라고 생각하는 사용자들도 많습니다. 이런 문제점을 해결할 수 있는 것이 바로 파워포인트와 프레지의 만남입니다. 기존 도구와 새로운 도구의 만남은 많은 장점을 가지고 있어 더욱 절실하다 할 수 있겠습니다.

이 책은 발표를 준비하는 발표자가 주제를 선정하고 청중을 분석하며, 스토리를 만들어가는 기획 과정부터 프레지의 기본 기능과 파워포인트의 장점을 최대한 빨리 익힐 수 있습니다. 따라서 기존 프레지의 틀에서 벗어나 파워포인트라는 새로운 옷을 입은 프레지로 여러분 앞에 다가갈 것입니다.

원고를 준비하는 동안 많은 분들이 도움을 주셨습니다. 내용 구성에서 많은 지도편달을 해 주신 블루기획 홍성근 이사님과 마음상자 김석일 대표님, 그리고 이 책이 완성되기까지 고생하신 편집, 교정 작업 담당자들께도 깊이 감사드리며 이 책을 만들기까지 아낌없이 응원해 주신 모든 분들께 감사드립니다.

저자 | **김성대**

Preface

지금 한국에서는 스토리텔링이라는 기법에 대해 많은 관심과 교육을 진행하고 있습니다. 스토리텔링을 이용한 교육, 마케팅, 건축 등 스토리를 강조한 부분이 많은 성과를 거두고 있기 때문입니다. 스토리텔링이란 스토리(Story)와 텔링(Telling)의 합성어로 상대방에게 이야기를 전달하는 것을 의미합니다. 프레지에서 스토리란 내용을 어떤 순서로 청중들에게 말할 것인지를 결정하는 것입니다.

현재 초등교육에서는 이러한 생각을 정리한 마인드맵과 그 생각을 펼쳐내는 스토리텔링 기법을 활용한 교과서로 교육이 진행 중입니다. 이미 선진국에서는 생각을 정리하여 표현할 수 있는 마인드맵 교육이 활성화되어 있습니다. 우리나라의 대표적인 건축물인 수원성은 정약용이 생각을 정리하여 지도로 표현하는 마인드맵을 이용하여 지었고 아인슈타인과 에디슨 또한 마인드맵을 이용해 생각을 정리했다고 합니다. 이러한 마인드맵을 이용하여 생각을 표현하는 스토리텔링을 최대한 표현해 줄 수 있는 가장 적절하고 정확한 도구가 프레지입니다. 다른 프레젠테이션 도구는 순차적인 내용으로 진행되지만, 프레지에서는 텍스트·이미지·동영상 등의 개체들을 프레임으로 그룹화하고 비순차적으로 순서를 지정할 수 있으며, 줌 인·줌 아웃으로 내용을 확대하거나 축소하여 집중과 강조에 도움을 줄 수 있습니다.

국내에 프레지가 도입된 뒤부터는 많은 청중들이 발표 내용보다는 어떤 프로그램을 이용했나에 더 큰 관심을 보였습니다. 신기해하고 관심을 가지면서도 대부분의 사람들이 사용하거나 배우기 어려울 것이라고 생각했습니다. 하지만 프레지 교육 후의 반응은 정말 쉽고 빠르게 발표 자료를 만들거나 생각을 정리할 수 있는 프로그램이라는 것이었습니다.

이 책은 프레지를 처음 접하는 사람들에게 프레지의 특징과 기본 기능을 쉽게 설명하면서도 프레젠테이션 전문가가 될 정도의 깊이 있는 내용으로 구성되었습니다. 책을 보며 차근차근 따라하다 보면 프레젠테이션에 대한 자신감이 생기게 될 것입니다.

저자 | **유정수**

PREVIEW
이 책의 구성

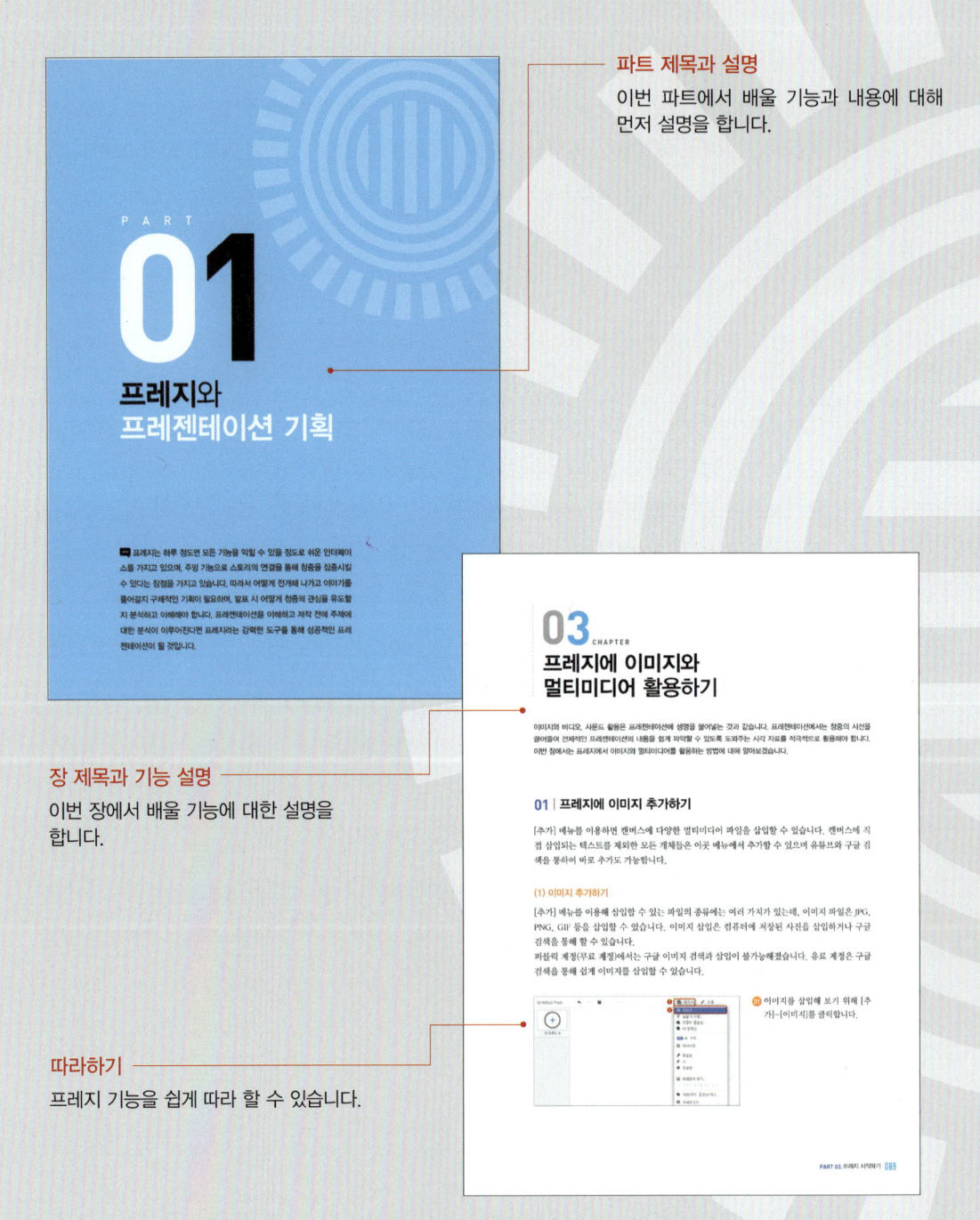

파트 제목과 설명
이번 파트에서 배울 기능과 내용에 대해 먼저 설명을 합니다.

장 제목과 기능 설명
이번 장에서 배울 기능에 대한 설명을 합니다.

따라하기
프레지 기능을 쉽게 따라 할 수 있습니다.

Preview

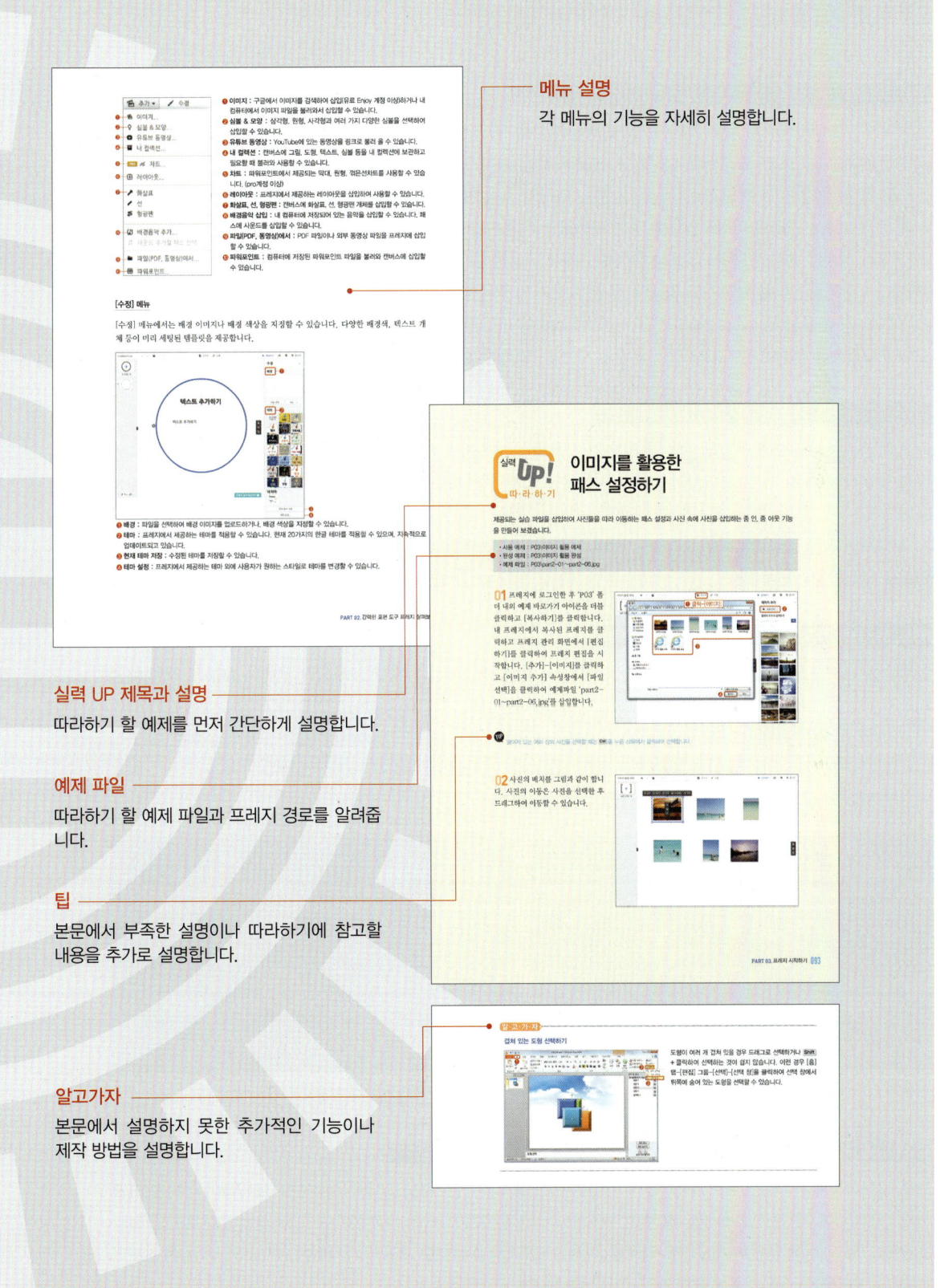

메뉴 설명
각 메뉴의 기능을 자세히 설명합니다.

실력 UP 제목과 설명
따라하기 할 예제를 먼저 간단하게 설명합니다.

예제 파일
따라하기 할 예제 파일과 프레지 경로를 알려줍니다.

팁
본문에서 부족한 설명이나 따라하기에 참고할 내용을 추가로 설명합니다.

알고가자
본문에서 설명하지 못한 추가적인 기능이나 제작 방법을 설명합니다.

왜 프레지에 파워포인트를 더해야 하나?

모든 세대가 공감할 수 있는 프레젠테이션을 만들자
초등학생부터 대학생까지 학교 라이선스의 Enjoy 계정을 무료로 배포하여 학생들에게 큰 인기를 끌고 있는 프레지는 현란하고 액티브한 모션으로 청중의 시선을 사로잡을 수 있습니다. 또한 제작과 복사가 간편한 클라우드 기반으로 모바일 디바이스로 언제든지 편집과 공동 제작이 가능하여 젊은 세대는 새로운 프레젠테이션 도구인 프레지에 열광합니다. 반대로 파워포인트를 많이 사용했던 사용자들의 프레지에 대한 첫 반응은 신기하고 놀라워하는 것입니다. 하지만 정적인 파워포인트의 슬라이드에서 내용을 읽어가며 발표하는 기존 방식과 달리 키워드 하나로 설명하는 것에 불편함을 느끼기도 합니다. 또한 프레지의 역동성이 눈에 자극과 피로를 느끼게 한다는 의견도 많습니다. 따라서 성공적인 프레젠테이션을 위해 장점을 살리고 단점을 보완하는 방법은 눈에 익숙한 파워포인트와 강력한 프레지를 적절하게 조화해 모두 공감할 수 있는 프레젠테이션을 제작하는 것입니다.

같은 디자인과 템플릿에서 벗어날 수 있다
7천5백만 사용자와 포춘 500대 기업 중 80%가 사용하는 프레지는 지금도 몇 만 개의 프레지가 등록되고 있지만 수백 만 개의 프레지 중 60% 이상이 템플릿을 활용한 디자인입니다. 즉 비슷한 디자인의 프레지가 반복적으로 사용되고 있는 것입니다. 이런 유사한 디자인에서 벗어나 다른 디자인이 필요할 때 파워포인트 디자인을 프레지에서 사용하면 같은 템플릿을 사용하더라도 전혀 다른 느낌을 전달할 수 있습니다. 나만의 프레지는 나만의 파워포인트로 완성할 수 있습니다.

파워포인트 기능은 프레지에서 디자인이다
현재의 프레지는 많은 디자이너의 참여로 감각적이고 아름답습니다. 하지만 프레지가 국내에 처음 소개될 때만 해도 디자인적인 부분보다 텍스트의 키워드로 스토리를 전개하는 방법이 대부분이었습니다. 그 이유는 일반인이 디자이너처럼 멋진 프레지 화면을 디자인하기 어렵기 때문입니다. 파워포인트에서는 많은 도형과 스마트아트, 이미지 편집 기능, 차트, 애니메이션 등을 제공하고 있어 파워포인트의 장점을 프레지에 담는다면 누구나 쉽고 빠르게 미려하고 역동적인 프레젠테이션을 제작할 수 있습니다.

▲ 프레지 템플릿

▲ 파워포인트의 스마트아트를 프레지에 삽입

프레지로 새롭게 만드는 것이 아닌 파워포인트 자료를 업데이트한다
프레지는 파워포인트와는 매우 다릅니다. 기존 파워포인트 자료의 내용을 그대로 프레지로 표현해야 한다면 어떨까요? 프레지에 파워포인트를 삽입할 수는 있지만 파워포인트로 제작된 슬라이드의 모든 것이 그대로 적용되지는 않습니다. 때문에 많은 파워포인트 자료를 가지고 있다면, 프레지로 새롭게 제작하는 것이 아닌 파워포인트의 일부분을 활용하여 프레지로 제작하면 많은 시간을 단축할 수 있습니다.

예제 사용법

이 책에 사용되는 예제 경로와 예제 파일은 예문사 홈페이지 자료실(http://www.yeamoonsa.com/cscenter/data.php)에서 다운받을 수 있습니다. 다운받은 '프레지예제.zip' 파일을 압축 해제하면 각각의 폴더에 예제 파일과 예제 경로가 포함되어 있습니다. '전체예제' 바로가기 아이콘을 실행하면 예제에 포함된 모든 프레지를 한눈에 볼 수 있습니다. 또 각각의 프레지를 복사해 자신의 프레지로 만들어 사용할 수 있습니다.

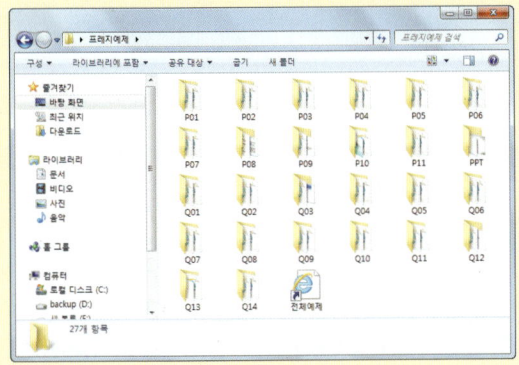
▲ 압축 해제된 프레지 예제

▲ 책에 사용된 프레지 예제

프레지에 로그인하고 각각의 폴더에 포함된 예제 파일 중 예제 바로가기 아이콘을 실행하여 프레지에 접속하면 해당 예제의 프레지를 확인할 수 있으며 [복사하기]를 클릭하여 자신의 프레지로 복사합니다.

복사된 프레지는 '내 프레지'에 복사되어 자신의 소유가 되며 '편집'을 클릭하면 자신의 프레지에서 수정할 수 있습니다.

프레지에 파워포인트를 더하다! **프레지 기본&실무**
CONTENTS

PART 01 프레지와 프레젠테이션 기획 011

CHAPTER 01 프레젠테이션 기획　　　　012
　01 | 프레젠테이션 프로세스　　　　　　012
　02 | 좋은 기획 vs. 나쁜 기획　　　　　　013
　03 | 프레젠테이션 기획을 위한 마인드맵　014
　04 | 정리된 마인드맵의 구조화　　　　　016

CHAPTER 02 프레젠테이션 제작과 발표　020
　01 | 프레젠테이션 저작 도구의 선택　　　020
　02 | 프레젠테이션 제작 과정　　　　　　021

PART 02 강력한 표현 도구 프레지 살펴보기 029

CHAPTER 01 프레지와 프레젠테이션　　030
　01 | 프레지란?　　　　　　　　　　　　030
　02 | 프레지 환경과 특징 살펴보기　　　　034

CHAPTER 02 프레지 살펴보기　　　　　039
　01 | 프레지 사이트 살펴보기　　　　　　039
　02 | 퍼블릭 라이선스로 회원가입하기　　041
　03 | 새로운 프레지 생성과 저장하기　　　043
　04 | 프레지 종료와 클라우드 시스템　　　046

CHAPTER 03 프레지 화면 구성　　　　　048
　01 | 프레지 관리 페이지 화면 구성　　　　048
　02 | 프레지 인터페이스 한눈에 파악하기　052

PART 03 프레지 시작하기 059

CHAPTER 01 텍스트와 패스 활용하기　　060
　01 | 텍스트 입력하기　　　　　　　　　　060
　02 | 텍스트 서식 바꾸기　　　　　　　　　062
　03 | 텍스트 편집과 텍스트 개체 다루기　　065
　04 | 텍스트 크기 조절과 정렬　　　　　　067
　05 | 패스 설정하기　　　　　　　　　　　068
　실력UP. 텍스트를 활용한 나만의 여행수첩 만들기　071

CHAPTER 02 프레임과 화살표 활용하기　074
　01 | 프레지의 프레임 활용　　　　　　　074
　02 | 화살표, 선, 형광펜 메뉴 활용하기　　083
　실력UP. 프레임과 화살표를 활용한 성공제안서 제작하기　087

CHAPTER 03 프레지에 이미지와 멀티미디어 활용하기　　089
　01 | 프레지에 이미지 추가하기　　　　　　089
　실력UP. 이미지를 활용한 패스 설정하기　093
　02 | 심볼 & 모양 삽입하기　　　　　　　　098
　실력UP. 심볼을 이용한 세계여행 패스 설정하기　101
　03 | 프레지 레이아웃 활용하기　　　　　　105
　실력UP. 레이아웃으로 완성하는 스토리텔링　111
　04 | 프레지에 동영상 삽입하기　　　　　　114
　실력UP. 사진 속 동영상 패스로 감상하기　116
　05 | 프레지에 음악 삽입하기　　　　　　　119
　실력UP. 크리스마스 프레지에 배경음악 삽입하기　123
　06 | PDF 문서 프레지에 삽입하기　　　　　125
　07 | 내 컬렉션 활용하기　　　　　　　　　127
　08 | 파워포인트 활용하기　　　　　　　　129
　실력UP. 파워포인트 제안서를 프레지에 삽입하기　131

CHAPTER 04 테마 활용하기   135
- 01 | 테마 활용하기   135
- 02 | 프레지에서 다양한 기본글꼴 사용하기   141
- 실력UP. 배경 이미지 삽입과 3D Background   144

CHAPTER 05 도움말 & 설정 및 프레지 공유하기   149
- 01 | 도움말 & 설정 살펴보기   149
- 02 | 프레지 공유하기   152

CHAPTER 06 파워포인트 기본 기능 익히기   160
- 01 | 도형을 효과적으로 그리는 바로가기 키   160
- 02 | 도형 이동하고 복사하기   162
- 03 | 도형 선택과 회전 및 모양 조절하기   166
- 04 | 도형 색과 스타일 지정하기   172
- 05 | 그림과 질감 패턴 채우기   175
- 06 | 3차원 도형 세부 서식 적용하기   178
- 07 | 입체효과로 아쿠아 도형 만들기   181

PART 04 파워포인트와 프레지의 만남   185

CHAPTER 01 파워포인트로 도형 디자인하고 프레지로 발표하기   186
- 01 | 파워포인트의 원형 도형으로 꾸미는 실전 프레젠테이션   186
- 02 | 파워포인트 도형으로 만드는 파스텔 배경 이미지   192
- 03 | 파워포인트의 강력한 도해를 배경으로 시계열 프레지 제작하기   199
- 04 | 파워포인트의 스마트아트로 교육용 3D 프레지 제작하기   210
- 05 | 파워포인트의 셰이프 기능으로 제작하는 영업성과 프레지   220
- 실력UP. 파워포인트 도형으로 꾸미는 나만의 프로필   232

CHAPTER 02 파워포인트로 이미지 편집하고 프레지로 발표하기   241
- 01 | 그림 서식으로 꾸미는 프레지 디지털 성장 앨범   241
- 02 | 배경 제거하여 깔끔한 이미지로 만드는 스마트러닝 제안서   248
- 03 | 꾸밈 효과로 만드는 페이드인 애니메이션 신차 론칭 발표회   254
- 04 | 파워포인트 동영상으로 꾸미는 주밍의 극대화   261
- 실력UP. 파워포인트 이미지로 꾸미는 세계의 유명인사   267

PART 05 프레지 실무 프로젝트   277

CHAPTER 01 프레지 실무 프로젝트 제작   278
- 01 | 글로벌 전략 프로젝트 기획과정   278
- 02 | 글로벌 전략 프로젝트 제작과정   284
- 03 | 직접 해보는 실전기획   300

CHAPTER 02 고급 사용자를 위한 프레젠테이션 제작 노하우   302

INDEX   311

PREZI & PRESENTATION

PART

01

프레지와
프레젠테이션 기획

💬 프레지는 하루 정도면 모든 기능을 익힐 수 있을 정도로 쉬운 인터페이스를 가지고 있으며, 주밍 기능으로 스토리의 연결을 통해 청중을 집중시킬 수 있다는 장점을 가지고 있습니다. 따라서 어떻게 전개해 나가고 이야기를 풀어갈지 구체적인 기획이 필요하며, 발표 시 어떻게 청중의 관심을 유도할지 분석하고 이해해야 합니다. 프레젠테이션을 이해하고 제작 전에 주제에 대한 분석이 이루어진다면 프레지라는 강력한 도구를 통해 성공적인 프레젠테이션이 될 것입니다.

01 CHAPTER
프레젠테이션 기획

프레지는 발표용 도구의 하나로 화려하고 역동적인 프레젠테이션을 보여줄 수 있어 대중적인 인기를 끌고 있습니다. 프레지는 도화지에 자신의 생각을 정리하고 정리된 생각을 바로 프레젠테이션할 수 있다는 장점을 가지고 있습니다. 프레지의 이러한 장점을 살리려면 프레젠테이션을 위해 어떤 것을 준비하고, 어떻게 풀어갈지 스토리로 연결해야 합니다. 이번 장에서는 프레젠테이션을 위해서 준비해야 할 내용에 대해 알아보겠습니다.

01 | 프레젠테이션 프로세스

▲ 프레젠테이션의 프로세스

프레젠테이션을 준비하고 진행하는 단계는 크게 '기획 → 제작 → 발표'의 범위로 나눌 수 있습니다. 모든 프레젠테이션은 기획 단계에서 어떻게 풀어나갈지, 어떻게 전개하고 스토리를 만들지 고민하게 됩니다. 따라서 이러한 고민과 준비 단계인 기획 단계에서 가장 많은 시간을 필요로 합니다. 제작은 파워포인트, 키노트, 프레지 등 다양한 저작 도구를 선택해서 제작하는 단계입니다. 발표는 청중, 목적, 장소를 분석해서 분석된 데이터를 적용하여 청중이 원하는 결과를 프레젠테이션을 통해 이끌어내는 단계입니다.

모든 단계에서 최우선으로 고려해야 할 것은 청중과의 커뮤니케이션입니다. 프레젠테이션 발표 시 청중은 발표자의 글, 이미지, 소리, 표정, 행동 등을 관찰하며, 서로의 느낌을 전달하고 또 전달받습니다. 따라서 기획 단계에서 청중에게 어떻게 어필할지 그리고 청중이 어떤 느낌을 받을지 예상해야 하며, 제작 단계에서 자신이 전달하고자 하는 의도를 키워드와 도해, 이미지, 동영상 등으로 청중이 알기 쉽게 설명해야 합니다. 프레젠테이션은 발표자의 경험이나 생각을 상대방에게 일방적으로 전달하는 강연 형태가 아니라 주어진 시간 내에 자신이 원하는 바와 생각을 청중과 공유하는 양방향 커뮤니케이션이 되어야 합니다.

02 | 좋은 기획 vs. 나쁜 기획

좋은 평가를 받는 기획과 그렇지 못한 기획, 그 차이는 무엇일까요? 간단히 말하면 상대의 마음을 사로잡았느냐 아니냐의 차이입니다. 따라서 좋은 기획으로 상대방의 마음을 붙잡으려면 다음과 같이 제시해야 합니다.

- 상대방의 관점에서 생각해야 한다.
- 시나리오의 흐름이 명확하고 일관성이 있어야 한다.
- Point가 명확해야 한다.

또한 내용을 구성할 때 다음과 같은 점을 명확하게 하고 청중들에게 어필할 수 있어야 합니다.

- 시기적절한 내용이어야 한다.
- 상대방에 대해 정확히 알고 있어야 한다(상대방의 관점에서 설명).
- 목적에 부합해야 한다.
- 데이터와 내용이 객관적이어야 한다.
- 전체 흐름이 알기 쉬워야 한다.
- 간결하여 이해하기 쉬워야 한다.
- 차별화되어야 한다.
- 우위성이 있어야 한다.
- 전체의 내용이 통일성 있게 콘셉트화되어 있어야 한다.

나쁜 기획이란 청중을 생각하지 않고 발표자의 의지대로 행동하며, 제작 단계에서도 청중에 대한 분석 없이 프레지나 파워포인트로 주제에 대한 결과물을 바로 제작하는 것입니다. 이렇게 자신이 보여주고 싶은 것만 보여주고, 자신의 자랑을 늘어놓는 프레젠테이션은 성공하기 어렵습니다.

03 | 프레젠테이션 기획을 위한 마인드맵

프레젠테이션은 다양한 목적과 유형에 따라 주제가 정해집니다. 이렇게 정해진 주제에 따라 스토리를 기획하는 가장 보편적인 방법은 마인드맵으로 생각을 정리해보는 것입니다. 어떤 내용들이 필요한지 알 수 있는 중요한 단계라고 할 수 있습니다. 우선 종이와 펜을 준비하고 그림을 직접 그려보거나 컨셉리더, 알마인드와 같은 마인드맵 프로그램을 사용해도 됩니다. 다만, 아날로그식으로 펜으로 종이에 적어가며 준비를 하면 더욱 창의적인 아이디어를 떠올릴 수 있습니다.

> **TIP 마인드맵이란?**
> 마음속에 지도를 그리듯이 줄거리를 이해하며 정리하는 방법으로 핵심 단어를 중심으로 거미줄처럼 사고가 파생되고 확장되어 가는 과정을 확인하고, 자신이 알고 있는 것을 동시에 검토하고 고려할 수 있는 일종의 시각화된 브레인스토밍 방법입니다.

(1) 마인드맵이란?

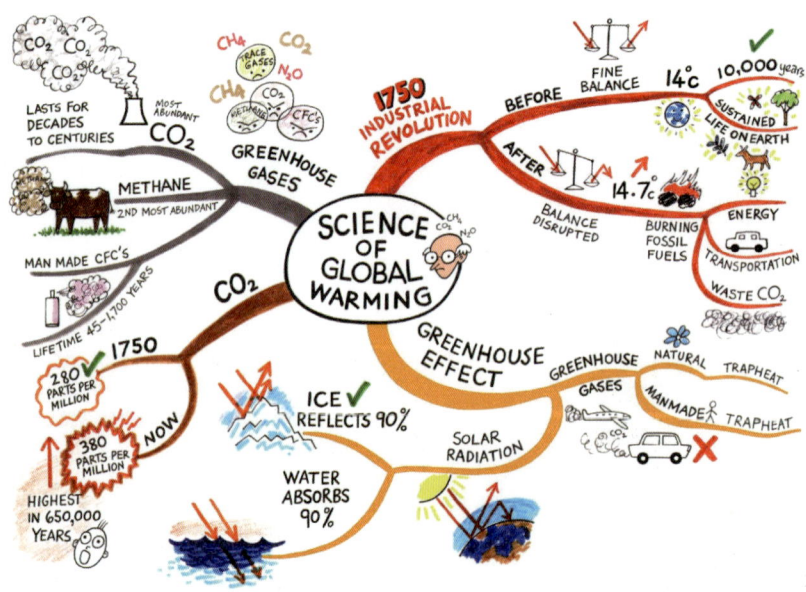

▲ 종이로 자신의 생각을 확장하는 마인드맵

신경과학의 발전으로 뇌를 구성하는 신경세포의 구조, 해부학적 연결, 전기화학적 작동 등이 규명되면서 생각의 문제가 인지과학이라는 학문 분야로 탄생되었습니다. 인지과학은 뇌의 구조와 기능 및 사고(思考) 과정을 규명하는 학문 분야입니다.

마인드맵의 원리는 이러한 인지과학을 기초로 한 두뇌작용원리로, 두뇌에서 정보가 처리되는 일련의 과정과 마인드맵의 과정은 동일합니다. 마인드맵은 창의력, 기억력, 정보를 회상하는 능력을 향상시킬 뿐만 아니라 실생활의 모든 면에 적용할 수 있고, 명료한 사고를 가능하게 합니다.

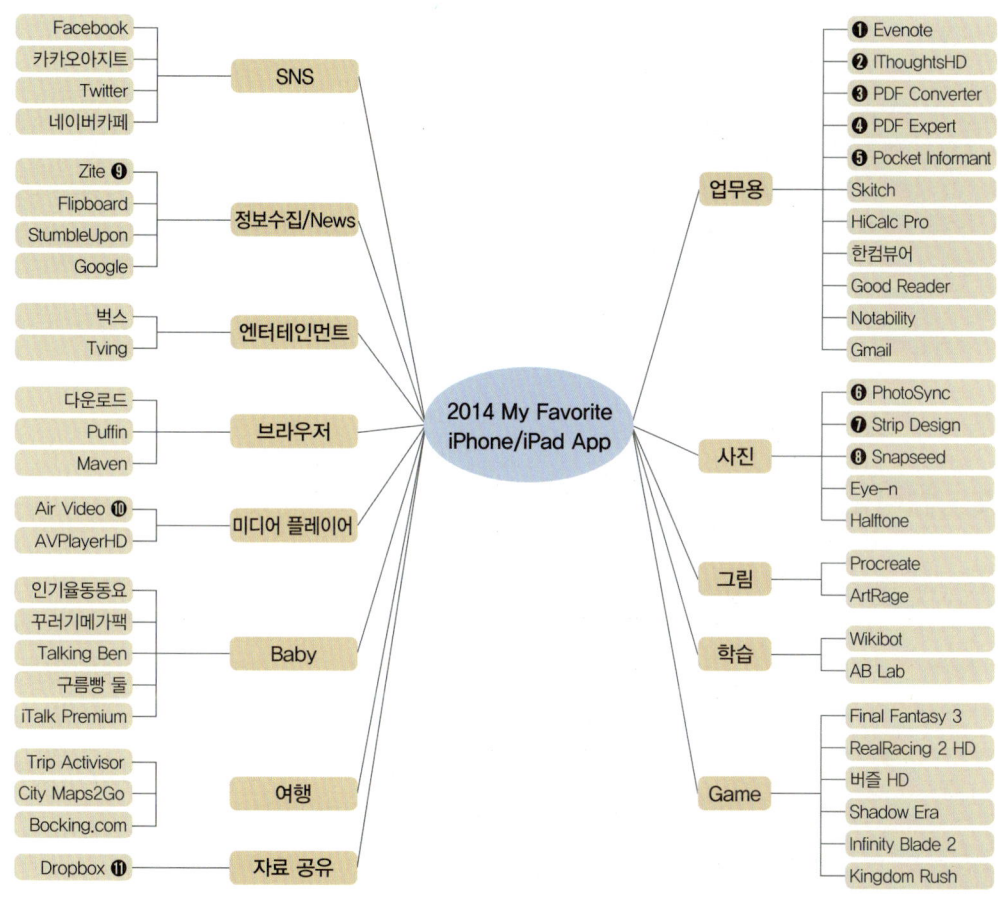

▲ 프로그램으로 작업된 마인드맵

(2) 마인드맵의 특징

마인드맵은 다음과 같은 네 가지 특징을 가지고 있습니다.

① 주요 주제가 중심 이미지에서 구체화됩니다.
② 주요 주제가 나뭇가지처럼 중심 이미지에서 뻗어 나갑니다.
③ 핵심 이미지와 핵심어가 중요도 순에 따라 연결됩니다.
④ 가지는 마디가 서로 연결되어 있는 구조를 취합니다.

(3) 마인드맵 작성법

주제가 정해지면 해당 주제와 연관된 단어를 유추해서 작성합니다. 예를 들어 술이 주제라면 술 하면 떠오르는 단어를 하위 개념으로 나열하면 됩니다. 술에서 연상되는 단어를 음식, 광고, 맥주, 소주, 안주, 친구, 행사 등으로 작성합니다.

마인드맵의 상상력을 키우는 법

상상하는 습관을 길러야 한다.
- 출퇴근길에도 아무 생각 없이 바라보지 말고 상상을 해라.
- 어떤 사람의 옷차림과 생김새, 표정을 보면서 그 사람의 캐릭터를 연상해 보자.
- 상상하는 습관은 뇌를 젊게 만들어 준다는 연구 결과가 있다.

직유와 은유를 많이 사용하는 시와 소설, 미술 작품, 음악회 등을 많이 접해야 한다.
빌 게이츠, 세이크 모하메드(사막의 창조 도시인 두바이 건설), 필 나이트(나이키 창업자), 스티브 잡스 등은 아이디어가 막힐 때마다 시집을 즐겨 읽었다고 한다.

04 | 정리된 마인드맵의 구조화

마인드맵으로 표현된 생각들은 서로 연결성을 가집니다. 따라서 마인드맵으로 나열된 단어들의 상호 관계를 정리하도록 합니다. 나열된 항목들 중 서로 연관되는 단어들은 묶고 중복되는 것은 삭제하여 정리하는 단계입니다. 그리고 정리한 그룹 항목의 순서를 정하면 프레젠테이션의 목차가 완성됩니다.

▲ 중복된 것을 정리하고 서로 연계되는 것을 묶어서 정리한 사진

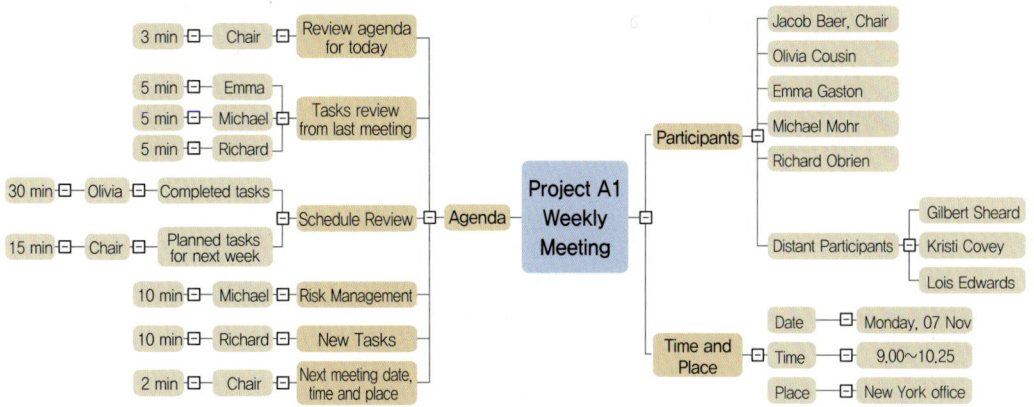

▲ 주제부터 상위, 하위 키워드로 나열하여 정리된 목차 이미지

(1) 전개를 위한 내용 구성 방법

나열된 목차를 청중 분석을 통해 어떻게 구성할지 미리 작성해 봅니다. 내용 구성은 데이터인지, 사실의 흐름인지, 구체적 해결 방법인지 등에 따라 로직트리로 구성하거나 A와 B의 상관관계를 위한 매트릭스 기법을 사용하여 발표자가 직접 전체 그림을 그려야 합니다. 작성 시 '내용', '결론', '메시지'를 첨부해서 무엇을 도해화 또는 이미지화할지, 어떤 내용이 핵심인지, 어떻게 이야기를 풀어 나갈지 등을 미리 작성해 정리하는 것이 좋습니다.

알·고·가·자

로직트리
주제를 구체적으로 시각화하기 위해서 '로직트리'를 활용합니다. 이름에서 알 수 있듯이 나무 모양으로 전체 그림을 나타내는 형식으로 마인드맵도 일종의 로직트리라고 생각하면 됩니다. 내용을 어떻게 구성할지 마인드맵으로 로직트리를 작성해서 확인할 수 있습니다.

매트릭스 기법
매트릭스 기법은 크게 두 가지로 나눕니다. 첫째 주제에 대한 목적을 정합니다. 청중에게 어떤 결과를 도출하겠다라는 목표입니다. 둘째는 환경분석으로 목표에 도달하기 위해서 어떤 방향으로 설정할지 정합니다. 예를 들어 청중에게 비전을 제시하겠다라고 결정합니다.

내용	결론	메시지
1. 세계경제 * 미국 : 주가 하락으로 경제 어려움 * EU : 유럽 통합과 각국의 이해 대립 * 한국 : 저성장 시장 도래, 노사 문제 * 아시아 : 성장지향형, 아픔을 동반한 개혁	1. 세계는 변동과 .... 2. ○○경제원이 .... 3. △△ 급증	세계경제는......를 중심으로 한다. ....에 따라........가 가속화된다.

2. 한국경제
* 산업동향
  a. 다양화하는 뉴스에 재빠르게 대응
  b. 글로벌 스탠다드의 ....
  c. 기업 리스크 매니지먼트의 강화
  d. ....
	1. 자본 정보의 ....보다 ○○화의 진전이 두드러진다.
	2. 근래 2년간의 ○○가격 (▲25%)
	3. △△이 급증(15%)
		한국 경제는 ......의 진전으로 앞으로 ○○년간은 .....라는 경향이 계속될 것이다.

3. 사회동향
* 회사환경
  a. 저출산, 고령화의 급격한 진전
  b. 여성의 사회 진출
  c. 고도정보화 사회의 진출
* 사람들의 가치관 변화
  a. ....
	1. 근래 2년간의 ○○감소가 두드러졌다.
	2. △△이 급증(15%)
	3. ××시장이 급신장(10%)
		소비자의 가치관은 ○○년보다 ....라는 변화가 일어나고 있으며 이 경향은 ....에 있다.

4. 기술
* ....
  a. ....
  b. ....
  c. ....
* ....
	1. IT(정보기술)과 통신기술의 인터그레이션에 따른 비지니스 찬스의 비약적 확대
	2. 환경 ~ 일렉트로닉스 관련의 기술이 기업간 경쟁의 코어가 된다.
	3. ....
		.........기술이 ....분야의 경쟁력의 열쇠가 되었다.

▲ 내용, 결론, 메시지 구성 방법

간단히 말해서 마인드맵으로 구성된 목차인 뼈에 살을 붙이는 과정으로 내용은 무엇이며, 이 내용의 결론을 통해 어떤 메시지를 청중에게 전달할 것인지 작성해서 스토리를 탄탄하게 연결하는 구성을 말합니다.

(2) 서론, 본론, 결론의 3단 구성

▲ 내용 구성 프로세스

서론은 상대에게 프레젠테이션의 내용을 안내하는 입구이며, 프레지에서는 전개할 수 있는 내용의 예고편입니다. 전체를 다 보여줘도 되며 일부분으로 시작해도 좋습니다. 서론은 표지, 머리말, 목차 세 가지 요소로 구성됩니다.

- 표지로 콘셉트를 전달한다.
- 머리말로 상대의 흥미를 유도한다.
- 목차로 설득력을 높인다.

본론의 구성은 크게 시계열, 귀납법 등의 구성을 사용합니다.

- **시계열** : 과거, 현재, 미래로 구성하며 기업의 발전 및 향후 계획 등에 자주 사용한다.
- **귀납법** : 가설이나 일반적인 통념을 바탕으로 예를 찾아가는 방법이다. 예를 들면 결혼식 사회자가 사회를 볼 때 "이 친구는 어릴 적부터 열심히 학교 생활을 해서 반장도 했고 학교에 모범적인 생활을 했으며, 회사 생활 역시 우수한 프로젝트 수행 능력을 인정받아 초고속 승진을 한 대표적인 인물이기에 결혼을 하면 아내에게 충실하고 부끄러움 없는 가정을 꾸밀 것이 확실하다"라고 말하는 식이다.

결론은 전체 내용을 하나의 메시지로 전달하거나 전체의 내용을 쉽게 이해할 수 있는 문장 또는 이미지를 활용해야 합니다. 또 청중이 감동할 수 있는 내용이 포함되어 있다면 가장 훌륭한 결론이라고 할 수 있습니다.

02 CHAPTER
프레젠테이션 제작과 발표

프레젠테이션의 제작 과정은 전체 프로젝트의 20%밖에 차지하지 않습니다. 저작 도구는 발표 시 청중의 이해를 돕기 위한 것일뿐 시각 자료가 프레젠테이션의 80%를 차지해서는 안 됩니다. 따라서 프레젠테이션 목적에 따라 저작 도구를 선택할 수도 있습니다. 시각 자료보다 중요한 내용 전달력은 프레지보다 파워포인트가 더 뛰어나지만 프레지는 마인드맵을 구성하고 바로 제작에 들어갈 수 있는 장점을 가지고 있습니다.

01 | 프레젠테이션 저작 도구의 선택

프레젠테이션을 기획하고 제작할 때는 스티브 잡스의 간결하고 깔끔한 키노트를 사용할지, 역동적이고 메시지 전달력이 강한 프레지를 사용할지, 화려하고 강력한 애니메이션을 자랑하는 파워포인트로 표현할지 등 어떤 프레젠테이션 도구를 사용할지 고민해야 합니다.

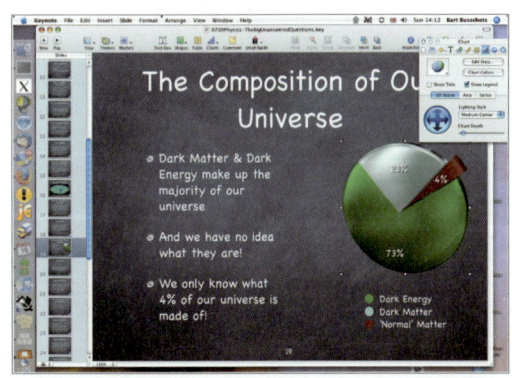

▲ 간결하고 깔끔한 키노트

▲ 화려하고 구성이 탄탄한 파워포인트

▲ 자유롭고 역동적인 프레지

프레젠테이션의 성공 여부는 어떤 기획과 전략을 가지고 접근하느냐에 따라 성공과 실패가 결정됩니다. 따라서 프레젠테이션 저작 도구 선택은 어떤 프레젠테이션을 할 것인지 목적과 성향에 따라 선택하는 것도 좋은 방법입니다. 좀 더 다이내믹하고 개성 있는 프레젠테이션을 원한다면 프레지와 함께 파워포인트를 사용하는 방법이 있습니다. 이런 저작 도구의 복합적 활용은 남들과는 다른 차별성을 부각시켜 성공적인 프레젠테이션을 가능하게 할 수 있습니다.

02 | 프레젠테이션 제작 과정

프레젠테이션을 어떻게 해야 할지에 대한 방향을 잡지 못했다면 제작 과정도 단순하게 도해와 이미지를 편의대로 사용하여 제작하게 됩니다. 따라서 정확한 방향을 정하고 제작에 들어가는 것이 좋습니다. 제작 과정에 대한 전체적인 프로세스는 '방향 설정 → 정보 수집 → 콘텐츠 구상 → 시각화 작업 → 리허설'로 이루어집니다.

▲ 제작 단계 프로세스

① **방향 설정** : 프레젠테이션의 가장 중요한 부분이자 시작 단계로 주제를 선정하고 주제에 대한 아이디어를 구상하여 콘셉트를 도출합니다. 3P 분석을 통해 콘셉트의 명확한 타깃과 의도를 믹스합니다.
② **정보 수집** : 방향 설정 단계에서 설정한 주제와 콘셉트 등에 맞는 기초 자료를 수집하고 슬라이드 작성에 필요한 멀티미디어 자료를 수집합니다.
③ **콘텐츠 구상** : 정보를 수집했다면 각 슬라이드 구성에 대해 고민해야 합니다. 슬라이드별로 핵심 키워드를 어떻게 노출시킬 것이며 주제를 청중들에게 어떻게 논리적으로 설명할지 구성합니다.
④ **시각화 작업** : 작성한 초안을 바탕으로 청중들에게 어필할 수 있도록 도해나 멀티미디어 자료를 삽입하고 도형을 이용해 슬라이드를 꾸미는 등의 시각화 작업을 진행합니다.
⑤ **리허설** : 작성한 프레젠테이션을 이용해 발표 시간의 길이와 청중들의 동향 등을 미리 확인하는 단계로 실전처럼 예행 연습을 실시합니다.

방향 설정 – 3P 분석부터

3P 분석이란 PEOPLE(청중에 대한 연령, 지식 수준, 성별 등을 분석), PURPOSE(목적에 부합하는 프레젠테이션 자료와 내용 선별), PLACE(발표 장소의 마이크, 조명, 발표 장소의 크기 등을 분석)를 말합니다.

주제와 주제의 방향성을 구체화하였다면 결정권을 가지고 있는 인물의 정보를 파악하는 것이 무엇보다 중요합니다. 프레젠테이션은 청중의 마음을 움직여서 결정을 내리도록 유도하는 것이지만 결정권을 가지고 있는 인물이 'NO' 한다면 프레젠테이션은 결국 실패하는 것입니다.

청중을 정확히 분석하고 발표하는 스티브 잡스는 신제품이 출시되면 직접 프레젠테이션을 한 것으로 유명합니다. 외적으로는 회사의 신뢰도를 몸소 보여준다는 의미이기도 하지만 본질적인 목적은 바로 제품의 판매량 증가입니다.

▲ 스티브 잡스 발표 모습

▲ 애플사의 제품군

스티브 잡스는 항상 청바지와 운동화, 어두운 T셔츠를 입고 발표를 합니다. 만일 그가 와이셔츠를 입었다면 애플사의 로고는 어떻게 보일까요? 그는 애플사의 로고가 흰색이라 자신이 흰옷을 입으면 로고의 형태가 손상된다는 생각에 와이셔츠를 입지 않았다고 합니다. 또한 평소 청바지와 운동화를 즐겨 입었기에 같은 모습으로 발표를 한 것입니다. 그 이유는 애플에서 판매하는 제품을 통해 알 수 있습니다. mp3, 핸드폰, 노트북 등은 주로 20~30대 젊은 층이 주 타깃이 됩니다. 결국 스티브 잡스의 옷차림은 그가 항상 젊은 감각을 유지하고 있다는 점을 청중에게 어필한 것입니다.

정보 수집 - 자료의 수집과 벤치마킹

프레젠테이션의 목표를 정했다면 필요한 자료를 수집해야 합니다. 수집하는 자료는 모두 설정해 놓은 목표에 부합해야 하는데 처음 단계에서는 원하는 자료가 아니더라도 무작위로 수집을 해 놓는 것이 좋습니다. 목표나 전략은 때에 따라 달라질 수 있고, 버려진 자료라도 중요한 자료가 되는 경우도 있기 때문에 연관된 자료라면 수집해 놓는 것이 좋습니다. 물론 방대한 양의 자료 수집이 중요한 것이 아니라 자료 수집 후 어떻게 가공하여 제시하느냐가 더 중요합니다.

자료는 신문이나 잡지, 최근에는 페이스북, 트위터까지 다양한 매체를 통해 수집할 수 있습니다. 수집한 자료를 분리하고 분석할 때에는 그 자료가 얼마나 신뢰할 수 있는지 알아보고 벤치마킹합니다.

자료 수집	→	정보 분석	→	원하는 정보 추출
신문/잡지/인터넷		• 신뢰성/정확성/신선도/적합성 • 불필요한 정보 제거 • 대분류에서 소분류로 분리		• 핵심 키워드 • 표/차트/데이터 • 이미지/멀티미디어

알·고·가·자

자료 수집 시 유의할 점
- 자료는 최대한 많이 수집한다.
- 관련 업체나 경쟁 업체의 정보도 수집한다.
- 신문이나 잡지, 전문지 등의 가공된 정보를 최대한 활용한다.
- 출처는 반드시 표기하며 오류를 확인한다.

인터넷을 적극적으로 활용하고 국내외 전자도서관과 삼성경제연구소, LG경제연구소, 통계청, 한국과학기술정보연구원, 학술연구정보서비스, 금융감독원, 종합법률정보 등에서 국내외 통계자료와 전문적인 자료를 구할 수 있습니다.

▲ 통계청에서의 총가구조사 분석자료

콘텐츠 구상 – 자료와 데이터의 스토리보드화

실제 프레젠테이션으로 구현하기 전 미리 작성해보는 것이 스토리보드입니다. 마인드맵처럼 스토리를 만들지만 시각화 전 단계를 표현해야 하며, 하나의 페이지와 하나의 키워드가 잘 전달되도록 작성하는 것이 좋습니다. 프레젠테이션 스토리를 작성할 때는 전반적인 모든 내용을 단시간에 작성하여 완성한 다음 필요 없는 내용을 하나하나 지워가며 정리하는 것이 효율적이며, 전체의 내용을 한눈에 파악할 수 있도록 요약하는 것이 좋습니다.

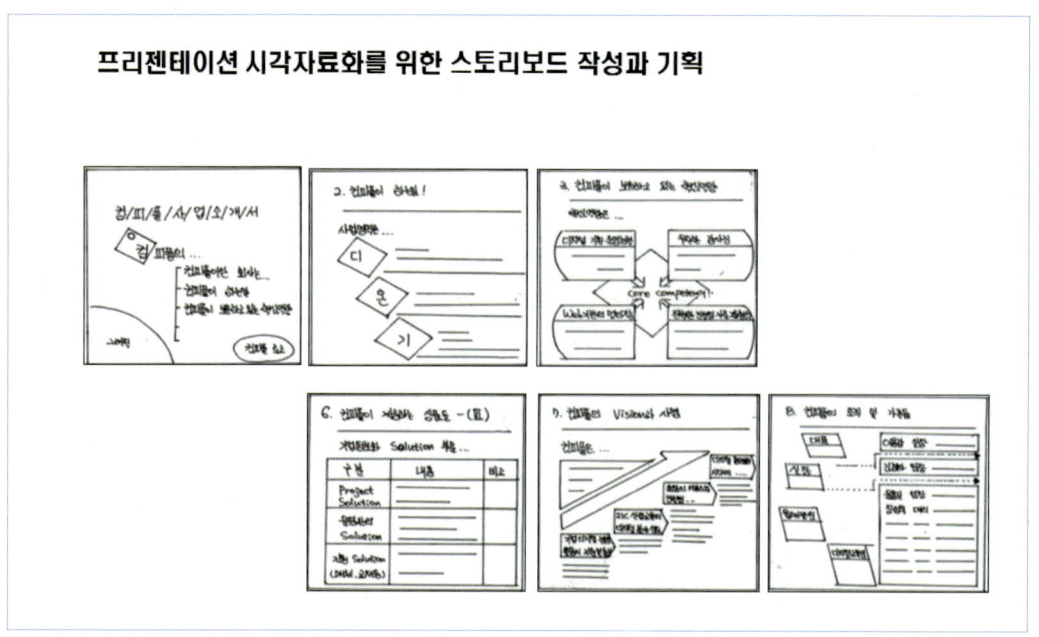

▲ 스토리보드 작성 예

> **알·고·가·자**
>
> **스토리보드 작성 시 유의할 점**
> - 한눈에 핵심이 보이도록 작성
> - 청중이 이해하기 쉽도록 그래프화하여 작성
> - 전체적인 전개를 파악할 수 있도록 작성

시각화 작업 – 스토리보드 내용 시각화

스토리보드에서 작업된 내용을 모두 시각화할 필요는 없습니다. 프레지 전개의 대부분은 핵심 단어와 문장을 연결하여 표현합니다. 따라서 청중이 쉽게 파악할 수 있는 단어 또는 발표자가 적절한 설명으로 충분한 의사와 감정을 전달할 수 있다면 텍스트만으로도 충분히 어필할 수 있습니다.

텍스트만으로 청중이 이해하기 어렵다면 도해로 표현하여 전체적인 내용을 한눈에 파악할 수 있도록 도와줍니다. 시각화 역시 청중의 수준과 이해도, 연령층 등에 대한 분석을 통해 적용하도록 합니다.

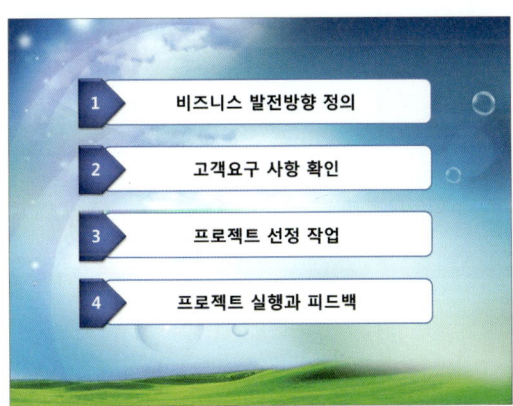
▲ 텍스트만으로 전달 가능하다면 텍스트를 그대로 표현

▲ 키워드 전개로 이해가 부족하다면 도해로 표현

텍스트와 도해로도 청중이 이해하기 어렵고 발표하기 힘들다면 관련된 통계자료나 이미지로 콘텐츠를 제작하여 전달합니다.

▲ 이미지로 전달하는 프레젠테이션 자료

홍보영상 또는 CF처럼 이미지 메이킹을 위해 제작된 영상을 발표자의 설명과 함께 표현하는 방법도 좋은 전달 방법입니다. 그러나 내용 전달에 가장 효과적인 영상 자료나 이미지로도 내용 전달이 어렵다면 동영상을 삽입하여 청중의 이해를 도와줍니다.

▲ 동영상으로 내용을 전달하는 프레젠테이션

리허설 – 피드백과 발표 시간

프레젠테이션을 위해 반드시 필요한 과정으로 피드백을 통해 부족한 부분을 보완할 수 있습니다. 피드백을 통해 최종 자료를 검토 또는 수정하고 실제 발표 시 주어진 시간과 예행 연습을 통해 오차를 파악하여 주어진 시간 내에 최적의 내용을 전달할 수 있도록 반복된 리허설을 연습합니다. 리허설을 통해서 새로운 문제점을 발견하고 이를 수정·보완하여 실제 발표 현장에서 실수가 없도록 준비할 수 있습니다.

▲ 예행 연습의 반복으로 실제 발표 시 문제점 파악

알·고·가·자

프레젠테이션 벤치마킹하기

프레젠테이션 전체 기획 과정은 자신의 목적을 달성하기 위해 청중을 이해하는 과정이며 이러한 노력들은 발표로 전달됩니다. 기획, 제작 과정에서 청중에게 자신이 어필하고자하는 핵심을 전달하기 위해서는 먼저 청중의 요구사항을 파악하는 것이 중요합니다. 따라서 유명한 프레젠테이션의 모습을 미리 경험하는 것도 좋습니다. 원하는 방향으로 청중을 어떻게 이끌어 나가는지 유튜브 영상이나 TV 프로그램을 통해 미리 벤치마킹해 보세요.

PREZI & PRESENTATION

PART

02

강력한 표현 도구
프레지 살펴보기

💬 프레젠테이션이라고 하면 많은 분들이 파워포인트를 떠올리지만 제작하는 데 많은 시간과 노력이 필요했던 것이 사실입니다. 프레지는 많은 노력과 시간을 투자하지 않아도 제공되는 간단한 기능만으로 프레젠테이션에 필요한 내용을 제작할 수 있습니다. 프레지는 파워포인트보다 화려하지는 않지만 파워포인트보다 발표자를 돋보이게 하는 기능을 제공하고 있습니다. 발표자의 의도를 애니메이션 기능을 이용하여 표현할 수 있고 줌 인/줌 아웃으로 발표자가 강조하고 싶은 부분을 표현할 수 있습니다.

01 CHAPTER
프레지와 프레젠테이션

프레젠테이션은 발표할 내용을 청중들에게 전달하는 과정으로 본인이 타인에게 자신의 연구 내용이나 의견 또는 상품 등에 대해 홍보 내용을 설명하고, 설득하는 행위를 말합니다. 회사의 프레젠테이션이라면 신제품 발표와 판매가 이에 해당되고, 국가의 프레젠테이션이라면 2018년 평창동계올림픽 유치를 위한 김연아 선수의 발표가 여기에 속합니다. 이런 프레젠테이션을 빠르고 효과적으로 제작하고 발표할 수 있는 도구가 프레지입니다. 처음 프레지의 발표를 접한 청중들은 역동적인 움직임과 줌 인/줌 아웃을 활용한 강조 등에 신기해하는 경우가 많습니다. 이번 장에서는 프레지를 학습하기 위해 먼저 알아두어야 할 환경과 특징에 대해 알아보겠습니다.

01 | 프레지란?

프레지와 파워포인트는 관점 자체가 다릅니다. 프레지가 전체를 보여주고 부분을 강조하는 데 좋은 도구라면, 파워포인트는 각각의 부분을 따로 나누어 볼 수 있는 도구입니다. 파워포인트가 다양한 효과나 한 페이지에 모든 것을 요약할 수 있는 뛰어난 요약 능력이 있다면 프레지는 사용하기 편한 인터페이스와 강조할 수 있는 애니메이션 기능을 제공합니다. 또 파워포인트와 달리 스토리텔링을 기반으로 제작되므로 이야기의 흐름을 만들 수 있는 프레젠테이션 도구입니다.

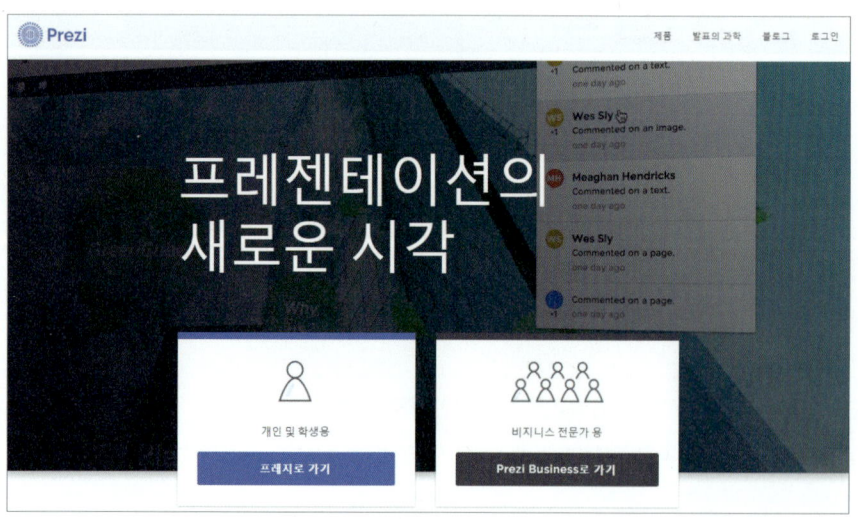

> **TIP** 프레지는 보편화된 웹 애니메이션 기술인 플래시에 기반한 도구입니다. 따라서 프레지는 컴퓨터 시스템에 플래시 플레이어가 설치되어 있어야 사용할 수 있습니다. 인터넷(웹 사이트)에 있는 플래시 애니메이션이나 게임이 실행된다면 이미 플래시 플레이어가 설치되어 있는 상태입니다. 만약 설치되어 있지 않다면 http://get.adobe.com/kr/flashplayer에서 플래시 플레이어를 설치할 수 있습니다.

(1) 건축가의 불편함에서 만들어진 작품, 프레지

▲ Adam somlai-Fischer

프레지는 헝가리의 수도 부다페스트의 건축가이자 예술가 아담 솜러이 피셔(Adam somlai-Fischer)와 컴퓨터 프로그래밍 엔지니어인 피터 할라시(Peter Halacsy)의 합작품입니다. 아담은 클라이언트에게 자신의 설계도를 크게 펼쳐 놓고 돋보기로 이곳저곳의 세부적인 모습까지 보여주고 싶었으나 기존의 발표 도구로는 이러한 효과를 내지 못해 발표할 때마다 답답함을 느꼈습니다. CAD(computer-aided design)처럼 컴퓨터를 이용해서 3D로 물체를 돌려가며 이곳저곳을 확대 및 축소하는 서비스를 생각하게 되었고 그 아이디어를 컴퓨터 프로그래머인 피터 할라시가 듣게 되었습니다. 그리고는 CAD처럼 자유자재로 보여주고 싶은 면들을 비출 수 있는 저렴한 툴을 웹 서비스 형태로 개발하게 되었습니다.

이렇게 개발된 프레지가 2007년 대중에게 공개되면서 미국의 젊은이들에게 선풍적인 인기를 끌었고, 시스템 안정화 과정을 거쳐 2009년 4월 공식적으로 서비스를 시작하게 되었습니다. 회사명 프레지(Prezi)는 프레젠테이션(Presentation)의 앞부분을 따온 것으로 신선함과 재미를 고려해서 만들었다고 합니다.

(2) 디지털 프레젠테이션의 새로운 도구

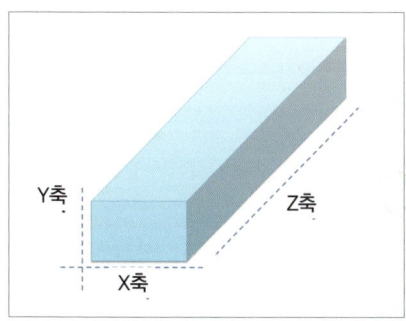

프레지는 디지털 프레젠테이션의 새로운 도구로 텍스트, 이미지, 유튜브 동영상 그리고 플래시 등 다양한 멀티미디어 개체를 지원하고 있습니다. 프레지의 가장 큰 개념은 캔버스(canvas)입니다. 지금까지 사용해오던 파워포인트나 키노트는 2차원적인 화면에 입체감을 부여했지만 프레지는 X축과 Y축에 Z축을 부여하여 깊이를 주었습니다.

사물을 평면적으로 표현하기 위해서는 X축과 Y축만 있으면 가능합니다. 실제로 노트나 도화지에 사각형을 그려보면 가로선이 X축이고 세로선이 Y축이 됩니다. 그러나 이 사각형이 노트나 도화지에 그려진 것이 아니라, 실제로 존재한다고 생각해보면 입체적인 또 하나의 축이 있어야 합니다. 이렇게 사물은 가로, 세로 그리고 깊이가 있어야 입체적으로 존재하게 되는데 이때 그 깊이를 의미하는 축을 Z라고 합니다. 카메라의 줌 인과 줌 아웃으로 Z축을 밀고 당겨서 깊이가 생긴다는 개념으로 생각하면 됩니다.

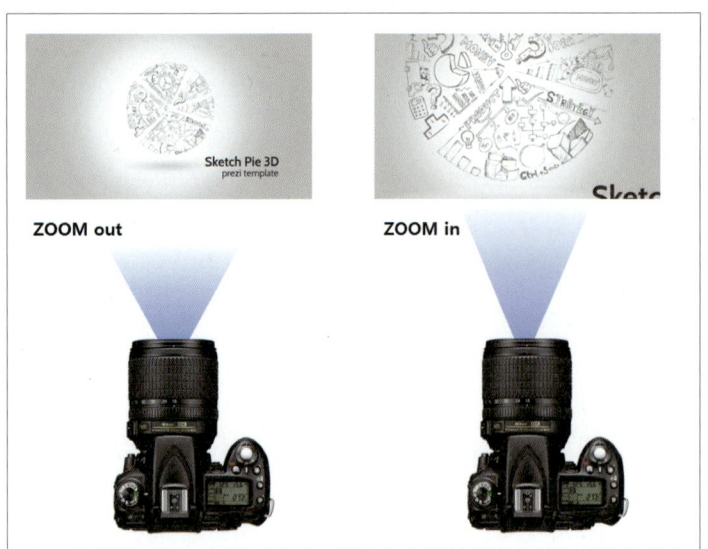

▲ 카메라의 줌 인/줌 아웃으로 대상의 깊이를 확인하는 프레지

파워포인트나 키노트가 순서에 따라 한 가지 주제를 하나의 슬라이드에 순차적으로 진행한다면, 프레지는 모든 아이디어를 큰 캔버스에 그리고, 모으고, 자르고, 붙이는 작업을 통해 순서에 상관없는 자유분방한 표현을 할 수 있습니다. 다시 말해 파워포인트와 같은 슬라이드 방식은 슬라이드를 한 장씩 넘겨가며 순차적으로 아이디어를 전달하고 화면에 보이는 형식이지만 프레지에서 사용하는 ZUI(Zooming User Interface) 방식은 확대·축소(zoom) 및 이동(pan)하는 움직임 그대로를 화면에 드러내는 방식입니다. 또한 프레지는 온라인을 기반으로 만들어지며 캔버스에 특정 YouTube URL을 입력만 해도 동영상을 재생시킬 수 있습니다. 프레지의 가장 큰 장점은 큰 캔버스를 물 흐르듯 이동하며 중간에 멈추어 현미경으로 살펴보거나 인공위성에서 내려다 보는 듯한 역동성이라고 할 수 있습니다.

▲ 한 장의 이미지를 하늘에서 내려다보는 것처럼 이동하며 확대 · 축소하여 전개되는 프레지

알·고·가·자

캔버스 비율 설정하기

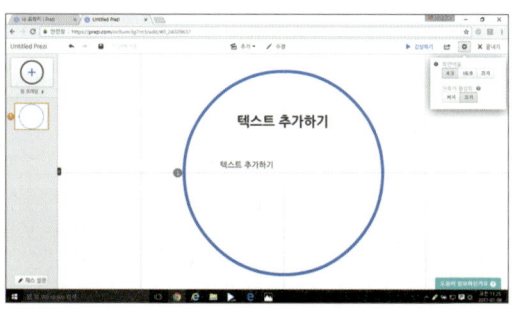

프레지에서는 프로젝트의 비율에 따라서 4:3 또는 16:9로 설정해서 작업할 수 있습니다. 지정한 비율은 모니터의 비율과 상관없이 지정해 놓은 해당 비율로 감상하기 화면에서 보여집니다.

02 | 프레지 환경과 특징 살펴보기

프레지는 PC에 설치해서 작업하는 파워포인트와 달리 인터넷에 접속해서 작업을 수행합니다. 사용하는 인터넷 속도와 접속하는 브라우저 및 시스템 환경은 프레지를 작업하는 데 영향을 미치기 때문에 간단한 메뉴 구성과 사용 도구를 가지고 있습니다. 그럼 프레지의 시스템 환경과 특징에 대해 알아보겠습니다.

(1) 프레지 사용을 위한 컴퓨터 환경

항목	환경 구성
하드웨어	컴퓨터 2.33GHz 또는 그 이상, x86 호환 프로세서 이상 또는 인텔 아톰 넷북, 클래스 장치의 1.6GHz 프로세서 이상, RAM 512MB(1GB 이상 권장)
PC OS	윈도우XP, 윈도우 서버 2003, 윈도우 서버 2008, 윈도우 비스타 서비스 팩 2 엔터 프라이즈(64비트 버전 포함), 윈도우 7, 윈도우 8
Mac OS	인텔 코어 듀오 1.83GHz 이상의 프로세서, 맥 OS X v10.6, v10.7, v10.8, RAM 512MB(1GB 이상 권장)
웹 브라우저	프레지는 주요 브라우저를 대부분 지원하는데 인터넷 익스플로러 11 이상, 모질라 파이어폭스, 구글 크롬, 사파리 브라우저를 지원합니다. 최상의 상태를 위해 사용할 수 있는 브라우저는 파이어폭스 V49.0, 크롬 V43.0, 사파리 10.0이며 어도비 플래시 플레이어 최신 버전이 설치되어 있어야 합니다.

 TIP 프레지사는 프레지 진행 과정 중 예상치 못한 오류 발생 및 잦은 느려짐과 장애 발생을 방지하기 위해 인터넷 웹 브라우저인 Internet explorer 10의 서비스를 중단하였습니다. Internet explorer 10 버전 사용자는 크롬 브라우저를 사용하거나 상위 버전으로 업그레이드해야 합니다.

(2) 프레지 특징 살펴보기

부드러운 화면의 이동

파워포인트의 슬라이드는 한 장씩 전개되는 기능으로 딱딱함을 가지고 있지만 프레지는 규격화되어 있지 않은 자유로운 이동이 가능합니다.

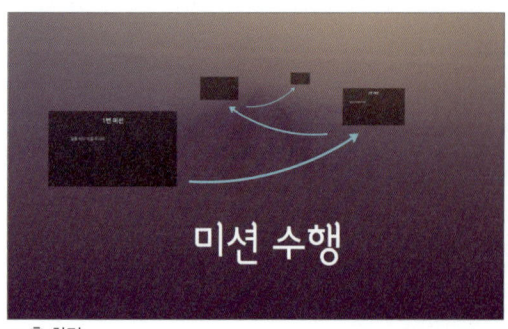
▲ 홈 화면

▲ 다음 내용으로 이동한 화면

줌 인/줌 아웃 기능

이동 기능 다음으로 많은 사용자들에게 인정받은 기능이 확대/축소 기능입니다. 프레지는 광활한 캔버스에 삽입된 내용을 자유롭게 확대/축소하면서 보여줄 수 있습니다. 예를 들면 지구를 보여주는 것에서 시작해 '나라 → 도시 → 집안'까지 보여줄 수 있습니다.

▲ 홈 화면

▲ 확대하면서 설계 도면을 표시하는 장면

데스크톱 프레지

프레지는 인터넷 기반에서 사용 가능한 프로그램입니다. 하지만 대용량 작업을 하거나 인터넷 연결이 어려울 경우에는 데스크톱 기능을 이용하여 컴퓨터에 설치 후 사용할 수도 있습니다. 무료 버전은 14일 동안 사용 가능하며 유료 버전은 계약기간 동안 제약 없이 사용할 수 있습니다.

▲ 데스크톱 다운로드

다양한 템플릿 보유

다양한 템플릿들을 제공하여 초보자도 쉽게 제작할 수 있도록 도와줍니다.

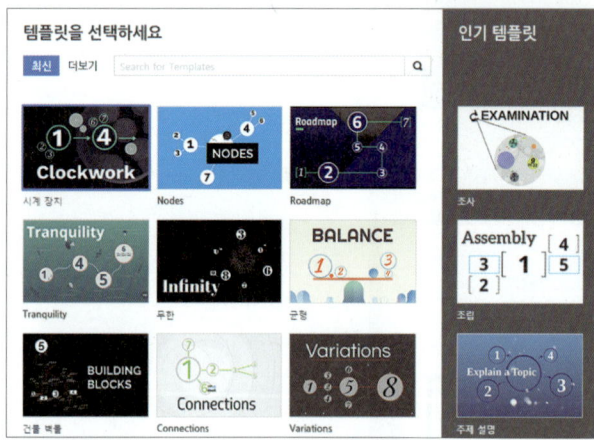

다양한 텍스트 삽입과 편집

다양한 종류의 테마를 이용해 텍스트의 모양과 캔버스의 색상 등을 변경할 수 있습니다.

다양한 개체 삽입과 검색 기능

이미지, 심볼 모양, 레이아웃, 유튜브 동영상, 배경 음악 등 다양한 개체들과 파워포인트, PDF 문서도 삽입이 가능합니다. 또한 구글 검색 기능을 이용하여 필요한 개체들을 바로 찾아 삽입할 수도 있습니다.

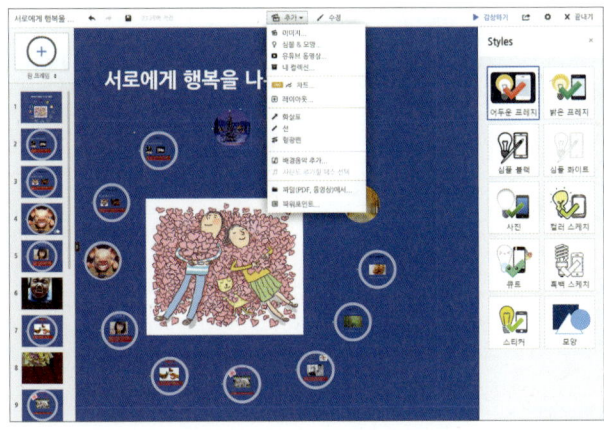

파워포인트를 이용한 텍스트와 개체 삽입

파워포인트의 워드아트 스타일, 다양한 도형 등을 png 파일로 저장하여 프레지에 삽입할 수 있습니다.

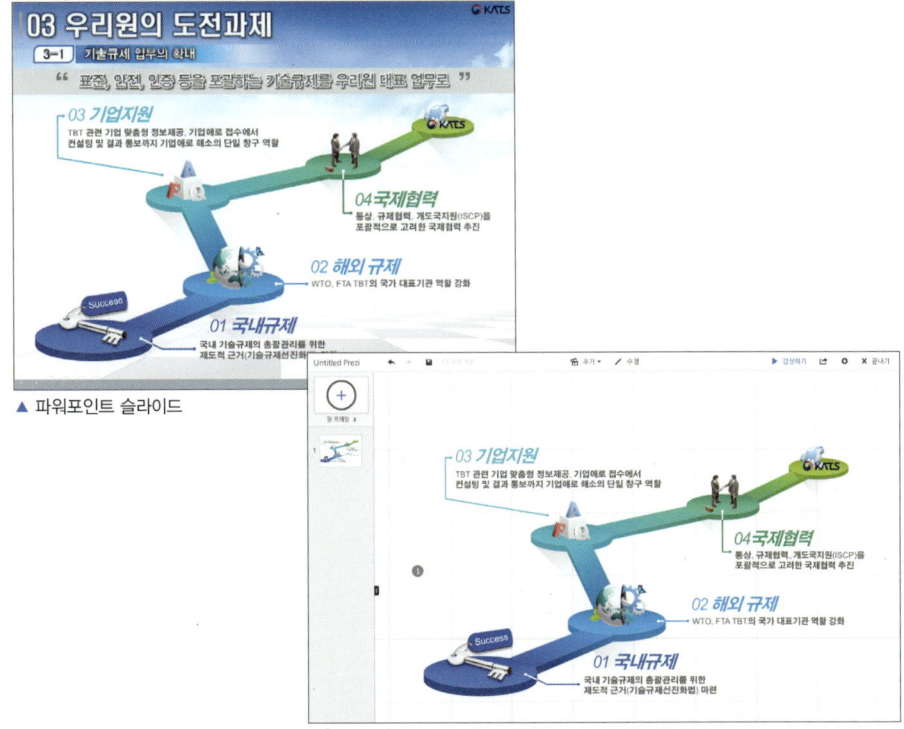

▲ 파워포인트 슬라이드

▲ 파워포인트에서 저장한 도형을 프레지에 삽입한 화면

다양한 레이아웃

다양한 도형 레이아웃을 제공함으로써 사용자가 원하는 내용을 쉽게 표현할 수 있습니다.

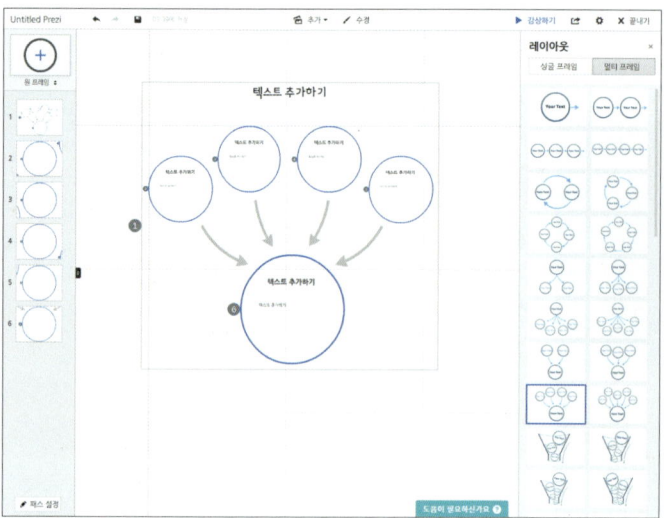

▲ 프레지에서 제공하는 레이아웃

알·고·가·자

프레지와 파워포인트의 차이점

구분	프레지	파워포인트
제작	온라인을 통해 제작, 데스크톱 지원 프로그램 설치	프로그램 설치
화면 전개	비선형적 움직임	선형적 움직임
화면 구성	한 장의 캔버스	각 장의 슬라이드
화면 효과	줌 인/줌 아웃, 회전, 나타내기	애니메이션
인쇄	전체 캔버스와 각각의 패스	슬라이드별 인쇄
저장	클라우드 기반의 웹과 휴대용 파일	파일

02 CHAPTER
프레지 살펴보기

프레지를 시작하기 위해서는 프레지 사이트에 회원가입을 하고 사용할 계정을 만들어야 합니다. 계정은 일반용 계정과 교육용 계정으로 나누어집니다. 또 프레지는 웹 기반 프로그램이므로 새로운 프레지 캔버스를 만들거나 저장하는 것 또한 온라인상에서 이루어집니다. 이번 장에서는 프레지를 활용하기 위해 프레지 사이트에서 회원으로 가입하는 방법과 새로운 프레지를 만드는 방법을 알아보겠습니다.

01 | 프레지 사이트 살펴보기

프레지를 사용하기 위해서는 먼저 회원가입을 해야 합니다. 프레지 회원은 일반, 학생과 교사, 그룹 라이선스 등으로 나뉩니다. 또 계정은 무료계정과 유료계정으로 나뉘므로 사용자 이용 여부에 따라 선택하여 가입할 수 있습니다.

(1) 프레지 회원가입 시 주의사항

인터넷 익스플로러 10버전에서는 프레지가 원활하게 실행되지 않으며 11버전 이상에서 사용이 가능합니다. 또한 어도비 플래시 플레이어 최신 버전이 설치되어 있어야 합니다. 프레지는 구글 크롬에 최적화되어 있으므로 프레지를 이용하려면 구글 크롬을 설치하여 접속하는 것이 좋습니다. 프레지에 접속한 후 한국어 지원이 안 될 경우에는 하단의 언어에서 '한국어'를 선택합니다. 초기 화면에서 언어를 한국어로 선택해야만 메인 화면 접속 후에도 계속 한국어로 지원을 받을 수 있습니다.

프레지의 한국 사용자가 세계에서 주목 받을 만큼 급성장하다보니 프레지 메뉴가 한글로 제공되고 있으며 국내 사용자의 프레지 사용을 위해 한글 폰트 26종 및 테마 20종을 추가하고, 한국어 고객문의 서비스를 실시하고 있습니다.

(2) 라이선스의 종류

프레지 가입 전 사용자에게 맞는 라이선스를 선택해야 합니다. 프레지 라이선스는 정규 라이선스, 학생 & 교사 라이선스, 비즈니스 라이선스로 나뉩니다.

정규 라이선스

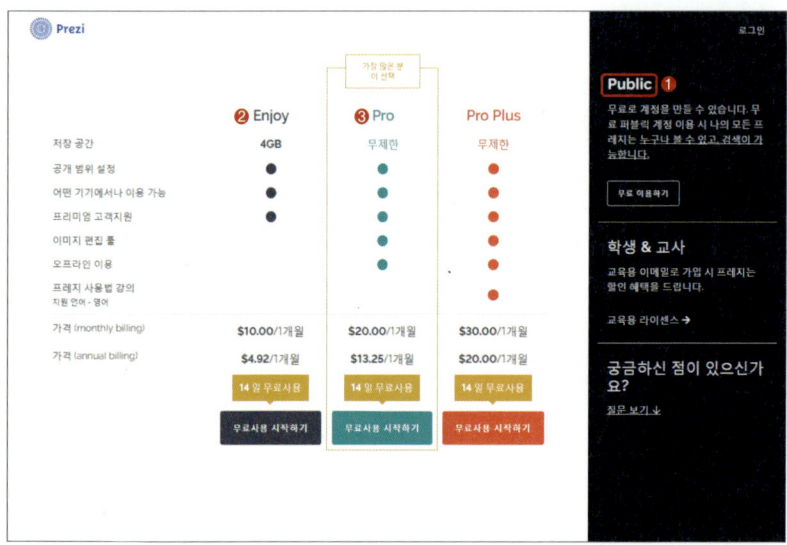

❶ **Public 계정** : 무료 사용자를 위한 계정이며, 본사에서 지정한 저장 공간을 받을 수 있습니다. 무료 계정이기 때문에 프레지 마크가 삽입되며, 제작된 결과물은 모든 프레지 사용자에게 공개됩니다.
❷ **Enjoy 계정** : 처음 14일은 무료로 사용할 수 있으며, 이후에는 연간 $59의 사용료를 지불해야 하는 계정입니다. 4GB의 저장 공간이 제공되며, 프레지 마크는 삽입되지 않고 개인의 로고를 삽입할 수 있습니다.
❸ **Pro 계정** : 처음 14일은 무료로 사용할 수 있으며, 이후에는 연간 $159의 사용료를 지불해야 하는 계정입니다. 무제한의 저장 공간이 제공되며, 온라인과 컴퓨터에 설치하여 사용할 수 있습니다.

학생 & 교사 라이선스

학생 & 교사 라이선스는 학생과 교사들을 위한 계정으로, 학교 계정의 이메일을 등록하면 무료로 사용할 수 있으며, 4GB 대용량의 저장 공간이 제공됩니다.

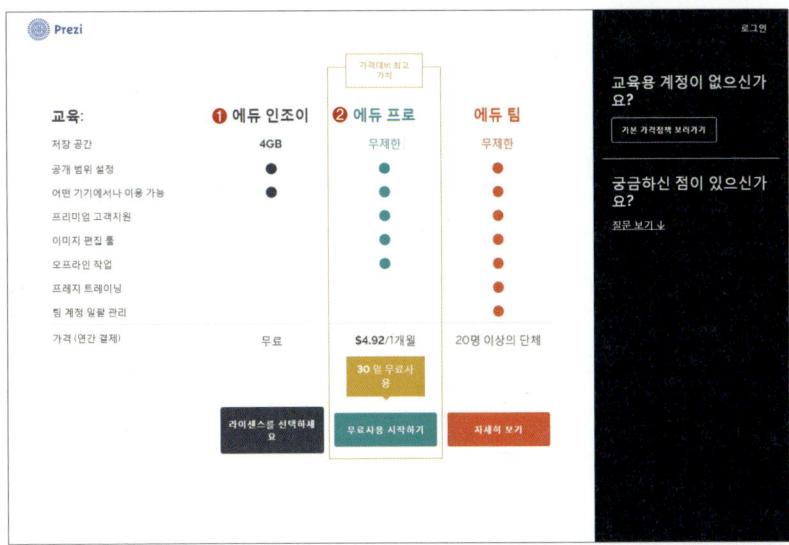

❶ **Edu Enjoy 계정** : 무료 계정으로, 500MB의 사용 공간이 제공됩니다. 프레지 로고 제거가 가능하며 결과물을 공유할 수 있습니다.

❷ **Edu Pro 계정** : 일반 라이선스 Pro 계정과 동일한 계정이지만 연간 $59로 저렴하게 이용할 수 있으며, 무제한 저장 공간이 제공됩니다.

비즈니스 라이선스(그룹 라이선스)

비즈니스 라이선스는 기업 등에서 구입하여 소속된 개인에게 제공하는 방식입니다. 한 사람이 여러 계정을 관리할 수 있다는 장점이 있습니다. 그룹으로 대량구매하기 때문에 수량에 따른 가격정책이 다르며, 학교 또는 단체에서 사용하기 적합한 라이선스입니다.

02 | 퍼블릭 라이선스로 회원가입하기

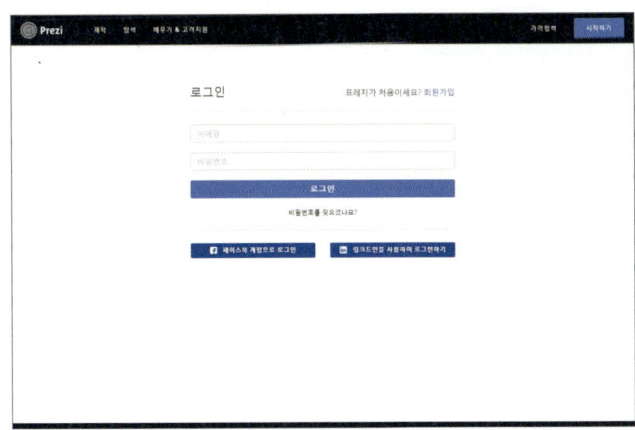

❶ 프레지 사이트에 가입하기 위해 http://prezi.com에 접속합니다. 오른쪽 상단의 [로그인] 버튼을 클릭하고 [시작하기] 버튼을 클릭합니다.

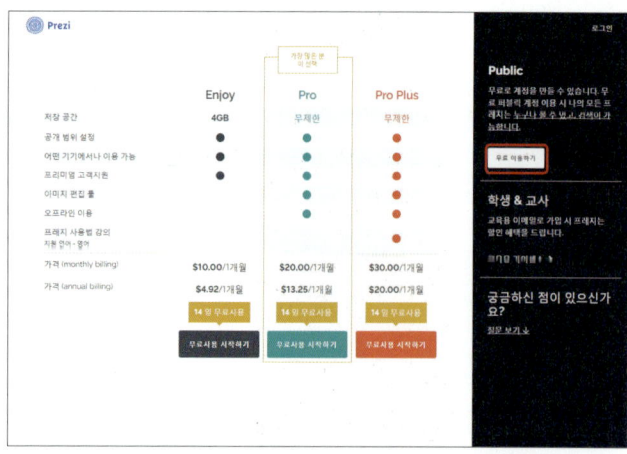

② 퍼블릭 라이선스로 가입하고 무료계정을 사용하기 위해 Public 하단의 [무료 이용하기]를 클릭합니다.

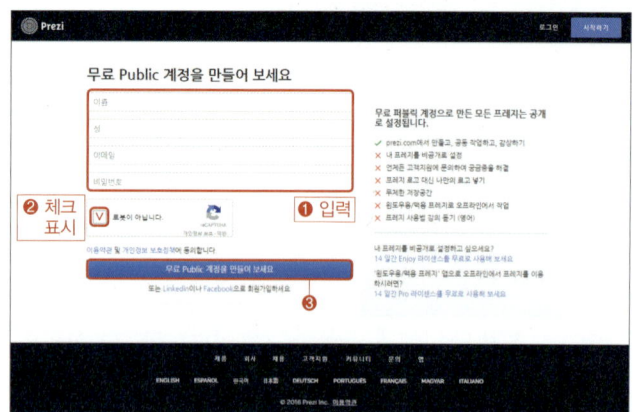

③ 개인 정보 입력란에 이름, 성, 이메일, 비밀번호를 입력하고 '로봇이 아닙니다' 항목에 체크한 뒤 화면에서 제시하는 질문에 맞는 이미지를 선택하여 [확인] 버튼을 클릭합니다. [무료 Pubilc 계정을 만들어 보세요] 버튼을 클릭하면 간단하게 회원가입을 할 수 있습니다. 회원가입 후에는 이름, 성(예 길동 홍) 순으로 표시됩니다. 'LinkedIn'이나 'facebook' 계정으로 회원가입도 가능합니다.

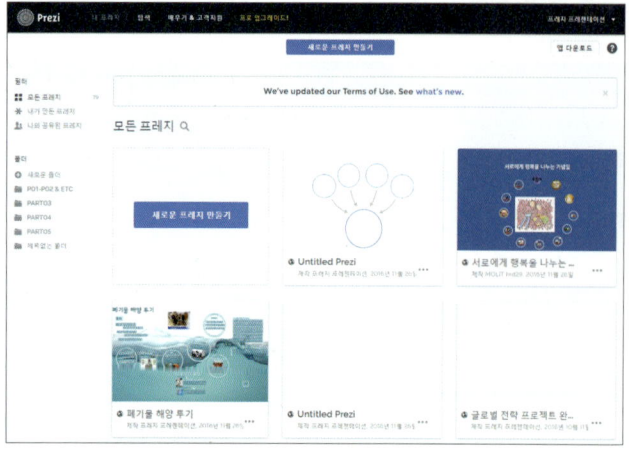

④ 회원가입이 완료되면 그림과 같은 화면이 표시됩니다. 회원가입 후 다시 로그인할 때는 이메일과 비밀번호를 반드시 기억해야 합니다.

03 | 새로운 프레지 생성과 저장하기

프레지는 웹상에서 작업이 이루어지므로 별도로 사용자의 컴퓨터에 저장되지 않고 웹상에 저장되며, 각각의 프레지 파일들을 관리하게 됩니다. 새 프레지 생성 또한 웹상에서 만들어지며 프레지 파일의 제목과 설명은 제작 후 파일 관리 화면에서 설정이 가능합니다.

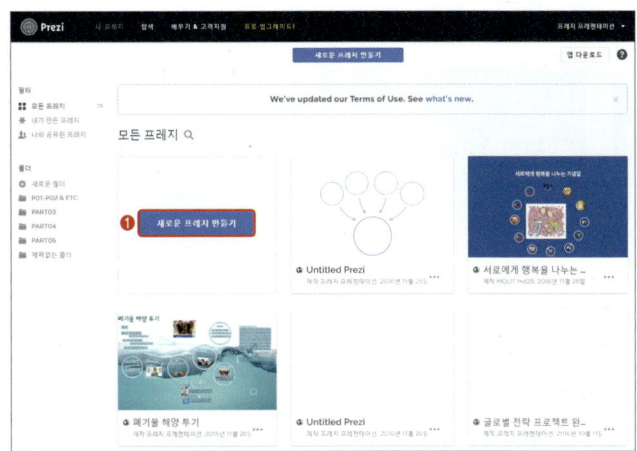

01 새로운 프레지를 생성하기 위해 프레지 사이트에서 로그인한 후 '내 프레지' 화면에서 '새로운 프레지 만들기'를 클릭합니다.

알·고·가·자

프레지 로그아웃하기

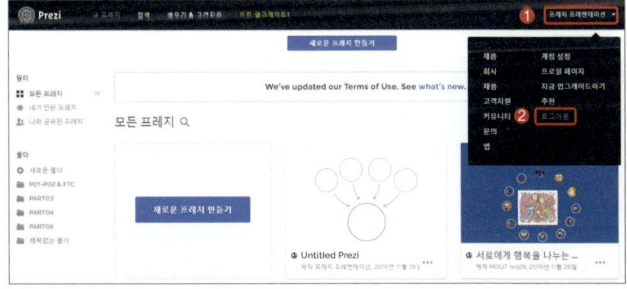

프레지는 컴퓨터가 재부팅되어도 접속되어 있기 때문에 개인 PC가 아닌 곳에서 사용했을 경우에는 반드시 로그아웃을 해야 합니다. 오른쪽 상단의 사용자 이름을 클릭하고 '로그아웃'을 클릭합니다.

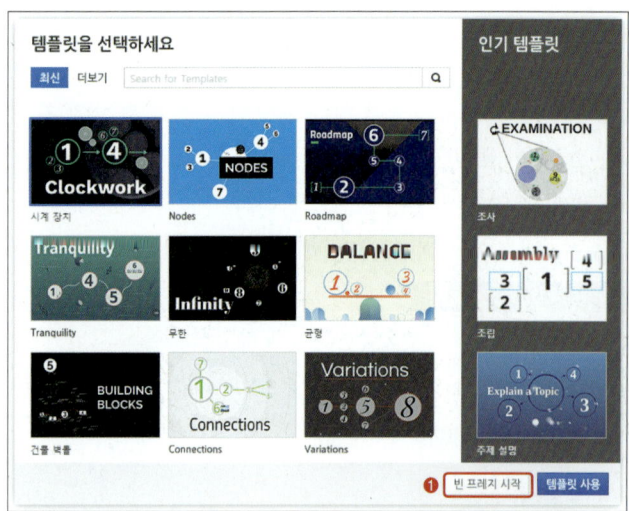

02 템플릿 선택 화면이 나오면 '빈 프레지 시작' 버튼을 클릭해 빈 프레지를 시작합니다.

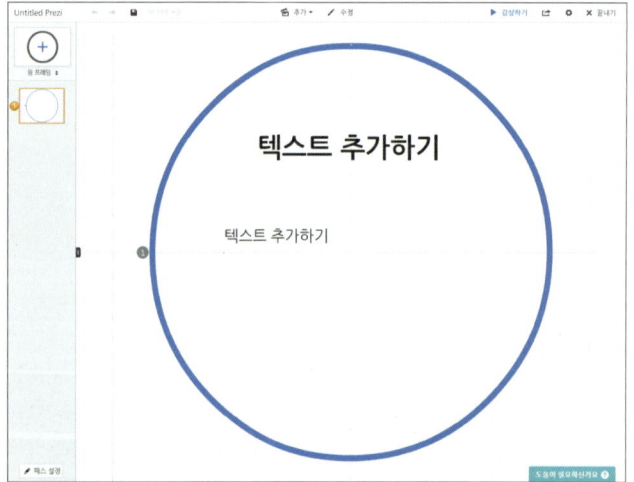

03 프레지 제작을 위한 캔버스 화면이 나오면서 원형 프레임이 보이게 됩니다.

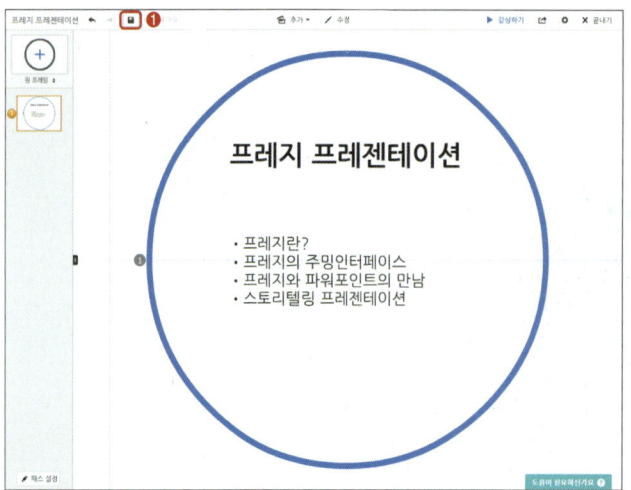

04 저장은 작업을 마칠 때 자동으로 되며 사용자가 임의로 저장하려면 왼쪽 상단의 [저장] 버튼을 클릭하면 됩니다.

알·고·가·자

프레지 템플릿

프레지에서 템플릿은 각각의 스토리를 가지고 있기 때문에 전달하고자 하는 내용을 빠르게 표현할 수 있습니다.

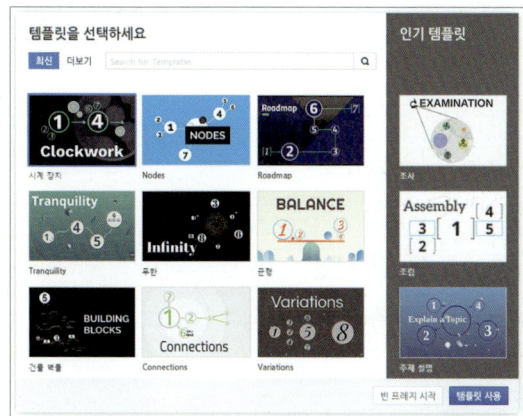

템플릿을 선택하여 새 프레지를 만들면 화면의 움직임을 결정하는 패스도 함께 설정되어 있어 초보자들도 쉽게 프레지를 제작할 수 있습니다.

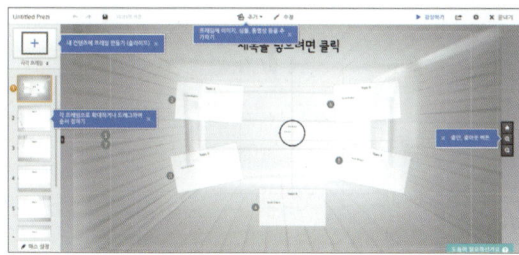

04 | 프레지 종료와 클라우드 시스템

클라우드라는 웹 공간은 언제든지 데이터를 저장하고 바로 확인할 수 있습니다. 또한 PC 오류로 인하여 그 동안의 작업 결과물이 모두 삭제되는 것을 최소화할 수 있습니다. 프레지의 클라우드 시스템에서 프레지를 안전하게 제작하고 보관하는 방법에 대해 알아보겠습니다.

(1) 클라우드란?

애플에서 제공하는 iCloud(www.icloud.com)는 인터넷상에서 오피스 프로그램을 바로 시작할 수 있으며 문서를 제작하고 저장할 수 있는 공간을 제공합니다. 키노트는 아마존 웹 서비스(AWS ; Amazon Web Services)를 사용하여 신뢰할 있는 클라우드 서비스를 제공하고 있습니다.

온라인에 접속하여 프레지를 열고 저장하면 따로 파일을 가지고 다니지 않아도 인터넷 접속만으로 프레젠테이션 제작이 가능합니다. 또한 작업 내용은 실시간으로 클라우드라는 인터넷 공간에 저장되어 안전하게 보관할 수 있습니다. 프레지는 이러한 클라우드 기반의 프레젠테이션 도구입니다.

▲ 대표적인 클라우드 기반 저작 도구 apple icloud keynote

(2) 복사본 백업

프레지에서의 저장은 신뢰할 수 있고 안전합니다. 하지만 제작된 프레지를 실수로 삭제했을 경우 복구가 불가능하기 때문에 신중하게 삭제를 해야 하며 만약의 사태를 대비해서 항상 [복사하기]를 클릭하여 복사본을 따로 저장해 두는 것이 좋습니다.

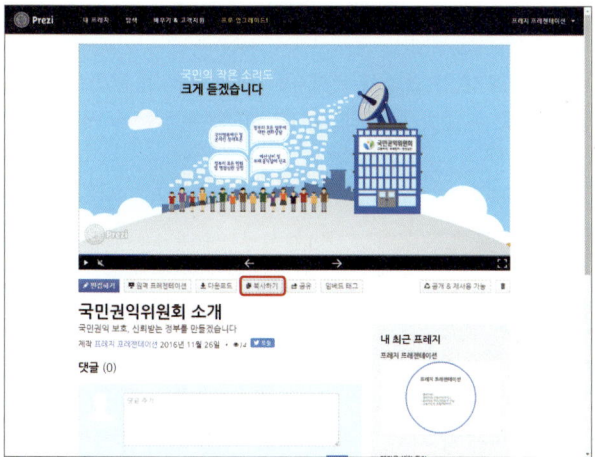

알·고·가·자

SUB 계정으로 복사

결과물이 완성된 후 비슷한 다른 프로젝트를 수행할 경우 프레지에 부계정을 하나 더 만들어서 또 다른 자신의 계정으로 복사하는 것도 좋은 방법입니다. 부계정으로 복사하려면 프레지 관리 화면에서 해당 프레지에 마우스를 위치시키면 나타나는 프레지 상단 메뉴의 공유 단추( )를 클릭하고 대화상자에서 경로를 복사한 후 부계정으로 로그인히여 복사본으로 저장합니다.

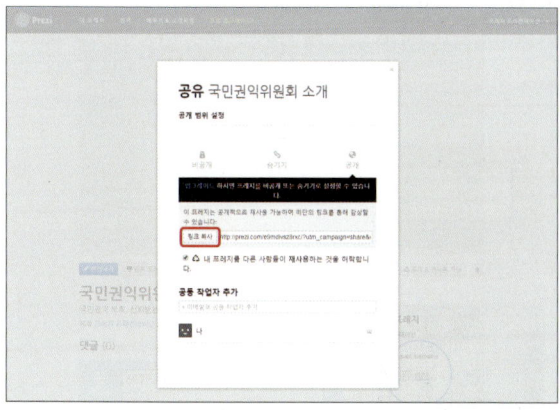

03 CHAPTER
프레지 화면 구성

프레지는 웹상에서 사용자가 만든 파일을 관리할 수 있는 관리 페이지와 실제 프레지를 제작할 수 있는 캔버스 화면으로 구분되어 있습니다. 이번 장에서는 프레지 파일들을 관리할 수 있는 메뉴와 프레지를 제작할 수 있는 도구들에 대해 살펴보겠습니다.

01 | 프레지 관리 페이지 화면 구성

프레지에 로그인하면 나타나는 화면을 알아보겠습니다. 관리 화면은 [내 프레지], [배우기 & 고객지원], [탐색] 메뉴로 이루어져 있으며 자신의 프레지 자료를 관리하고 다른 사용자가 만든 프레지를 볼 수 있는 메뉴들로 구성되어 있습니다.

(1) 내 프레지 화면

'내 프레지' 화면에서는 자신이 만든 프레지 파일을 관리하거나 새로운 프레지를 만들 수 있습니다.

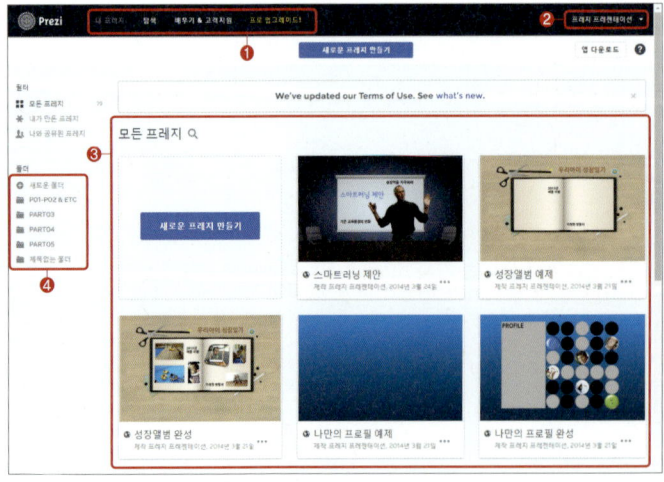

❶ 프레지 메뉴
❷ 사용자의 계정 환경 설정 및 로그아웃
❸ 사용자가 소유하고 있는 프레지 목록
❹ 폴더 단위로 프레지 구성

[내 프레지] 메뉴

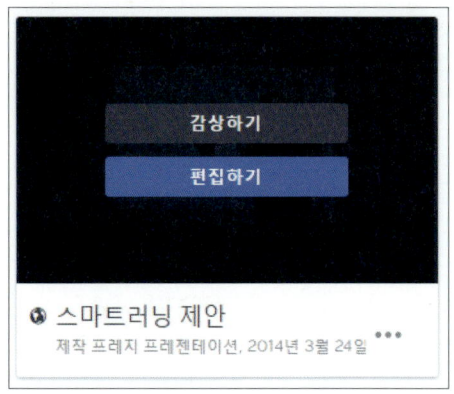

제작된 프레지에 마우스 포인터를 올려놓으면 [감상하기], [편지하기] 도구 모음이 나타납니다. [감상하기]는 프레지 프로젝트의 관리모드로 이동하여 원격 프레젠테이션과 공유, 복사 및 제목과 설명을 편집할 수 있으며, 공개범위를 지정합니다. [편집하기]는 캔버스로 이동하여 제작된 프레지를 재편집할 수 있습니다.

프레지 제목 지정하기

[Untitled Prezi]를 클릭하면 수정 가능한 화면으로 이동하여 제목을 수정할 수 있습니다.

[배우기 & 고객지원] 메뉴

[배우기 & 고객지원] 메뉴에서는 프레지를 동영상 강의로 배울 수 있으며 불편사항을 접수받는 기능을 제공하고 있습니다. 또한 커뮤니티를 통해 프레지 사용자들과 소통이 가능하며 Live Online Training으로 프레지를 처음 시작하는 사용자를 위해 실시간 온라인 프레지 세미나 기간이 정기적으로 제공되고 있어 최신 프레지 웹 세미나를 확인할 수 있습니다.

[탐색] 메뉴

다른 사용자가 만든 [추천 프레지], [인기 있는 프레지] 메뉴로 구성되어 있습니다. [다양한 프레지 탐색] 기능으로 프레지 검색이 가능하여 공개된 프레지를 보거나 재사용할 수 있습니다.

(2) 오늘의 인기 프레지를 내 프레지로 가져오기

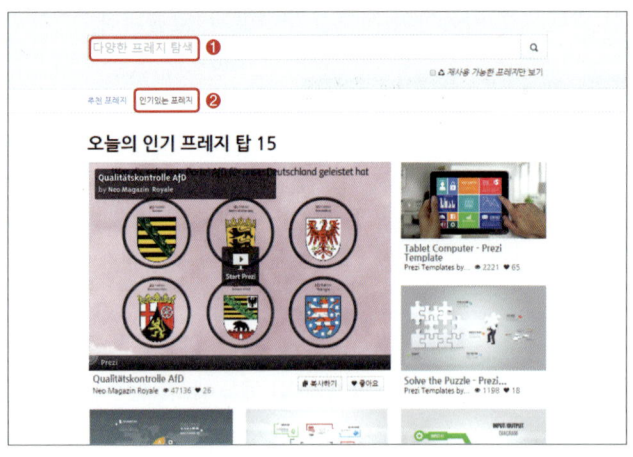

01 '내 프레지' 화면에서 상단의 [탐색] 메뉴를 선택합니다. '탐색' 화면에서 '인기 있는 프레지'를 클릭합니다.

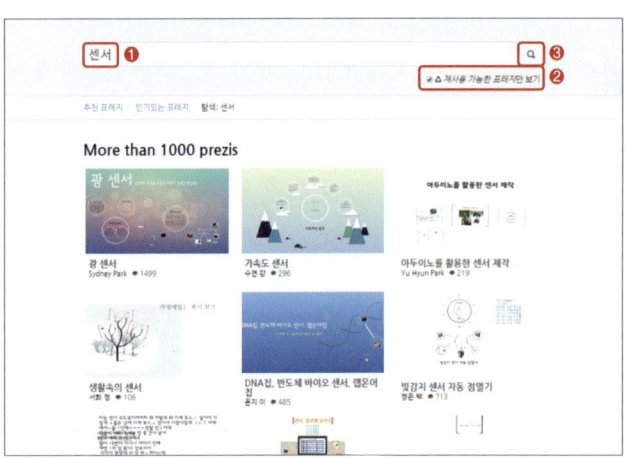

02 '검색창에 키워드를 입력하고 '재사용 가능한 프레지만 보기'에 체크한 후 [돋보기] 버튼을 클릭합니다. 벤치마킹할 주제에 맞는 프레지를 클릭합니다.

TIP '재사용 가능한 프레지' 항목의 프레지들은 다른 사용자가 사용할 수 있도록 사용권을 허락한 프레지 파일이므로 복사해 사용해도 됩니다. 그 외의 항목에 있는 프레지들은 사용 가능 여부를 확인하고 사용해야 하는데, 프레지 이미지 위에 마우스 포인터를 위치시키면 하단에 '재사용 가능'이라는 표시가 나타나면 사용할 수 있는 프레지입니다.

03 미리 보기 화면 아래의 [복사하기]를 클릭합니다.

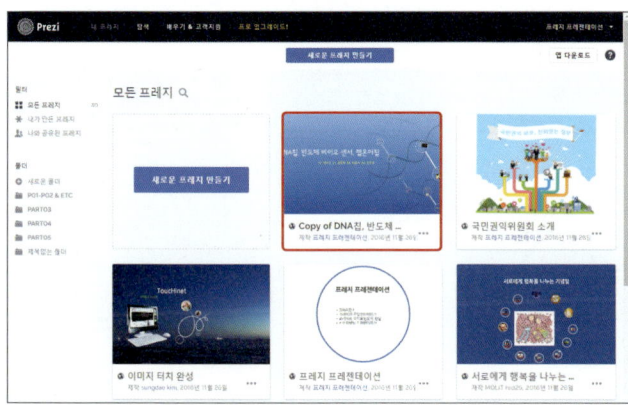

04 자신의 프레지 화면에 복사된 것을 확인할 수 있습니다. 해당 프레지에 마우스를 위치하고 [편집]을 클릭하면 편집할 수 있는 상태로 이동됩니다.

02 | 프레지 인터페이스 한눈에 파악하기

프레지 제작을 위해서는 가장 먼저 화면의 구성을 파악해야 합니다. 프레지는 지속적인 업데이트를 통해 프레지의 단점을 수정·보완하고 있습니다. 따라서 언제든지 메뉴의 위치와 내용이 바뀔 수 있으나 기본 인터페이스는 크게 변하지 않을 것입니다. 상단은 [추가], [수정] 메뉴로 단순하게 구성되었으며, [추가] 메뉴의 [심볼 & 모양...] 또는 [레이아웃]을 선택하면 오른쪽에 해당 속성창이 활성화됩니다. 기존에 편리하게 사용했던 구글이미지 검색은 저작권 문제와 유료사용자 전환 유도로 유료라이선스(Public, Edu-Enjoy계정 불가) 이상의 계정에서만 활성화되며 무료라이선스 계정은 로컬이미지만 삽입 가능합니다.

(1) 프레지 인터페이스 살펴보기

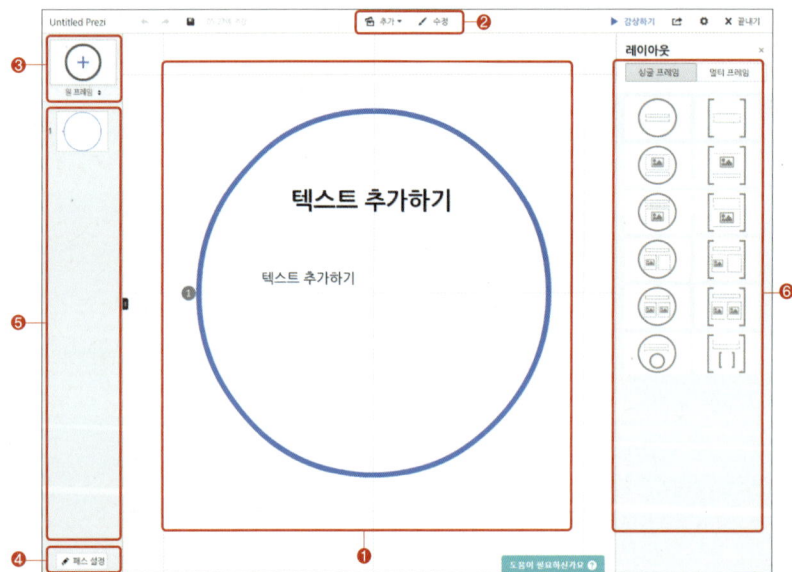

❶ **캔버스** : 프레지의 기본 작업 공간입니다. 텍스트, 이미지, 동영상 등 멀티미디어를 삽입할 수 있고 각 개체에 패스를 지정하여 이동할 수 있는 공간입니다.
❷ **작업메뉴** : [추가], [수정] 메뉴로 프레지의 기능이 모여 있는 곳입니다.
❸ **프레임 추가** : 다양한 종류의 프레임을 추가할 수 있습니다.
❹ **패스 설정** : 개체들의 경로를 지정하거나 추가할 수 있는 기능입니다.
❺ **패스 미리 보기** : 현재 개체들이 연결된 순서를 미리 보여주는 곳입니다.
❻ **속성창** : 이미지와 심볼 & 모양을 삽입하고 웹 상의 이미지를 검색하여 결과를 보여줍니다.

(2) 프레지 추가 메뉴 살펴보기

[추가] 메뉴

다양한 개체를 추가할 수 있습니다. 이미지, 심볼 & 모양, 유튜브 동영상, 내 컬렉션, 화살표, 선, 형광펜과 배경음악 등의 멀티미디어를 추가하거나 다른 포맷의 파일을 삽입할 수 있는 메뉴로 구성되어 있습니다.

❶ **이미지** : 구글에서 이미지를 검색하여 삽입(유료 Enjoy 계정 이상)하거나 내 컴퓨터에서 이미지 파일을 불러와서 삽입할 수 있습니다.
❷ **심볼 & 모양** : 삼각형, 원형, 사각형과 여러 가지 다양한 심볼을 선택하여 삽입할 수 있습니다.
❸ **유튜브 동영상** : YouTube에 있는 동영상을 링크로 불러 올 수 있습니다.
❹ **내 컬렉션** : 캔버스에 그림, 도형, 텍스트, 심볼 등을 내 컬렉션에 보관하고 필요할 때 불러와 사용할 수 있습니다.
❺ **차트** : 파워포인트에서 제공되는 막대, 원형, 꺾은선차트를 사용할 수 있습니다. (pro계정 이상)
❻ **레이아웃** : 프레지에서 제공하는 레이아웃을 삽입하여 사용할 수 있습니다.
❼ **화살표, 선, 형광펜** : 캔버스에 화살표, 선, 형광펜 개체를 삽입할 수 있습니다.
❽ **배경음악 삽입** : 내 컴퓨터에 저장되어 있는 음악을 삽입할 수 있습니다. 패스에 사운드를 삽입할 수 있습니다.
❾ **파일(PDF, 동영상)에서** : PDF 파일이나 외부 동영상 파일을 프레지에 삽입할 수 있습니다.
❿ **파워포인트** : 컴퓨터에 저장된 파워포인트 파일을 불러와 캔버스에 삽입할 수 있습니다.

[수정] 메뉴

[수정] 메뉴에서는 배경 이미지나 배경 색상을 지정할 수 있습니다. 다양한 배경색, 텍스트 개체 등이 미리 세팅된 템플릿을 제공합니다.

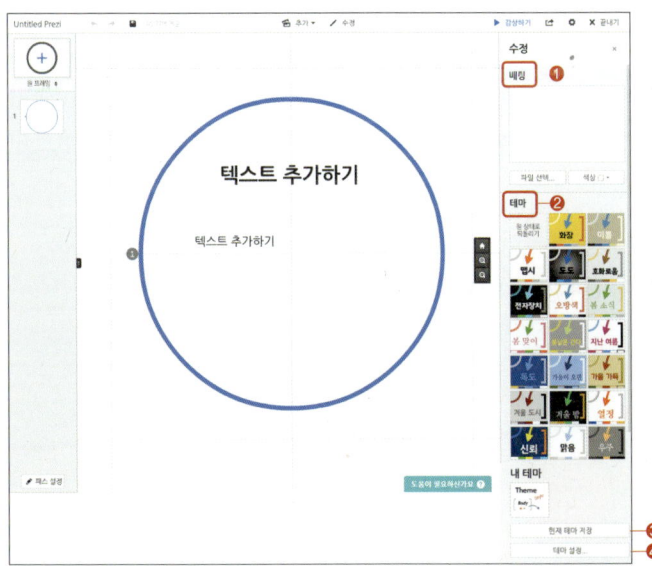

❶ **배경** : 파일을 선택하여 배경 이미지를 업로드하거나, 배경 색상을 지정할 수 있습니다.
❷ **테마** : 프레지에서 제공하는 테마를 적용할 수 있습니다. 현재 20가지의 한글 테마를 적용할 수 있으며, 지속적으로 업데이트되고 있습니다.
❸ **현재 테마 저장** : 수정된 테마를 저장할 수 있습니다.
❹ **테마 설정** : 프레지에서 제공하는 테마 외에 사용자가 원하는 스타일로 테마를 변경할 수 있습니다.

(3) 프레지 편집 화면

프레지 화면은 크게 편집 화면, 감상하기 화면, 패스 설정 화면으로 구분됩니다.

편집 화면

캔버스에 텍스트 및 다양한 개체를 삽입하는 등 모든 작업과 관련된 메뉴가 있는 곳입니다.

감상하기 화면

패스로 설정되어 이동되는 화면과 제작 중간 또는 완성된 작품을 미리 보는 화면입니다. 클릭 또는 오른쪽 방향키 등으로 패스로 설정된 화면을 이동하면서 볼 수 있습니다. Esc 를 누르면 다시 편집 화면으로 되돌아옵니다.

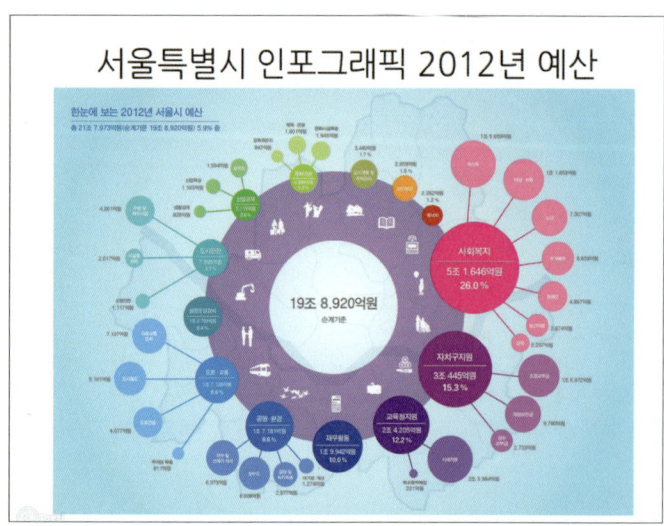

패스 설정 화면

프레지의 이동 기능을 만드는 화면입니다. 순서대로 패스를 지정하여 이동할 경로를 만들고 추가, 삭제, 위치 이동 등의 패스 편집을 할 수 있는 화면입니다.

패스 설정 화면 내의 애니메이션 화면

객체가 프레임 안에 포함되어 있다면 패스 경로 창의 [프레임 내용에 페이드인 효과 적용]을 선택합니다. 프레임 또는 투명 프레임 안에 포함된 객체의 애니메이션 처리를 할 수 있는 애니메이션 창이 활성화됩니다.

애니메이션 창에서 마우스를 객체 위로 가져가면 [페이드인 효과 적용]이 나타나며 클릭하여 첫 번째 애니메이션을 추가할 수 있습니다.

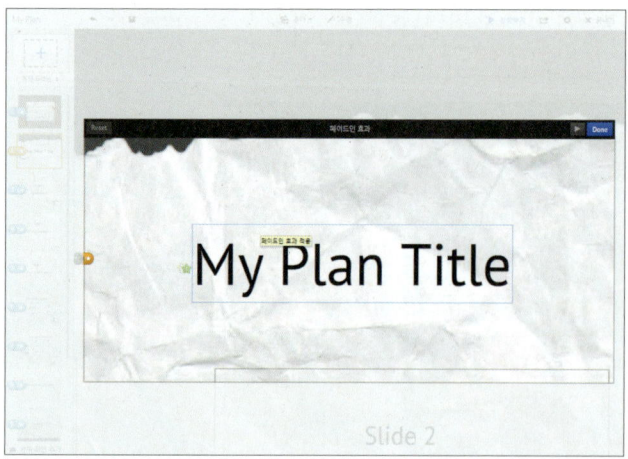

두 개 이상의 객체가 프레임 안에 포함되어 있을 때 각각의 객체를 순서대로 클릭하여 애니메이션을 적용하면, 프레지를 감상할 때 클릭했던 객체에 [페이드 인] 효과가 적용되어 클릭할 때 하나씩 보이게 됩니다.

(4) 공유와 끝내기 메뉴

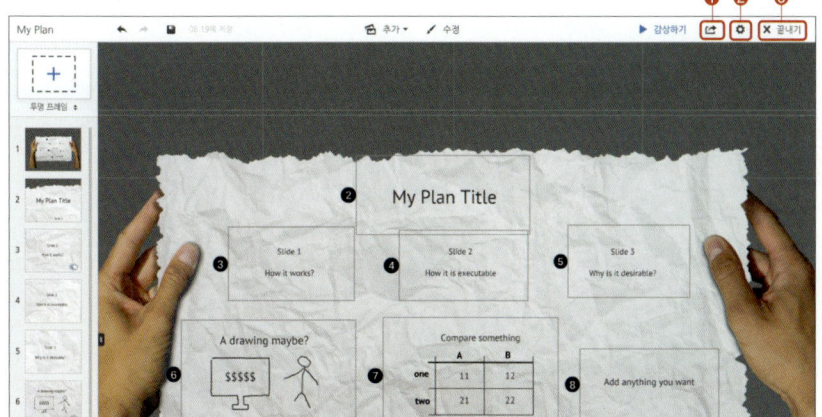

❶ **공유** : 온라인 상에서 다른 사람을 초대하여 공동 작업하거나 페이스북에 공유할 수 있습니다.
❷ **설정** : 화면 비율 조정과 단축키 사용 여부를 지정합니다.
❸ **끝내기** : 저장 후 프레지 프로젝트를 닫습니다.

 PREZI & PRESENTATION

PART

03

프레지
시작하기

💬 이제 프레지 사용 준비가 끝났다면 기능을 하나하나 익혀가며 직접 프레지를 제작해 보겠습니다. 프레지의 기능은 많지 않지만 어떻게 활용하느냐에 따라 많은 기능을 가진 파워포인트보다 강력한 스토리텔링 프레젠테이션을 수행할 수 있습니다. 이번 파트에서는 프레지의 기능들을 하나씩 살펴보면서 실제 프레지를 제작해 보겠습니다.

01 CHAPTER
텍스트와 패스 활용하기

프레지를 사용하다 보면 다른 도구와는 다르게 매우 단순한 메뉴로 구성되어 있음을 알게 됩니다. 이처럼 단순한 메뉴와 인터페이스는 처음 사용하는 경우에도 어려움 없이 사용할 수 있는 프레지만의 장점입니다. 이번 장에서는 프레지에서 텍스트를 삽입하고 패스로 연결하여 이동하는 장면을 만들어 보겠습니다.

01 | 텍스트 입력하기

프레지에서 '빈 프레임'으로 새로운 프레지를 시작하면 캔버스에 원형 프레임이 포함되어 있습니다. 여기서는 프레임을 삭제하고 캔버스 위에서 텍스트를 입력하는 방법에 대해 알아보겠습니다.

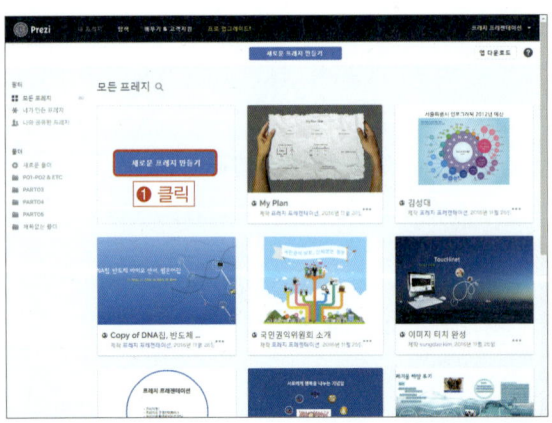

01 가입한 계정으로 로그인한 후 '내 프레지' 화면에서 '새로운 프레지 만들기'를 클릭합니다. 템플릿 선택 페이지가 나타나면 [빈 프레지 시작] 버튼을 클릭합니다.

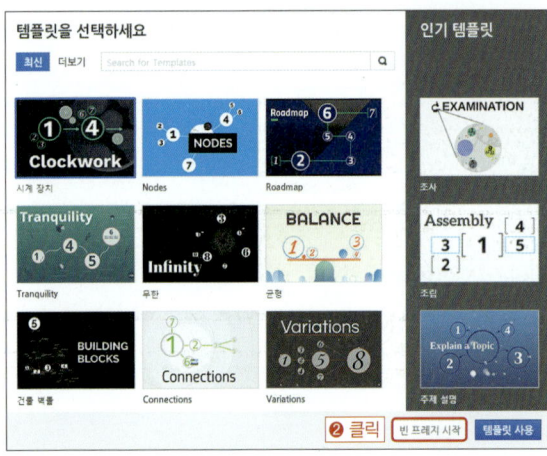

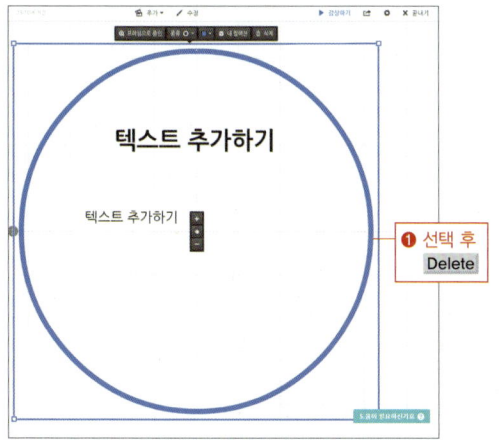

02 빈 프레지가 만들어지면 캔버스에 원형 프레임이 생깁니다. 원형 프레임을 삭제하기 위해 원형 프레임에 마우스를 가져가면 나타나는 반투명 실선 테두리를 클릭하고 Delete 를 눌러 삭제합니다.

TIP 프레임을 선택하면 나타나는 메뉴에서 [삭제]를 클릭해 프레임을 삭제할 수도 있습니다.

알·고·가·자

프레지 시작
- 처음 사용자를 위해 빈 프레지로 시작할 때 기본적인 원형 프레임과 텍스트 입력란이 포함되어 있습니다.
- 메뉴의 [추가]의 [레이아웃...]을 선택하면 다양한 종류의 프레임을 추가할 수 있습니다.

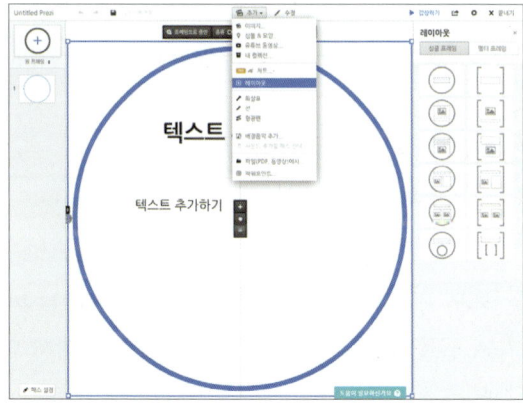

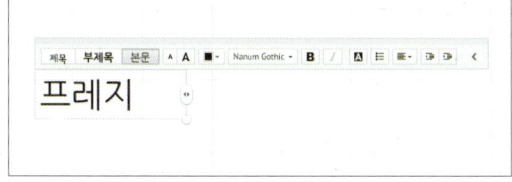

03 캔버스의 빈 공간을 클릭하면 텍스트를 입력할 수 있는 입력창이 나타납니다. 텍스트를 입력한 후 다시 빈 공간을 클릭하면 텍스트 입력상자가 사라집니다.

TIP 편집 화면에서 캔버스의 빈 공간을 클릭하여 텍스트를 입력할 수 있습니다. 텍스트 입력 시 다른 빈 공간을 클릭하면 텍스트 편집이 종료됩니다.

02 | 텍스트 서식 바꾸기

텍스트 서식은 텍스트를 입력하면 나타나는 상단 메뉴에서 지정하거나 텍스트 입력창 상단의 [텍스트 수정]에서 변경할 수 있습니다. 그림 한글 글꼴과 글자 크기, 글자색과 음영색, 글머리 기호 등 다양한 서식을 적용해 보겠습니다.

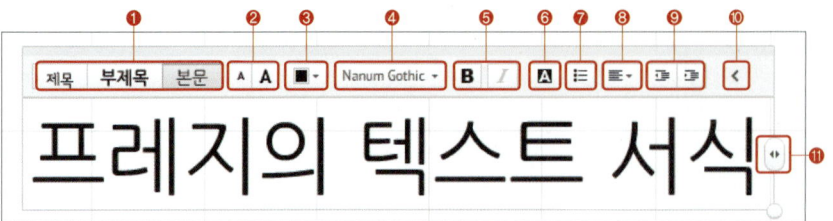

❶ **글꼴** : 테마의 세 가지 기본 글꼴
❷ **크기** : 텍스트 크기 조절
❸ **색상** : 텍스트 색상 변경
❹ **글꼴 변경** : 텍스트의 전체 글꼴 변경
❺ **스타일** : 텍스트의 스타일 변경
❻ **바탕색** : 테마에 미리 설정된 텍스트 상자의 바탕색 적용
❼ **글머리 기호** : 글머리 기호 삽입
❽ **정렬** : 텍스트의 정렬 방식 선택
❾ **한 수준 올리기, 한 수준 내리기** : 단락을 한 단계 올리거나 내림
❿ **메뉴 확장** : 보조 메뉴 감추기, 보이기
⓫ **텍스트의 전체 길이 조절** : 드래그하여 텍스트의 길이를 조절

(1) 글꼴 설정하기

프레지의 한글 글꼴은 기본적으로 제목, 부제목, 본문 세 가지의 글꼴, 즉 나눔고딕 extra bold, 나눔고딕, 상상타이틀 글꼴을 지원합니다. 세 가지 글꼴 외에 서식의 [글꼴 변경]을 통해서 다른 글꼴로 변경할 수 있습니다.

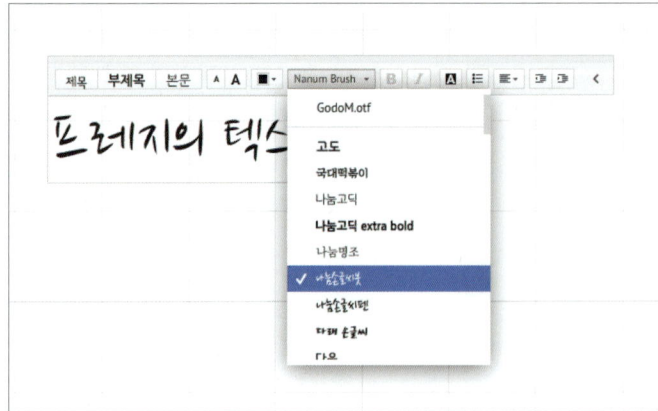

> 알·고·가·자

글꼴 변경하기

한글 폰트는 세 가지의 기본 글꼴이 셋팅 되어 있으며, 총 26종류의 한글폰트로 변경할 수 있습니다. 그중 원하는 폰트를 선택하여 사용하면 됩니다. 글꼴을 변경하는 방법은 메뉴의 [수정]-[테마 설정]을 클릭하고 테마 창에서 [Advanced]를 클릭하여 세 가지 테마의 글꼴과 기타 개체의 색상을 변경할 수 있습니다. 변경 후에는 [Done]을 클릭하여 현재 테마에 적용합니다.

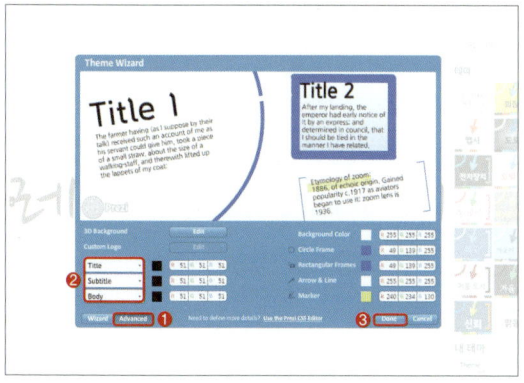

프레지에서의 작업 방법

프레지 작업에서는 클릭, 스크롤, 드래그 세 가지를 가장 많이 활용합니다. 따라서 프레지 작업은 마우스를 활용하는 것이 편리합니다.

- 클릭 : 개체를 입력하거나 선택할 때 사용되고 패스를 지정할 때도 사용됩니다.
- 스크롤 : 줌 인과 줌 아웃이 되며 개체나 글자가 커지거나 작아지는 것을 볼 수 있습니다.
- 드래그 : 화면을 이동할 때 사용되며 드래그할 때는 손바닥 모양의 아이콘이 표시됩니다.

(2) 텍스트 색상 바꾸기

입력한 텍스트를 마우스로 드래그하여 블록으로 지정한 후 '색상'을 클릭하여 원하는 색상을 선택합니다.

(3) 텍스트 배경 채우기

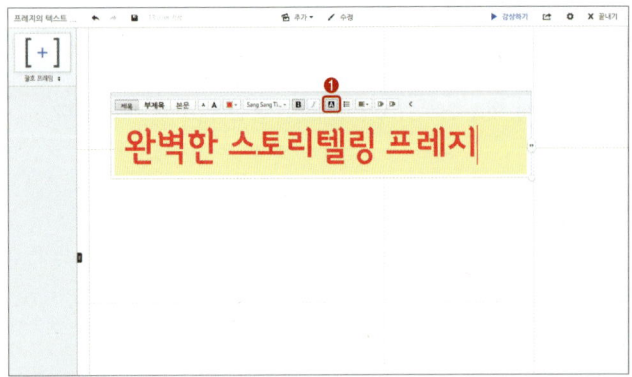

텍스트를 입력한 후 '채우기'를 클릭합니다. 채우기 색상은 제공되는 테마별로 지정된 색상이 제공됩니다.

(4) 글머리 기호 입력하기

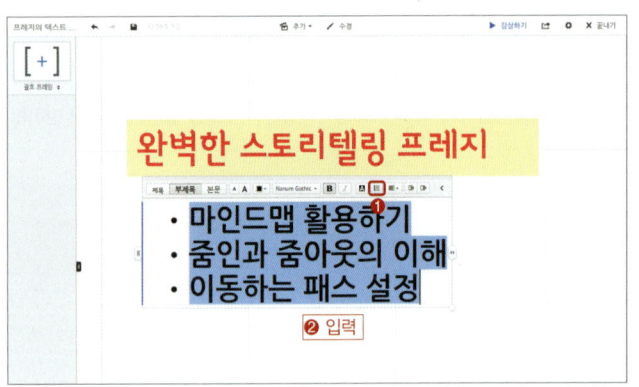

도구 모음에서 글머리 기호를 선택한 후 텍스트를 입력합니다. 입력한 후 Enter 를 누르면 자동으로 글머리 기호가 나타납니다.

(5) 텍스트 분리 핸들

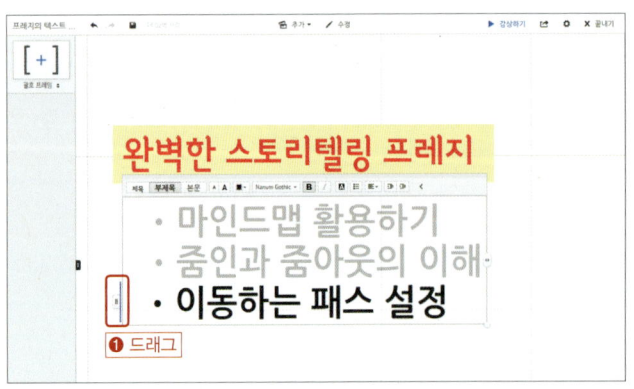

두 줄 이상 입력한 텍스트 창에서 줄의 글자 앞에 핸들 버튼을 드래그하면 텍스트의 위치를 변경할 수 있으며, 바깥쪽으로 드래그하면 다른 개체로 분리가 가능합니다.

03 | 텍스트 편집과 텍스트 개체 다루기

텍스트를 입력한 후 편집하려면 텍스트를 클릭합니다. 텍스트 개체 창이 선택되면 텍스트 수정과 삭제, 텍스트 확대와 축소, 이동 메뉴가 나타나고 크기와 회전할 수 있는 조절점이 표시됩니다.

(1) 텍스트의 수정

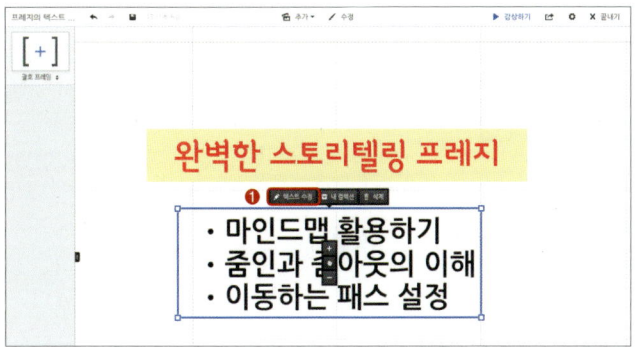

텍스트 입력을 마친 상태에서 텍스트를 수정하려면 텍스트를 클릭합니다. 개체 창 상단에 나타나는 메뉴에서 [텍스트 수정]을 클릭하거나 텍스트를 더블클릭하면 텍스트를 편집할 수 있는 상태로 변경됩니다.

(2) 텍스트 개체 삭제

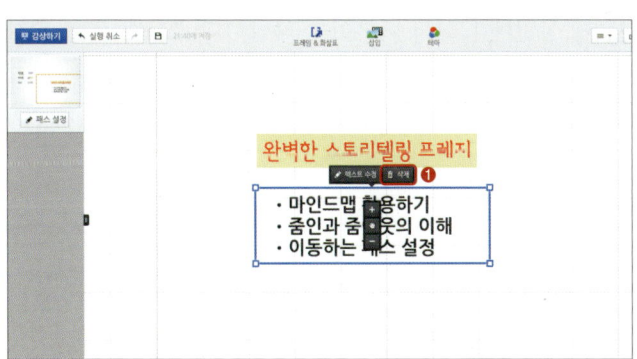

입력된 텍스트를 선택하면 나타나는 메뉴에서 [삭제]를 클릭하면 텍스트 개체가 삭제됩니다.

(3) 변환 도구 상자 활용

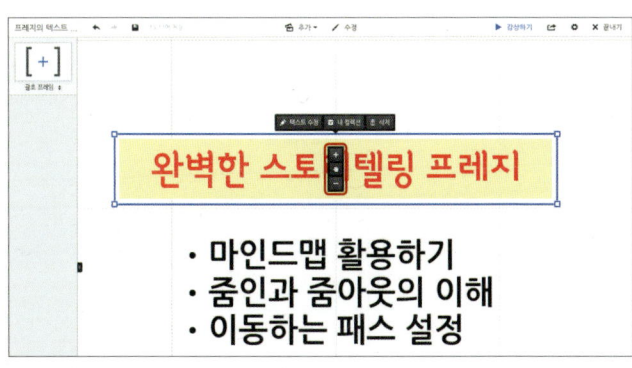

개체를 클릭하면 가운데 변환 도구 상자가 나타나며 확대/이동/축소를 할 수 있습니다.

(4) 텍스트 크기 조절과 회전

텍스트를 클릭한 후 크기 조절 핸들을 드래그하면 텍스트의 크기를 조절할 수 있습니다. 또 조절점에 마우스 포인터를 위치하면 회전 조절점이 표시되며 회전 핸들을 드래그하면 텍스트 개체를 회전할 수 있습니다.

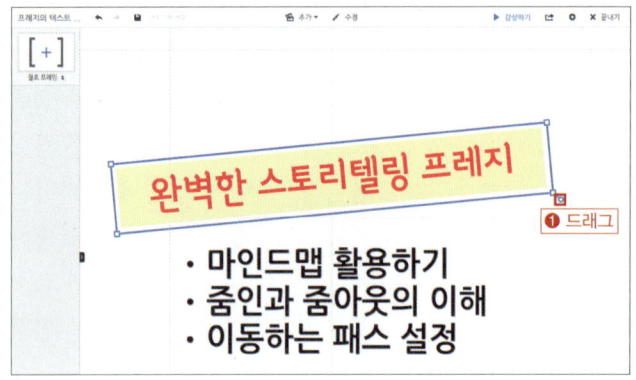

TIP 개체를 회전할 때 Shift 를 같이 누르고 드래그 하면 15도씩 회전이 가능합니다.

(5) 텍스트 개체 그룹 설정과 해제

그림과 같이 텍스트를 입력한 후 Shift 를 누른 상태에서 두 개 이상의 텍스트 개체를 선택하면 그룹이 될 테두리가 만들어지면서 개체 창 상단에 [그룹] 버튼이 나타납니다. [그룹]을 클릭하면 개체를 그룹으로 지정할 수 있습니다. 그룹으로 지정된 개체를 선택하면 개체 창 상단에 [그룹 해제] 버튼이 나타나며 [그룹 해제]를 클릭하면 그룹을 해제할 수 있습니다.

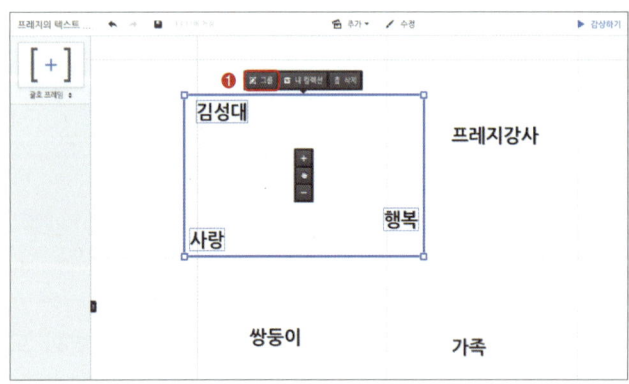

TIP 그룹이 되면 텍스트 개체가 선택되어도 [텍스트 수정] 버튼이 나타나지 않습니다. 따라서 텍스트를 수정하려면 해당 텍스트를 더블클릭합니다.

04 | 텍스트 크기 조절과 정렬

프레지에서는 텍스트 크기를 수치로 정확히 설정하는 기능이 없습니다. 대신 이동할 때 가이드라인이 생겨 위치를 설정할 수 있으며 텍스트 외곽선을 이용한 크기 조절 시 다른 텍스트와 크기를 비교할 수 있는 가이드라인이 표시됩니다.

(1) 가이드라인으로 다른 텍스트와 위치 맞추기

텍스트를 드래그하면 다른 텍스트와 비교할 수 있는 정렬 가이드라인이 생기면서 정렬을 할 수 있습니다.

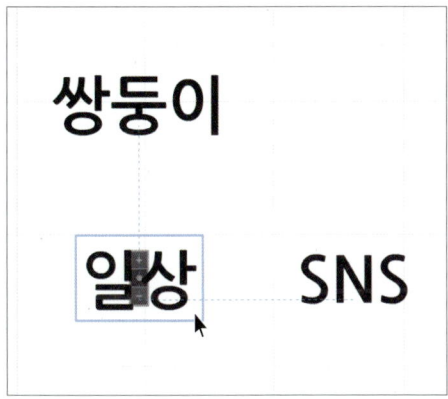

(2) 가이드라인으로 다른 텍스트와 글자 크기 맞추기

텍스트를 클릭한 후 크기 조절점을 이용하여 텍스트 크기 조절 시 주변의 텍스트와 크기를 맞춰주는 가이드라인이 표시됩니다.

05 | 패스 설정하기

패스는 프레지에서 중요한 부분으로 프레지가 주목 받는 이유 중 하나는 설정된 경로를 따라 이동하는 모습을 보여주는 패스 기능이 있기 때문입니다. 여기에서는 다양한 텍스트 개체에 패스를 설정하고 이동하는 것을 확인해 보겠습니다.

(1) 패스 설정

패스를 설정하기 위해 화면 왼쪽의 [패스 설정] 버튼을 클릭합니다. 패스 설정 화면이 나오면 캔버스에서 보여주고자 하는 순서대로 텍스트를 클릭하여 패스를 설정합니다. 설정을 마쳤으면 상단의 [완료] 버튼을 클릭합니다.

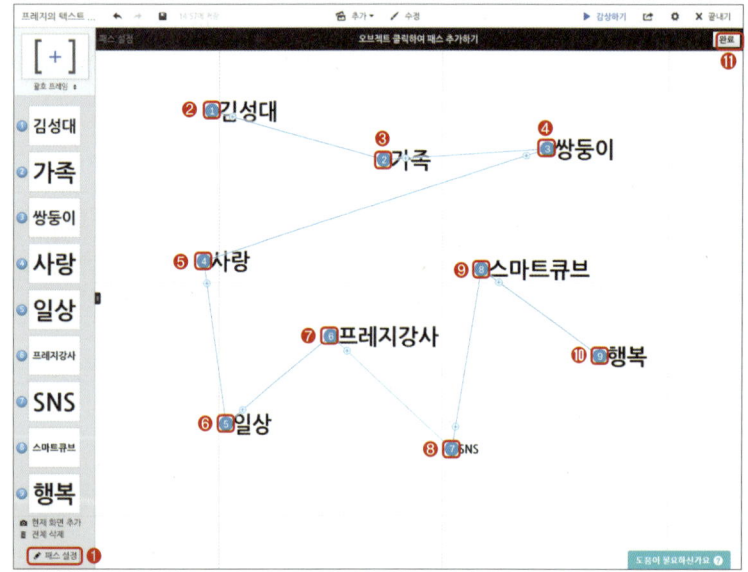

TIP 왼쪽 패스 경로 창에서 장면을 선택하거나 패스 번호를 선택하면 해당 장면으로 이동할 수 있습니다.

(2) 패스 순서 바꾸기

패스를 지정한 상태에서 왼쪽 패스 경로 화면의 순서를 변경하면 패스 경로 순서가 변경됩니다. "그리움" 텍스트를 드래그하여 맨 위로 이동시켜 패스의 순서를 변경해 봅니다.

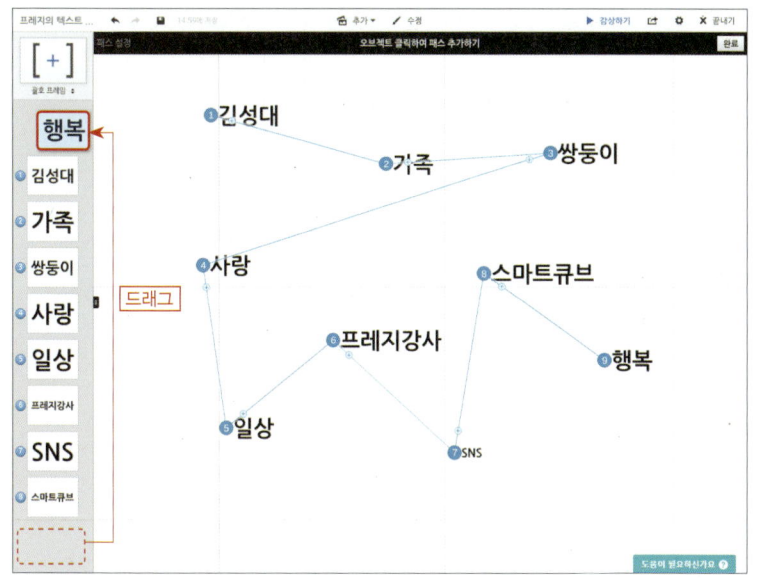

TIP 패스 설정창에서 패스 경로 화면을 드래그하여 패스 순서를 변경할 곳으로 이동하면 패스의 순서가 변경됩니다. 또 패스 중간에 다른 개체를 추가하려면 패스 선 중간에 있는 +를 해당 개체로 드래그하여 패스를 추가할 수 있습니다.

(3) 패스 삭제하기

패스를 지정한 후 원하지 않는 패스는 삭제할 수 있습니다. 패스 경로 창에서 설정된 장면에 마우스 포인터를 위치시키면 빨간색 X 표시가 나타납니다. X 버튼을 클릭하면 삭제할 수 있습니다.

(4) 패스에 현재 화면 추가하기

화면을 축소해 모든 개체를 보여 줄 때는 [현재 화면 추가]를 활용합니다. 먼저 캔버스의 크기를 축소하여 전체 개체가 한눈에 보이도록 주밍하고 [패스 설정]을 클릭한 후 화면 좌측 하단의 [현재 화면 추가]를 클릭합니다. 텍스트 전체에 프레임이 생기면서 패스 경로 창의 가장 아래에 전체 화면 패스가 만들어집니다.

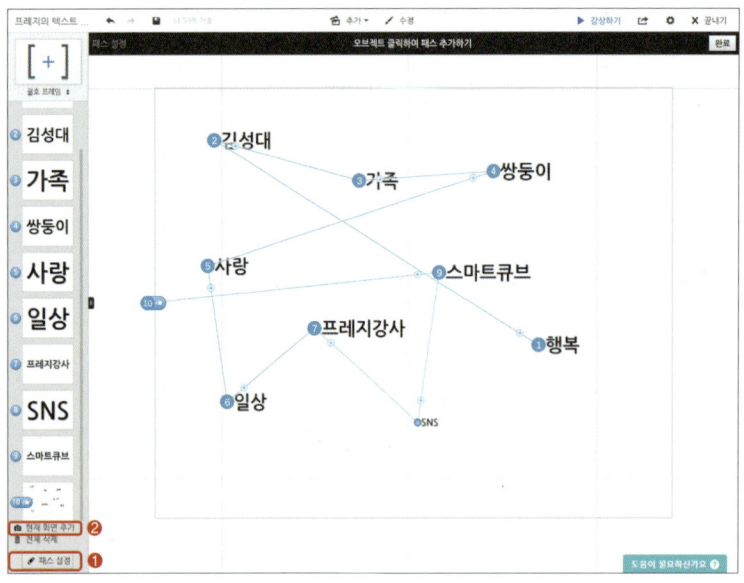

(5) 패스 확인하기

패스 설정을 확인하려면 패스 경로창에서 지정된 장면을 직접 클릭하거나 좌측 상단의 [감상하기]를 클릭하여 확인할 수 있습니다. 감상하기 화면은 전체 화면으로 보여주며 우측에는 [홈], [확대], [축소] 버튼과 우측 상단에 [편집하기] 버튼이 있습니다. [홈] 버튼을 클릭한 후 오른쪽 방향 화살표를 눌러 패스의 진행 상태를 감상합니다.

▲ 감상하기를 클릭했을 때 전체 화면으로 전환된 프레지

TIP 패스를 지정하다 보면 속도 조절이 필요하다는 생각이 들지만, 프레지에서는 아쉽게도 패스의 이동속도 조절기능을 지원하지는 않습니다. 멀리 있는 개체는 좀 더 빨리 이동하고 가까이 있는 개체는 느리게 이동하게 됩니다.

 # 텍스트를 활용한
나만의 여행수첩 만들기

제공된 프레지 파일을 이용하여 텍스트를 입력하고 텍스트를 꾸며보도록 하겠습니다.

- 사용 예제 : P01\나만의 여행수첩 예제
- 완성 예제 : P01\나만의 여행수첩 완성

01 프레지에 로그인한 후 'P01' 폴더의 예제 바로가기 아이콘을 더블클릭하고 [복사하기]를 클릭합니다. 내 프레지에 복사된 프레지를 클릭하고 프레지 관리 화면에서 [편집하기]를 클릭하여 프레지 편집을 시작합니다.

02 제목의 '텍스트를 입력하시오'를 더블클릭하여 "나만의 여행 수첩"을 입력하고 글꼴은 '제목', 글자 색은 '빨간색'으로 지정합니다.

TIP 만들어져 있는 텍스트를 수정하려면 텍스트를 더블클릭합니다.

03 왼쪽 첫 번째 텍스트에 부제목을 입력하고 글꼴은 '부제목'을 선택합니다. 왼쪽 하단 말풍선의 글꼴은 '본문'을 선택한 후 텍스트 메뉴의 '글머리기호'를 클릭하고 다음과 같이 입력합니다.

- 키나발루산
- 끼울루레프팅
- 클리아스반디불
- 만따나니섬

04 오른쪽 페이지에 부제목을 입력하고 글꼴은 '부제목'을 선택합니다. 오른쪽 하단 말풍선에 "너무 신비로웠어"를 입력하고 텍스트 객체를 그림처럼 회전시켜 줍니다.

05 왼쪽 하단에 [패스 설정] 버튼을 선택하여 그림과 같이 패스가 잘 연결되어 있는지 확인합니다.

패스 순서

① 1 　나만의 여행 수첩　제목 선택
② 2 　전체 화면 선택
③ 3 　말레이시아 코타키나발루　왼쪽 제목 선택
④ 4 　왼쪽 산 사진
⑤ 5 　왼쪽 건물 사진
⑥ 6 　왼쪽 강 사진
⑦ 7 　오른쪽 제목 사진
⑧ 8 　오른쪽 세로 사진
⑨ 9 　오른쪽 가로 사진
⑩ 10 　오른쪽 풍선 도움말 선택

06 패스 설정을 마쳤으면 상단의 [완료] 버튼을 클릭하고 [감상하기]를 클릭해 작성한 프레지를 감상해 봅니다.

02 CHAPTER
프레임과 화살표 활용하기

프레지에는 이미지, 심볼과 모양, 동영상, 음악 등 다양한 파일들을 삽입할 수 있습니다. 또 프레임을 활용해서 개체들을 하나로 묶어 패스 설정 시 한 번에 보여줄 수 있습니다. 여러 개체를 선택하여 그룹을 만드는 것과 다르게 프레임은 프레임 내에서 이동, 크기 변경을 자유롭게 조절할 수 있습니다. 이번 장에서는 프레임과 다양한 개체를 삽입하고 활용하는 방법을 알아보겠습니다.

01 | 프레지의 프레임 활용

프레임이란 텍스트나 이미지 등을 하나로 묶어 주는 역할을 합니다. 프레임으로 묶은 그룹은 패스 설정 시 하나의 꽉 찬 화면으로 보여집니다. 또 작성된 프레임을 삭제하면 묶였던 개체들도 함께 삭제됩니다.

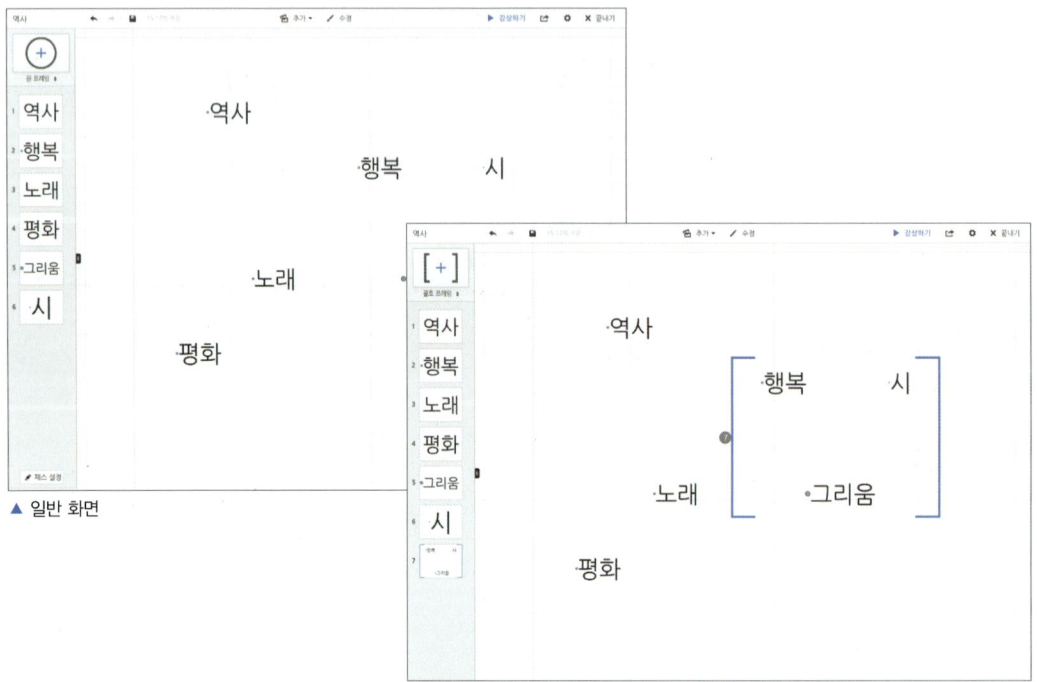

▲ 일반 화면

▲ 괄호 프레임으로 묶이면서 자동으로 패스 경로로 삽입된 화면

(1) 괄호 프레임

괄호 프레임은 대괄호 모양으로 되어 있습니다. 패스창 상단에서 [원 프레임]을 클릭하고 [괄호 프레임]으로 변경한 뒤 +기호를 드래그하여 원하는 영역에 위치한 후 크기를 조절하면 괄호 프레임 안에 있는 개체는 하나의 그룹으로 설정되고 패스가 자동으로 추가됩니다.

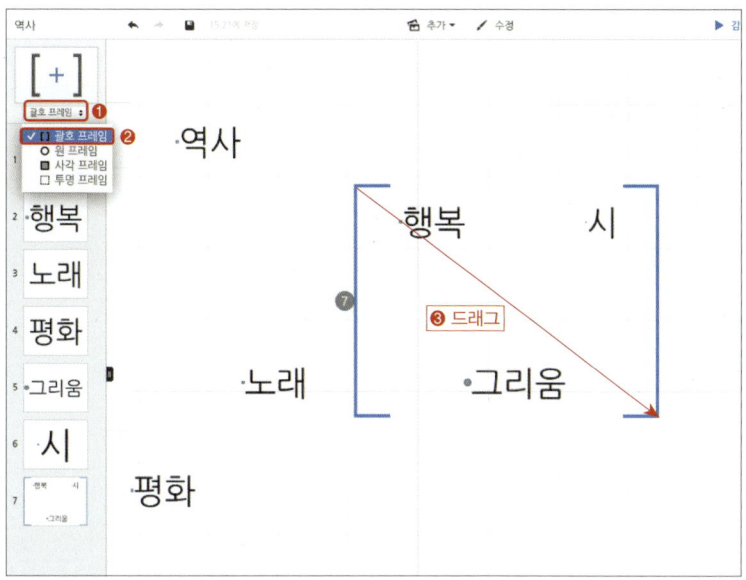

(2) 원 프레임

프레임의 모양이 원형으로 되어 있으며 패스 설정 시 원 프레임이 화면에 가득 차게 됩니다. 정원의 모양만 가능하며 단계적인 내용을 표현하고자 할 때 많이 사용되는 프레임입니다.

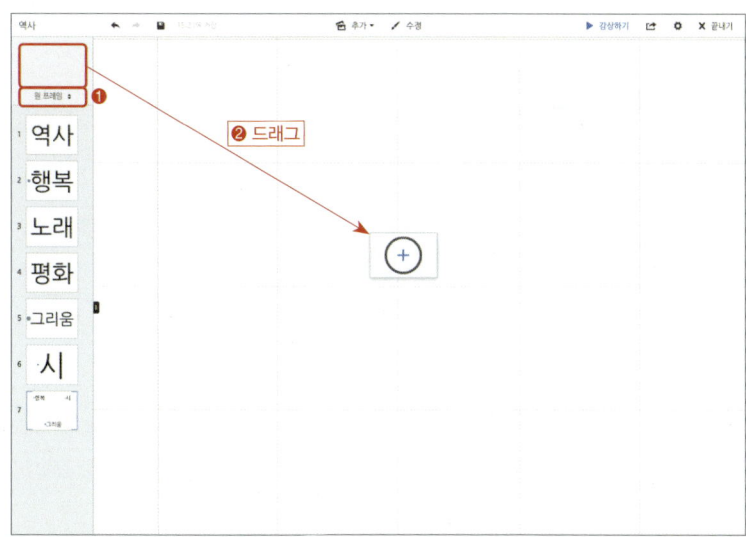

(3) 사각형 프레임

사각형 모양의 프레임이며 사각형 테두리에 색상이 적용되어 있습니다. 사각형 프레임을 드래그해서 그리다보면 4:3 비율 표시가 생성됩니다. 채우기 색상은 변경이 불가능하시만 테마를 변경하여 테마에 맞게 수정할 수 있습니다. 4:3 비율은 환경설정에서 16:9로 생성할 수 있습니다.

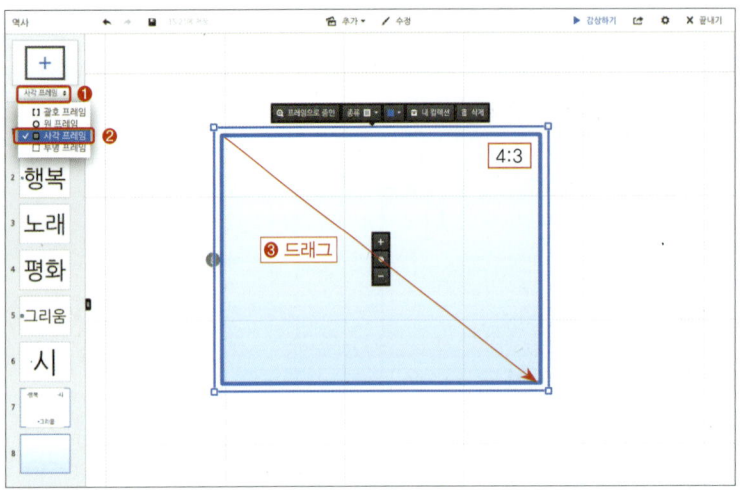

(4) 투명 프레임

프레임 중에서 사용 빈도가 가장 높은 프레임으로 이미지나 개체들을 묶을 때 프레임의 테두리가 보이지 않기 때문에 어색하지 않은 화면을 보여주면서 패스 설정이 가능합니다. 투명 프레임은 편집 화면에서는 프레임이 보이지만 감상하기 화면에서는 보이지 않습니다. 한 장의 사진에서 보여주고 싶은 부분을 투명 프레임으로 연결해 일부분을 확대해 보여줄 수도 있습니다.

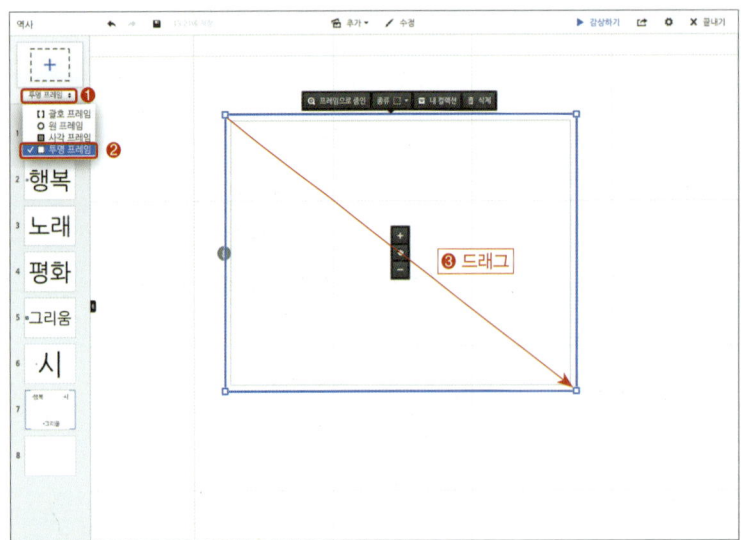

알·고·가·자

투명 프레임 활용

▲ 이미지를 2개의 패스로 연결한 프레지

이미지 한 장에 투명 프레임을 만들어 패스로 연결하면 여러 패스로 이야기를 전개할 수 있습니다.
[현재 화면 추가]를 클릭하여 추가된 패스도 투명 프레임입니다.

(5) 프레임 편집하기

01 새 프레지에서 텍스트를 각각 입력하고 자연, 환경, 지구 순으로 패스를 설정한 후 [감상하기]를 클릭합니다. 패스를 따라 마지막 패스 화면에서 끝나게 됩니다.

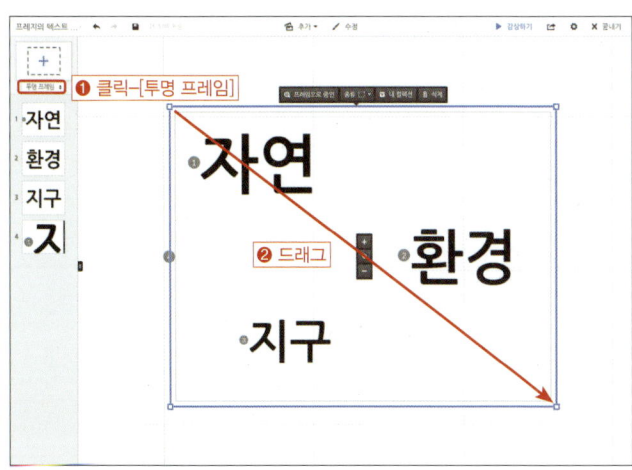

02 왼쪽 상단의 [프레임 추가]-[투명 프레임]을 선택하고 마우스로 드래그하여 텍스트가 모두 포함되도록 투명 프레임의 크기를 조절합니다.

PART 03. 프레지 시작하기 **077**

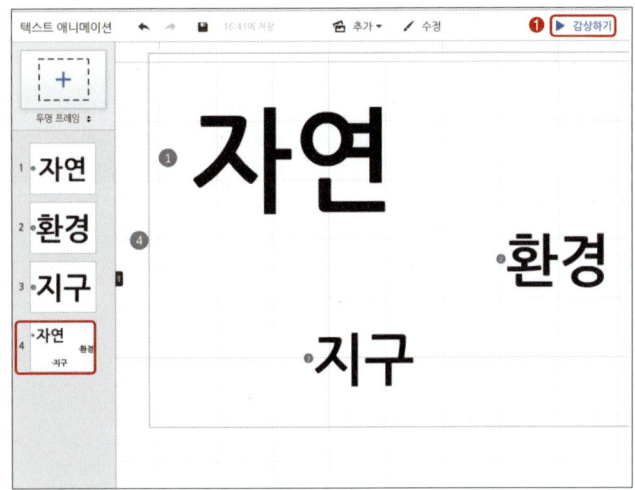

03 패스포인트가 추가되고, 감상하기를 클릭하면 전체 화면에 선택된 투명프레임이 한 화면으로 보입니다.

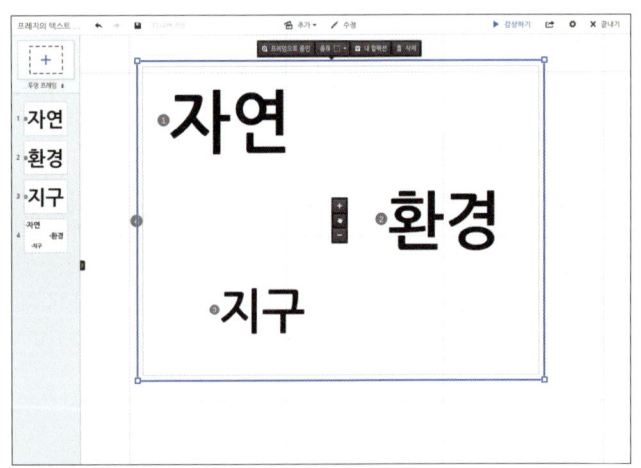

04 편집 화면에서 프레임의 테두리를 클릭하면 그룹 단추와 확장 메뉴가 표시됩니다. 가운데 이동 및 확대 버튼을 이용하면 프레임을 중심으로 확대, 이동, 축소가 가능합니다.

(6) 프레임 다루기

프레임을 선택하면 [프레임으로 줌 인]과 프레임을 변경할 수 있는 [종류], 내 컬렉션으로 저장할 수 있는 [내 컬렉션], 프레임 삭제가 가능한 [삭제] 버튼이 나타납니다. [프레임으로 줌 인]은 화면에 꽉 차게 줌 인시키는 기능, [종류]는 프레임을 다른 형태로 변경하는 기능, [내 컬렉션]은 자주 사용하는 프레임을 내 컬렉션으로 저장할 수 있는 기능을 가지고 있습니다.

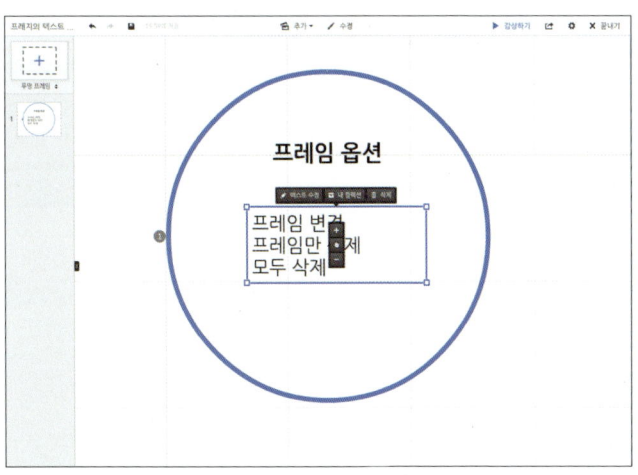

01 새 프레지에서 기존 프레임을 유지한 채 텍스트를 다음과 같이 입력하고 크기를 조절합니다.

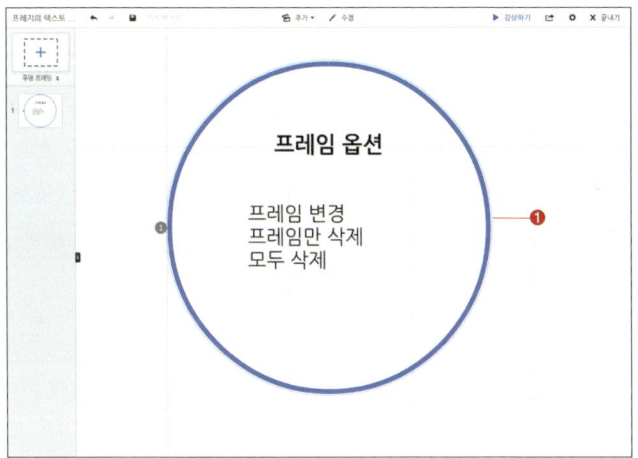

02 프레임 테두리에 마우스를 가져가면 테두리 외곽으로 반투명 라인이 생기며 이때 클릭하면 프레임을 선택할 수 있습니다.

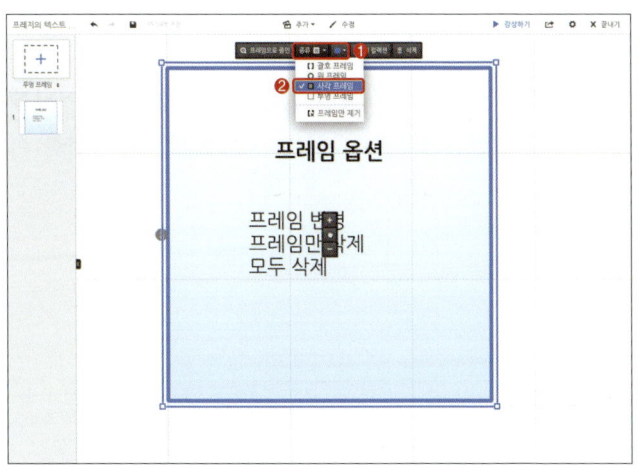

03 프레임이 선택되면 프레임 상단 메뉴에서 [종류] 버튼을 클릭합니다. 기존 원 프레임을 다른 프레임으로 변경하고 싶다면 괄호, 사각, 투명 프레임 중 하나를 선택하여 변경합니다.

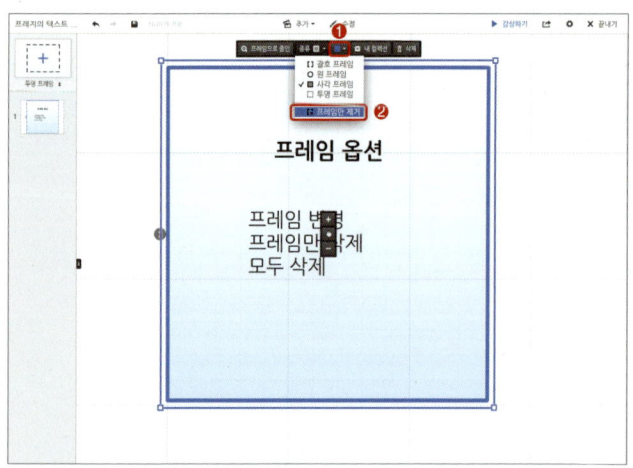

04 프레임 안의 객체는 그대로 두고 프레임만 제거하고 싶다면 확장 메뉴에서 [프레임만 제거]를 클릭하여 제거합니다.

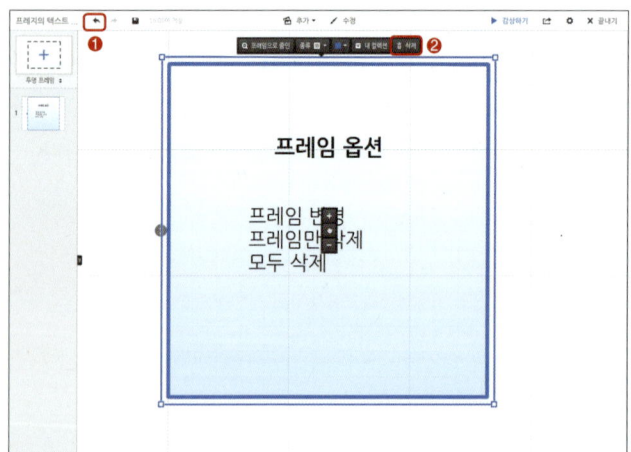

05 메뉴의 [실행 취소]를 클릭하여 제거된 프레임을 원래대로 되돌립니다. 프레임으로 연결된 모든 객체와 프레임까지 제거하고 싶다면 프레임을 선택하고 확장 메뉴의 [삭제] 또는 키보드의 Delete 를 눌러 삭제합니다.

(7) 애니메이션 활용하기

프레지의 프레임으로 객체를 그룹화하면 함께 이동되고 크기가 조절되며 삭제됩니다. 이렇게 프레임으로 묶여 있는 객체에는 프레임을 패스로 연결했을 때 각각의 객체에 애니메이션을 적용할 수 있습니다.

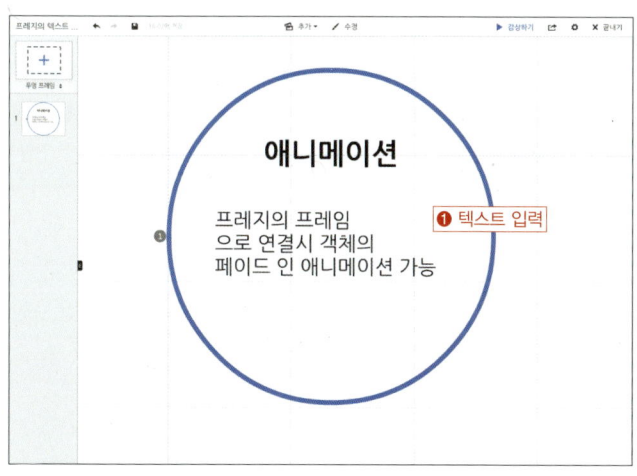

01 새 프레지에서 기존 프레임을 유지한 채 텍스트를 다음과 같이 입력하고 크기를 조절합니다.

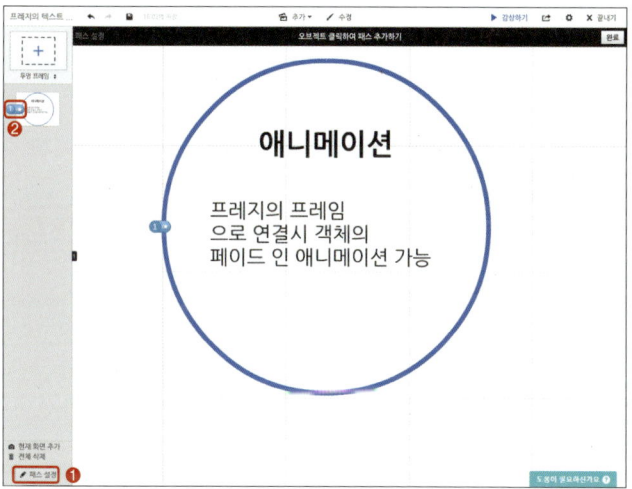

02 [패스 설정]을 클릭하면 두 개 이상의 객체가 그룹화되었을 경우 [프레임 내용에 페이드인 효과 적용] 버튼이 활성화됩니다. 버튼을 클릭하면 애니메이션 대화 상자가 열립니다.

TIP 패스 설정에서 [★] 모양의 아이콘이 활성화 되면 페이드인 애니메이션 처리가 가능한 상태입니다.

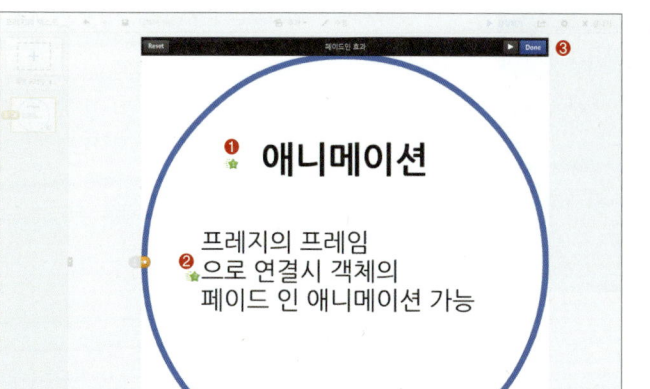

03 첫 번째 '애니메이션' 텍스트를 클릭하고 본문의 내용을 두 번째로 클릭한 후 [Done]을 클릭하면 '페이드 인' 애니메이션이 적용됩니다.

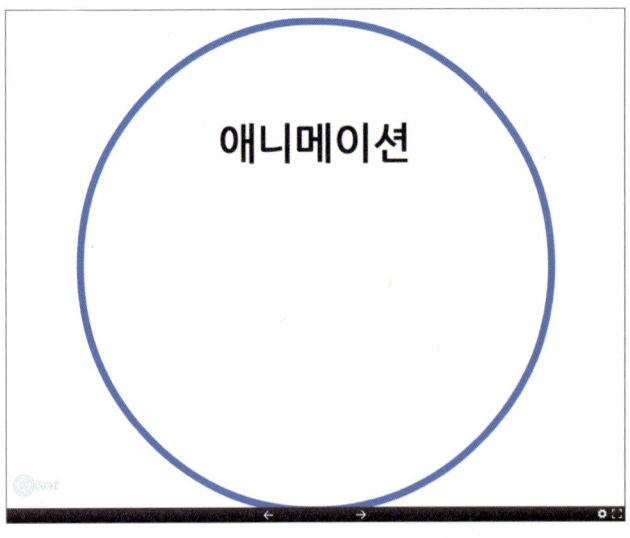

04 [감상하기]를 클릭하고 프레지를 재생하면 각각의 객체에 애니메이션이 적용된 것을 확인할 수 있습니다.

알·고·가·자

애니메이션 옵션

❶ Reset : 적용된 애니메이션을 초기화합니다.
❷ ▷ : 적용된 애니메이션을 미리보기합니다.
❸ Done : 클릭한 객체에 애니메이션을 적용합니다.

투명 프레임으로 애니메이션 만들기

프레임이 보이지 않게 애니메이션을 추가하려면 [패스 설정]을 클릭하고 [현재 화면 추가]를 클릭하여 투명 프레임으로 개체들을 묶어 애니메이션을 구현하면 됩니다.

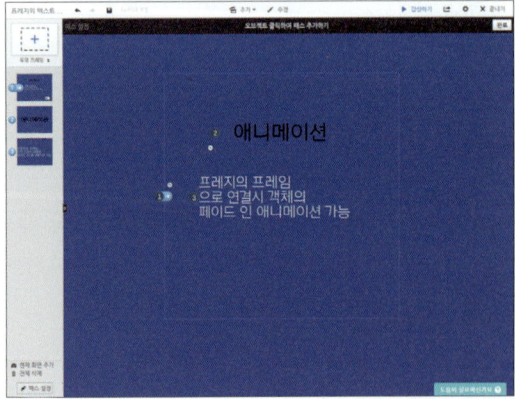

02 | 화살표, 선, 형광펜 메뉴 활용하기

프레지에서 [추가] 메뉴에 포함된 화살표, 선, 형광펜 메뉴를 다루어 보겠습니다. 사용빈도는 낮은 편이나 유용하게 사용할 수 있으므로 기능에 대한 이해가 필요합니다.

(1) 화살표 그리기

01 화살표는 클릭한 지점이 시작되고 드래그해서 끝나는 지점에 화살표가 그려집니다. 화살표를 그린 후 화살표를 선택하면 '얇은 화살표', '굵은 화살표', '스타일', '삭제' 도구 모음이 표시됩니다. 그림처럼 텍스트를 입력하고 [추가]-[화살표]를 선택해 화살표를 그려봅니다.

02 화살표 끝 조절점을 드래그하여 '마케팅' 방향으로 위치를 변경해 봅니다. 그려진 화살표이 시작과 끝점의 조절점을 이용하면 방향과 길이를 변경할 수 있습니다.

③ 화살표를 선택한 후 [스타일] 버튼을 클릭하면 다양한 색이 표시됩니다. 원하는 색상을 클릭하면 화살표의 색이 변경됩니다.

(2) 화살표 구부리기

① 화살표의 가운데 조절점을 드래그하면 화살표를 곡선으로 만들 수 있으며 양끝 길이 조절점을 이용하여 다양한 길이의 곡선 화살표를 만들 수 있습니다. 가운데 곡선 조절점을 이용하여 최대한 구부린 후 좌우 길이 조절점으로 길이를 늘려줍니다.

② 화살표를 선택하면 나타나는 도구 모음에서 '얇은 선'을 클릭하여 선 두께를 얇게 지정합니다.

(3) 선 그리기

화살표 그리기와 동일한 기능이며 끝 부분에 화살표만 없습니다. 선 두께 조절, 길이, 곡선 기능을 제공하며 색상 변경이 가능합니다. [추가]-[선]을 선택해 그림과 같이 그린 후 굵기와 색상 변경을 해 봅니다.

(4) 형광펜 그리기

01 형광펜은 미리 만들어진 캔버스에 텍스트나 영역을 잘 보이도록 표시하는 기능입니다. 형광펜 기능은 붓으로 그림을 그리듯 칠하면 되며 별도의 편집 기능은 제공되지 않습니다. [추가]-[형광펜]을 선택해 '역량강화' 텍스트 위를 색칠합니다.

02 색칠한 형광펜 위에서 마우스 오른쪽 버튼을 클릭하여 [맨 뒤로 보내기]를 클릭합니다.

> **TIP** 개체는 만들어지는 순서대로 위로 쌓이게 됩니다. 마우스 오른쪽 버튼을 클릭하여 앞으로 가져오기, 맨 앞으로 가져오기, 뒤로 보내기, 맨 뒤로 보내기를 이용해 순서를 변경할 수 있습니다.

03 형광펜을 클릭하면 '삭제'와 '확대', '이동', '축소' 도구 모음이 나타납니다. 도구 모음에서 [삭제]를 클릭하여 형광펜을 삭제해 봅니다.

알·고·가·자

화살표와 형관펜 활용

프레지는 확대, 축소로 특정 패스 간 이동이 자유롭기 때문에 전체적인 내용을 파악하기 어려운 경우가 있습니다. 작업의 프로세스나 순서 또는 진행 방향 등에 대한 표현을 청중에게 전달하기 위해서는 선으로 연결하는 것보다 화살표를 사용하는 것이 키워드의 전개 흐름을 쉽게 전달할 수 있습니다. 또한 형광펜은 서술 형태의 중요한 부분에 사용함으로써 핵심을 표현하기에 용이합니다.

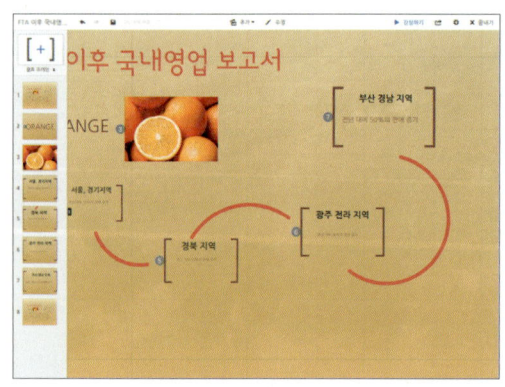

▲ 선 사용 　　　　　　　　　　　▲ 화살표 사용

프레임과 화살표를 활용한 성공제안서 제작하기

캔버스에 화살표와 프레임을 지정하고 패스로 연결하는 과정을 따라해 봅니다.

- 사용 예제 : P02\성공제안서 예제
- 완성 예제 : P02\성공제안서 완성

01 프레지에 로그인한 후 'P02' 폴더의 예제 바로가기 아이콘을 더블클릭하고 [복사하기]를 클릭합니다. 내 프레지에서 복사된 프레지를 클릭하고 프레지 관리 화면에서 [편집하기]를 클릭하여 프레지 편집을 시작합니다.

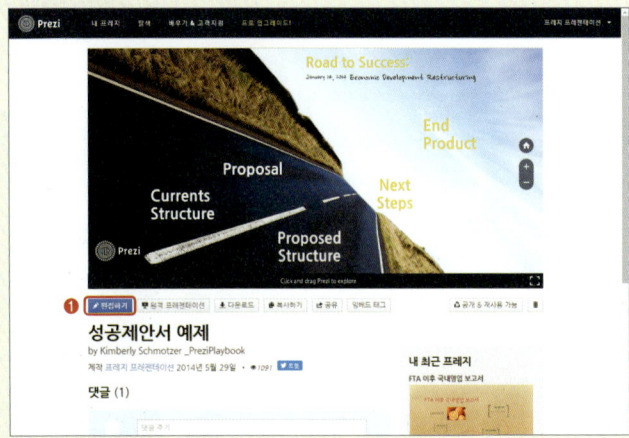

02 프레지에 [추가]-[화살표] 메뉴를 선택해 Currents Structure부터 End Product까지 화살표를 삽입합니다.

03 [추가]-[투명 프레임]을 선택하여 모든 객체들이 포함되도록 프레임을 그립니다.

04 화면 왼쪽 하단의 [패스 설정] 버튼을 클릭하여 그림과 같이 차례대로 패스를 지정합니다. 마지막에 전체 프레임을 다시 한 번 지정하고 [완료]를 클릭합니다.

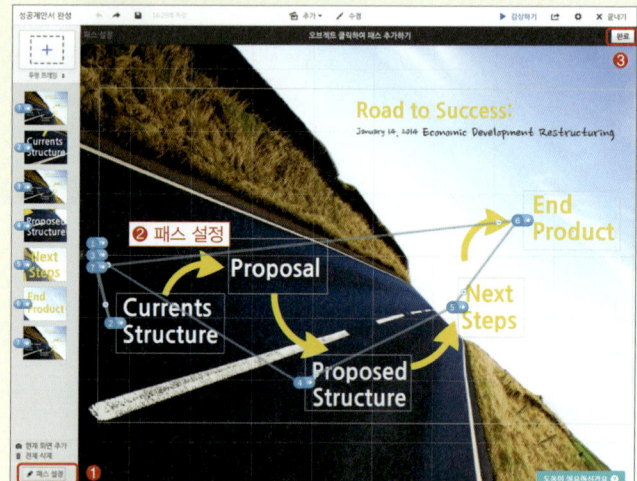

알·고·가·자

프레임 패스 설정하기

패스를 지정할 때는 텍스트 개체와 투명 프레임을 구분지어서 선택합니다.

▲ 프레임이 패스로 선택된 예

▲ 텍스트가 패스로 선택된 예

설정한 패스에 따라 앞으로 가거나 뒤로 가게 하려면?

- 감상하기 화면에서 프레지 하단의 앞으로 가기, 뒤로 가기 버튼(세모 모양)을 클릭하거나 키보드의 좌측, 우측 화살표를 클릭하면 됩니다.
- 패스 순서에 따라 감상하면서 줌 인, 줌 아웃, 패닝을 할 경우 패스 설정에 제약을 받지 않고 캔버스를 자유롭게 움직일 수 있습니다. 앞으로 가기, 뒤로 가기 버튼이나 키보드의 화살표 버튼을 누르면 프레지가 설정한 패스에 따라 다시 움직입니다.

03 CHAPTER
프레지에 이미지와 멀티미디어 활용하기

이미지와 비디오, 사운드 활용은 프레젠테이션에 생명을 불어넣는 것과 같습니다. 프레젠테이션에서는 청중의 시선을 끌어들여 전체적인 프레젠테이션의 내용을 쉽게 파악할 수 있도록 도와주는 시각 자료를 적극적으로 활용해야 합니다. 이번 장에서는 프레지에서 이미지와 멀티미디어를 활용하는 방법에 대해 알아보겠습니다.

01 | 프레지에 이미지 추가하기

[추가] 메뉴를 이용하면 캔버스에 다양한 멀티미디어 파일을 삽입할 수 있습니다. 캔버스에 직접 삽입되는 텍스트를 제외한 모든 개체들은 이곳 메뉴에서 추가할 수 있으며 유튜브와 구글 검색을 통하여 바로 추가도 가능합니다.

(1) 이미지 추가하기

[추가] 메뉴를 이용해 삽입할 수 있는 파일의 종류에는 여러 가지가 있는데, 이미지 파일은 JPG, PNG, GIF 등을 삽입할 수 있습니다. 이미지 삽입은 컴퓨터에 저장된 사진을 삽입하거나 구글 검색을 통해 할 수 있습니다.
퍼블릭 계정(무료 계정)에서는 구글 이미지 검색과 삽입이 불가능해졌습니다. 유료 계정은 구글 검색을 통해 쉽게 이미지를 삽입할 수 있습니다.

① 이미지를 삽입해 보기 위해 [추가]-[이미지]를 클릭합니다.

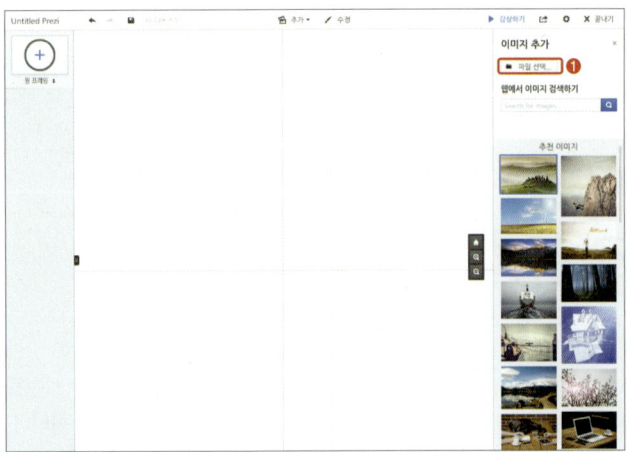

02 오른쪽 [이미지 추가] 속성창에서 [파일 선택] 버튼을 클릭합니다.

03 삽입하고자 하는 사진을 선택한 후 [열기] 버튼을 클릭합니다.

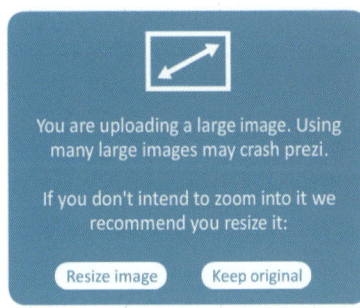

04 삽입하려는 이미지가 업로드하기에 너무 크면 "대용량 사진을 많이 업로드하면 충돌할 수 있다"는 메시지 창이 나타납니다. 프레지는 클라우드 기반 서비스이기 때문에 대용량 이미지는 예기치 못한 문제가 발생할 수 있습니다. 따라서 이미지를 최대한 확대하는 주밍 작업이 필요없다면 [Resize image]를 클릭하여 이미지 크기를 줄이는 것이 좋습니다.

> **TIP** 프레지에서 지원하는 비트맵 이미지는 jpg, png, gif이며 벡터 이미지는 swf와 pdf를 지원합니다. 지원하는 이미지의 최대 크기는 2,880×2,880픽셀이지만 2,000픽셀이 넘어가면 위의 그림 같은 경고창이 나타납니다. 해상도가 높은 파일을 동시에 불러오게 되면 문제가 발생할 수 있으므로 가급적이면 편집 프로그램을 이용해서 이미지 용량(2,000픽셀 미만)을 줄인 다음 삽입하는 것이 좋습니다.

05 삽입된 이미지를 선택하면 '바꾸기', '이미지 자르기', '효과', '삭제' 도구 모음이 나타납니다. 여기서는 [이미지 자르기]를 클릭합니다. 이미지 모서리에 조절점이 표시되면 조절점을 드래그하여 자를 영역을 지정한 후 Enter 를 눌러 이미지를 자릅니다.

TIP 삽입된 이미지를 선택하고 도구 모음에서 [바꾸기]를 클릭하면 다른 이미지로 변경할 수 있습니다.

(2) 구글 이미지 검색으로 삽입하기

유료 계정은 찾고자 하는 이미지를 구글에서 검색하여 바로 삽입할 수 있으며, 한글과 영어 검색을 모두 지원합니다.

01 [추가]-[이미지] 메뉴를 선택하고 [이미지 추가] 속성창의 [웹에서 이미지 검색하기]에 검색어를 입력합니다. 여기서는 "TV"를 검색합니다.

02 검색된 이미지를 캔버스로 드래그하거나 더블클릭하여 삽입합니다.

> 알·고·가·자

무료 계정 구글 이미지의 검색 기능 제외

클라우드 기반의 프레지는 쉬운 저장과 복사 기능으로 인해 이미지 저작권 침해문제에 자유롭지 못했습니다. 구글 본사와 기타 이미지 제공 웹사이트와 저작권 충돌 및 책임소재에 대한 해결이 쉽지 않아, 기존 구글 이미지 검색에 대한 범위도 매우 축소되었고, 퍼블릭 계정은 웹에서 이미지 검색이 불가능해졌습니다. 자유롭게 이미지 추가가 가능한 웹사이트와 제휴된다면 다시 예전처럼 퍼블릭 계정에서도 웹 이미지를 쉽게 삽입할 수 있는 환경으로 변모하겠지요.

▲ 구글 이미지를 지원 받던 시절 '사람'이라는 키워드 검색 시 수백 개의 이미지를 확인할 수 있었으나 현재는 제휴 사이트에서 8개의 이미지만 검색되고 있습니다.

이미지를 활용한 패스 설정하기

제공되는 실습 파일을 삽입하여 사진들을 따라 이동하는 패스 설정과 사진 속에 사진을 삽입하는 줌 인, 줌 아웃 기능을 만들어 보겠습니다.

- 사용 예제 : P03\이미지 활용 예제
- 완성 예제 : P03\이미지 활용 완성
- 예제 파일 : P03\part2-01~part2-06.jpg

01 프레지에 로그인한 후 'P03' 폴더 내의 예제 바로가기 아이콘을 더블 클릭하고 [복사하기]를 클릭합니다. 내 프레지에서 복사된 프레지를 클릭하고 프레지 관리 화면에서 [편집하기]를 클릭하여 프레지 편집을 시작합니다. [추가]-[이미지]를 클릭하고 [이미지 추가] 속성창에서 [파일 선택]을 클릭하여 예제파일 'part2-01~part2-06.jpg'를 삽입합니다.

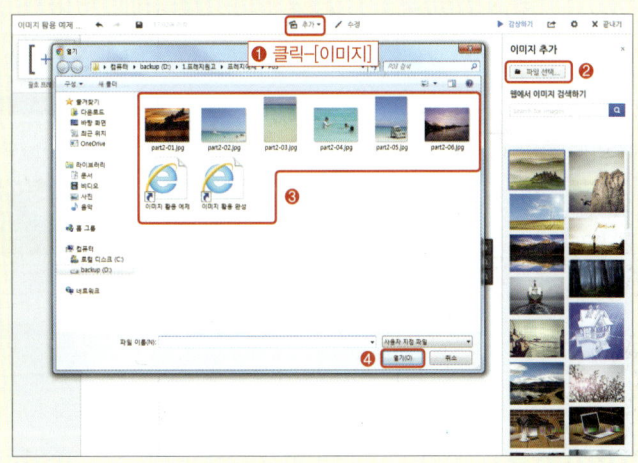

> **TIP** 떨어져 있는 여러 장의 사진을 선택할 때는 Ctrl 을 누른 상태에서 클릭하여 선택합니다.

02 사진의 배치를 그림과 같이 합니다. 사진의 이동은 사진을 선택한 후 드래그하여 이동할 수 있습니다.

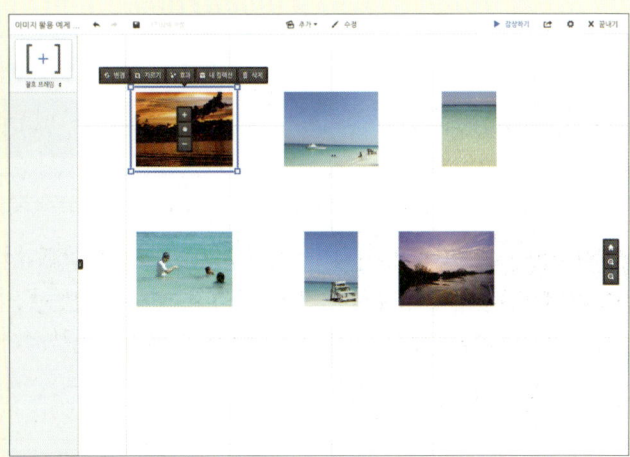

03 6번 사진을 클릭하고 회전 조절 점을 드래그하여 90° 회전을 시킵니다.

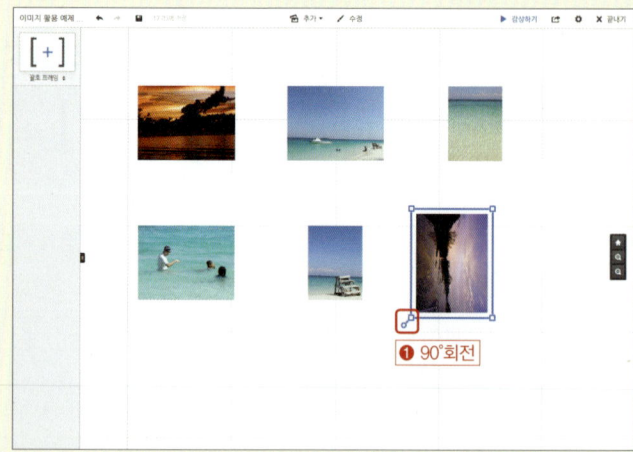

04 왼쪽 하단의 [패스 설정] 버튼을 클릭합니다. 패스 설정 화면으로 변경 되면 원하는 이미지를 차례대로 클릭 합니다. 이미지를 차례대로 클릭하면 왼쪽 패스 경로창에 차례대로 경로가 만들어집니다.

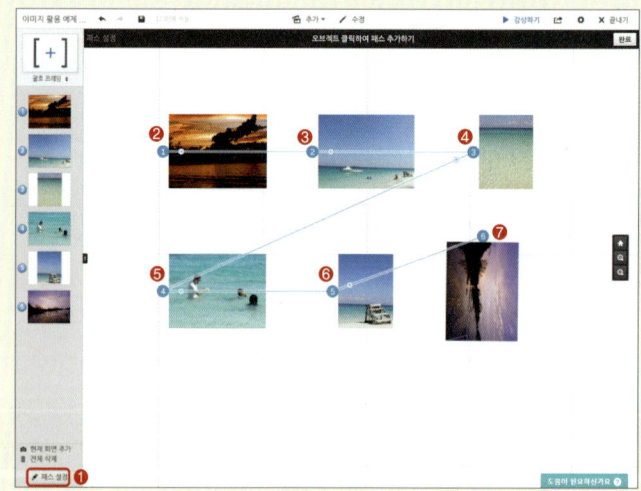

05 패스 설정이 끝나면 [패스 설정] 버튼이나 오른쪽 상단에 [완료] 버튼 을 클릭합니다.

06 [감상하기]를 클릭하여 패스 설정을 확인합니다. 6번 사진은 시계방향으로 90도 회전시켰기 때문에 화면에서 회전하는 모습을 보여주게 됩니다. 감상하기가 끝나면 Esc 를 눌러 편집 화면으로 돌아옵니다.

07 이번에는 사진을 이용하여 줌 인/줌 아웃 기능을 이용하는 패스를 설정하겠습니다. 빈 프레지를 만들고 [추가]-[이미지] 메뉴를 선택한 후 [이미지 추가] 속성창의 [파일 선택] 버튼을 클릭합니다. [열기] 대화상자에서 'part2-01'을 선택하고 [열기] 버튼을 클릭해 이미지를 불러옵니다.

08 삽입된 이미지를 선택하고 모서리의 앵커를 선택하여 이미지 크기를 확대합니다. 한계점에 도달하게 되면 이미지 중앙에 검은색 반투명 상자로 더 이상 확대가 불가능하다는 것을 알려줍니다.

09 다시 [추가]-[이미지] 메뉴를 선택해 'part2-02~part2-06'을 그림처럼 삽입합니다.

10 삽입된 다섯 장의 이미지 크기를 1/4 정도로 줄입니다. 삽입된 사진을 Ctrl+클릭하면 그룹 설정 테두리가 나타납니다. 이때 크기 조절점을 드래그하면 그룹을 지정하지 않고도 사진의 크기를 한 번에 조절할 수 있습니다.

> **TIP** 이미지 크기 조절을 하다보면 원하는 위치가 아닌 다른 위치에 이미지가 있을 수 있습니다. 이럴 때는 마우스의 스크롤 기능을 활용하여 화면을 확대해서 원하는 위치로 개체를 이동할 수 있습니다.

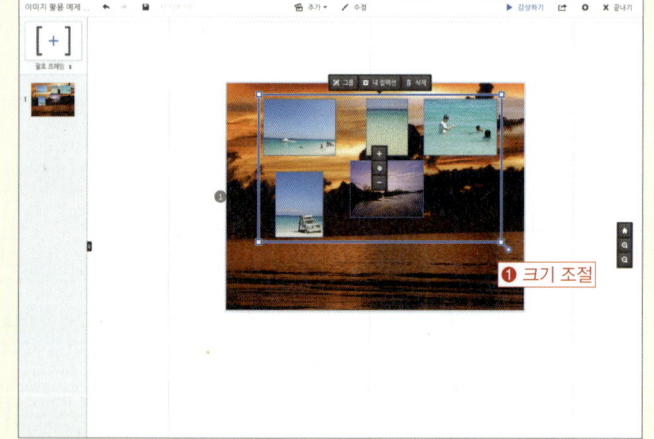

11 화면의 크리를 가장 큰 이미지에 맞게 조절하고 4장의 사진은 각 배경 사진의 모서리에, 나머지 1장은 배경 사진 중앙에 배치합니다.

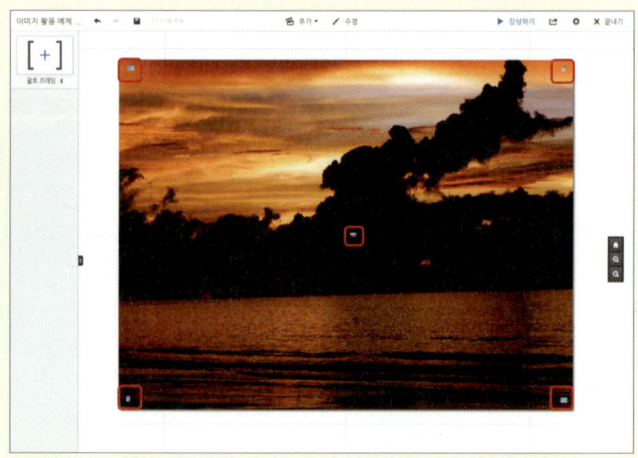

12 [패스 설정] 버튼을 클릭한 후 왼쪽 상단에 삽입된 사진부터 시계방향으로 클릭하여 패스를 설정합니다. 중앙의 사진을 마지막 패스로 설정합니다.

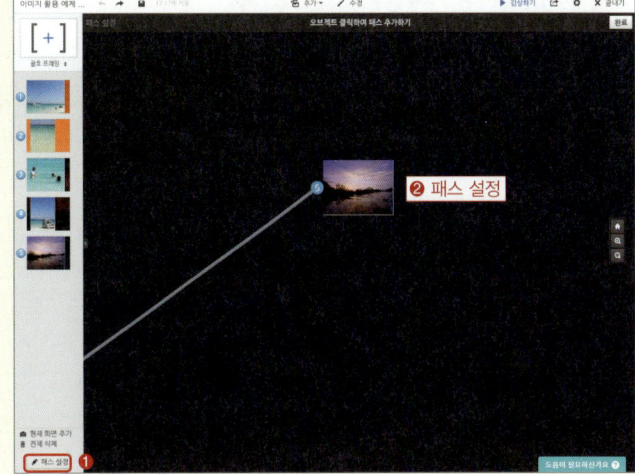

> **TIP** 패스 설정을 위한 클릭이 잘 안 될 때는 패스로 지정하고자 하는 사진을 충분히 확대한 후 클릭합니다.

13 패스 설정이 끝나면 [완료] 버튼을 클릭하고 [감상하기]를 클릭하여 줌 인/줌 아웃되는 이미지를 감상해 봅니다.

02 | 심볼 & 모양 삽입하기

프레지에서는 원, 사각형, 삼각형과 같은 기본 심볼과 다양한 모양을 제공하고 있습니다. 이미지와 화살표로 표현하지 못하는 부분은 심볼과 모양을 삽입하여 구성할 수 있습니다.

(1) 모양 살펴보기

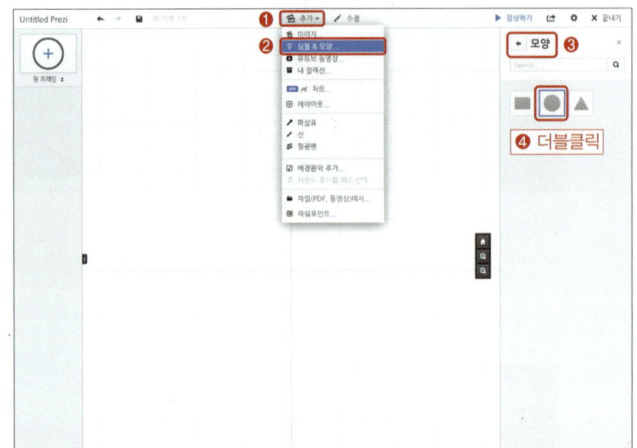

01 [추가]-[심볼 & 모양]을 클릭합니다. 오른쪽 [Styles] 속성창 목록에서 '모양'을 선택한 후 타원을 더블클릭합니다.

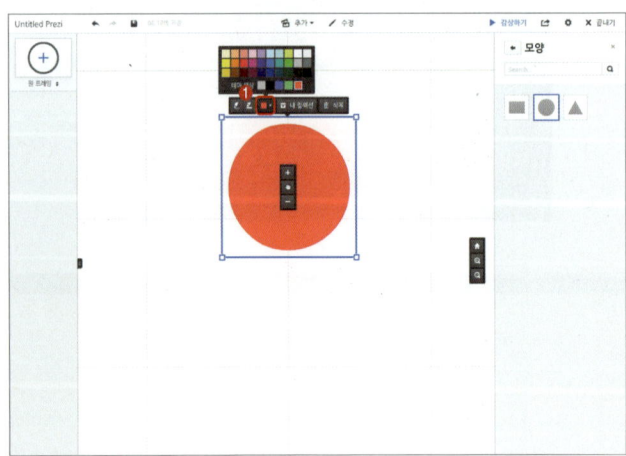

02 도구 모음을 이용하여 원의 색상을 선택할 수 있으며, 원의 테두리 두께도 조절할 수 있습니다. [색상]을 클릭하고 색상 목록에서 '빨간색'을 클릭하여 색상을 변경합니다.

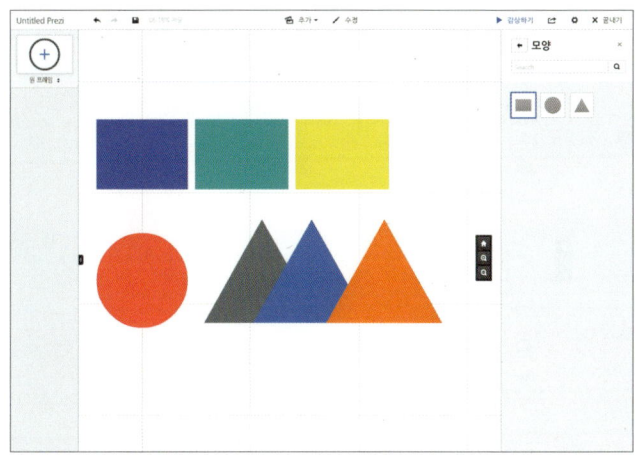

③ 같은 방법으로 사각형, 삼각형도 추가해 봅니다. 모양 삽입에서 원하는 형태가 나오지 않는 경우가 있는데, 테마의 설정에 따라 모양도 달라지기 때문입니다.

(2) 심볼 추가하기

프레지에서는 기본 도형 이외에도 발표 화면에서 주의나 집중시켜야 하는 곳에 사용하면 좋은 여러 가지 심볼들을 제공하고 있습니다.

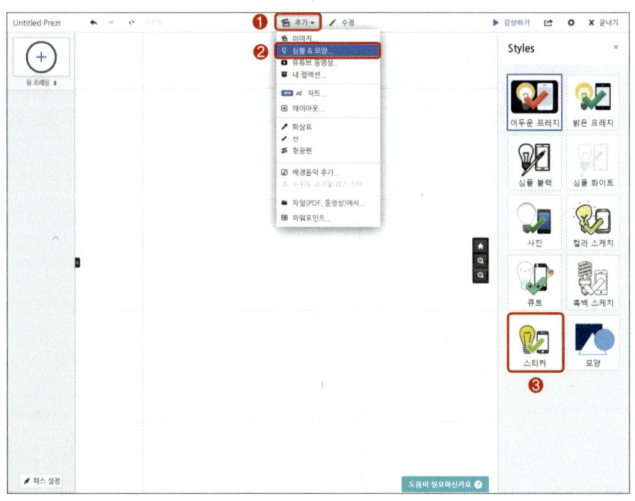

① [추가]-[심볼 & 모양]을 클릭하면 나타나는 [Styles] 속성창 목록에서 '스티커'를 클릭합니다.

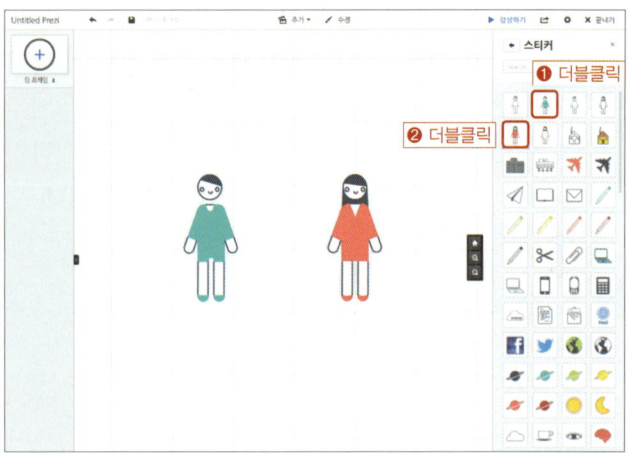

02 스티커에서 남자와 여자를 차례대로 더블클릭하여 삽입하고 그림처럼 배치합니다.

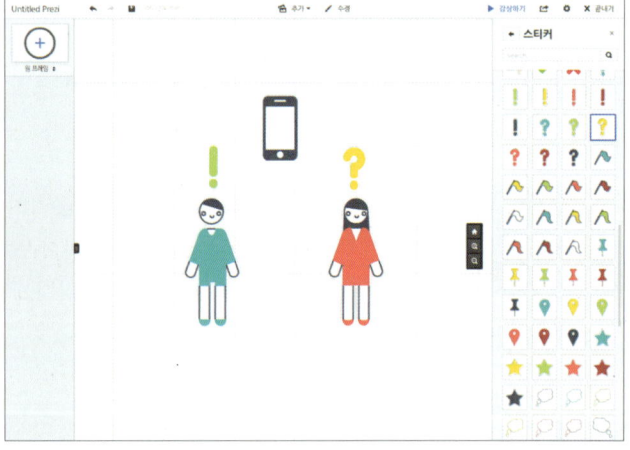

03 전화기, 느낌표, 물음표 모양을 더블클릭하여 삽입하고 그림과 같이 남과 여 스티커 위에 배치합니다. 그림처럼 스티커로 그림 이야기를 만들어 봅니다.

알·고·가·자

자주 사용하는 이미지 등록하기

다양한 모양과 심볼을 매번 찾는 것은 귀찮은 일입니다. 반복해서 사용하는 모양이나 심볼, 이미지는 선택 후 메뉴에 [내 컬렉션]을 클릭하거나 마우스 오른쪽 버튼을 눌러 [내 컬렉션에 추가]를 선택하여 저장하면 [추가]-[내 컬렉션]을 클릭해 쉽게 사용할 수 있습니다.

 # 심볼을 이용한
세계 여행 패스 설정하기

프레지에서 제공되는 화살표와 심볼은 스토리를 연결할 때 쉽고 빠르게 경로와 이동 모습을 파악할 수 있게 도와주는 유용한 도구입니다. 화살표와 심볼을 활용하여 세계 여행 경로를 나타내는 프레지를 직접 제작해보겠습니다.

- 사용 예제 : P04\세계여행 예제
- 완성 예제 : P04\세계여행 완성
- 예제 파일 : P04\part2-07.jpg

01 프레지에 로그인한 후 'P04' 폴더의 예제 바로가기 아이콘을 더블클릭하고 [복사하기]를 클릭합니다. 내 프레지 화면에서 복사된 프레지를 클릭하고 프레지 관리 화면에서 [편집하기]를 클릭하여 프레지 편집을 시작합니다. [추가]-[이미지]를 클릭한 후 [이미지 추가] 속성창의 [파일 선택] 버튼을 클릭하여 예제 파일 'part2-07.jpg'를 삽입합니다.

02 그림이 삽입되면 대한민국을 중심으로 적당히 확대합니다.

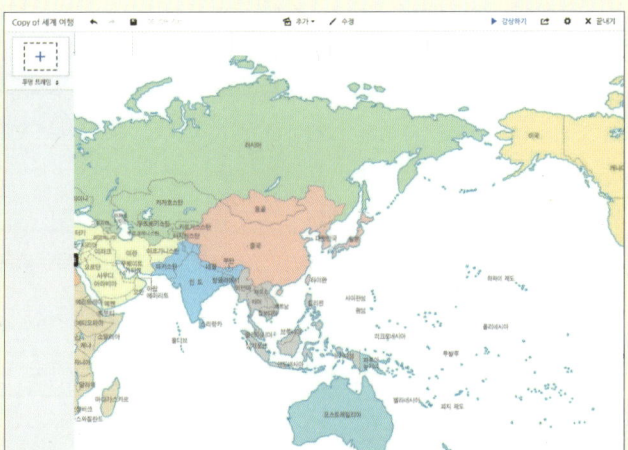

PART 03. 프레지 시작하기 **101**

03 [추가]-[화살표]를 선택해 대한민국에서 미국으로 가는 화살표를 삽입한 후 선 굵기를 조절하고 가운데 조절점을 드래그하여 화살표를 구부려서 그림과 같이 만듭니다.

04 같은 방법으로 오스트레일리아와 인도 방향으로 화살표를 그립니다.

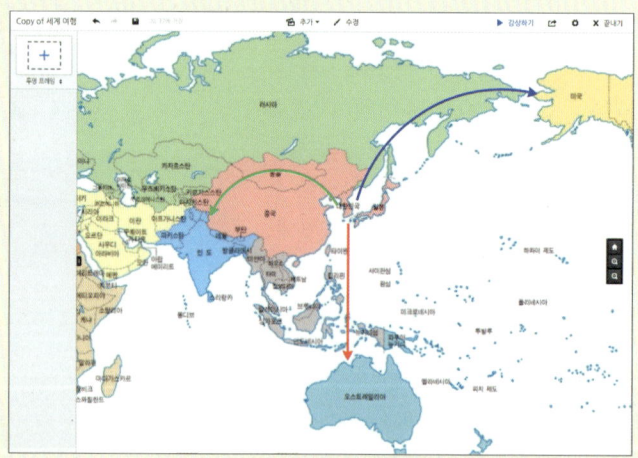

05 [추가]-[심볼 & 모양]을 선택하고 'Styles' 목록에서 '큐트'를 선택합니다. 원 안에 숫자 심볼을 찾아 그림과 같이 각 화살표 위에 삽입합니다.

06 'Styles'에서 '컬러 스케치'를 클릭하고 그림과 같이 비행기를 삽입한 후 방향을 적절하게 회전시킵니다.

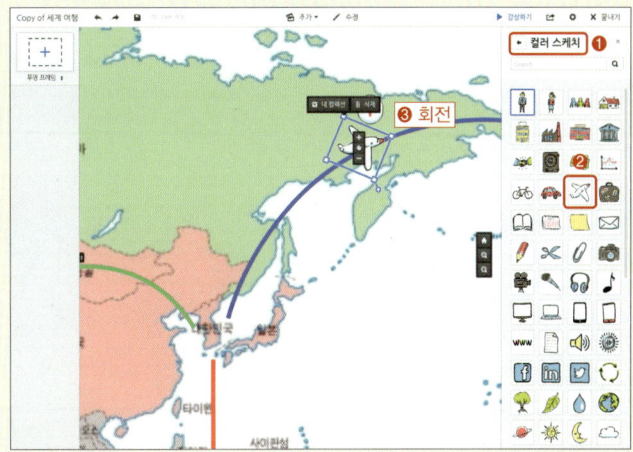

07 같은 방법으로 비행기를 2개 더 삽입하여 그림처럼 배치하고 회전시킵니다. 프레지에서는 이미지의 좌우 뒤집기 기능이 없기 때문에 다른 응용 프로그램을 이용하는 것이 좋습니다.

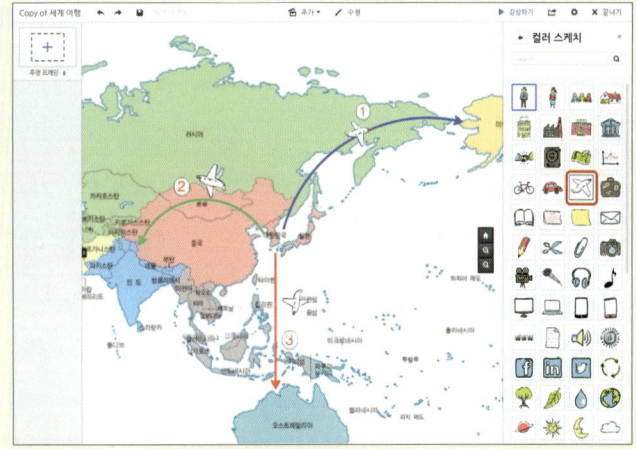

08 [프레임 추가]-[투명 프레임]을 선택한 후 대한민국 부분이 포함되도록 드래그하여 크기를 조절합니다.

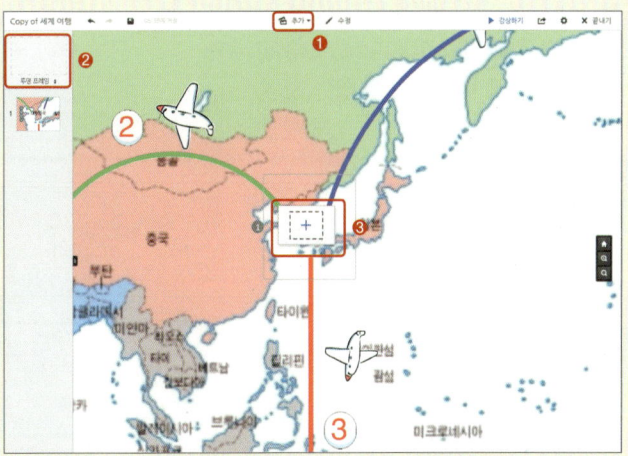

09 같은 방법으로 미국과 인도, 오스트레일리아에 투명 프레임으로 추가합니다.

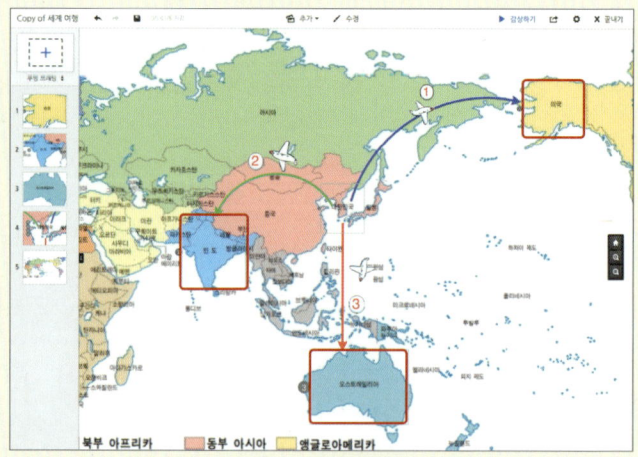

10 [패스 설정] 버튼을 클릭하여 [대한민국] → [미국] → [대한민국] → [인도] → [대한민국] → [오스트레일리아] → [대한민국] → [세계지도] 순으로 패스를 설정한 후 [완료]를 클릭합니다.

11 [감상하기]를 클릭하여 설정된 패스를 확인합니다. 화면의 확대 조절은 프레임의 크기를 작거나 크게 설정할 수 있습니다.

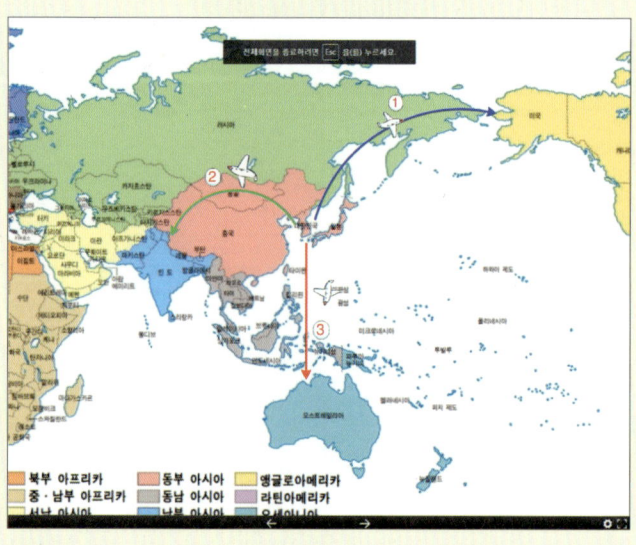

03 | 프레지 레이아웃 활용하기

프레지의 레이아웃은 이미 만들어진 프레임들의 집합으로, 현재 단독으로 사용하는 12종류의 싱글 프레임과 56종류의 멀티 프레임 레이아웃을 제공하고 있습니다. 레이아웃은 완성된 프레지 형태로 삽입되기 때문에 프레임 구성과 패스 설정이 미리 적용되어 있습니다. 그 안에 텍스트 및 이미지 등을 적절하게 추가하거나 수정하면 쉽게 원하는 프레지를 완성할 수 있습니다.

프레지에서 제공하는 56가지의 멀티 프레임 레이아웃

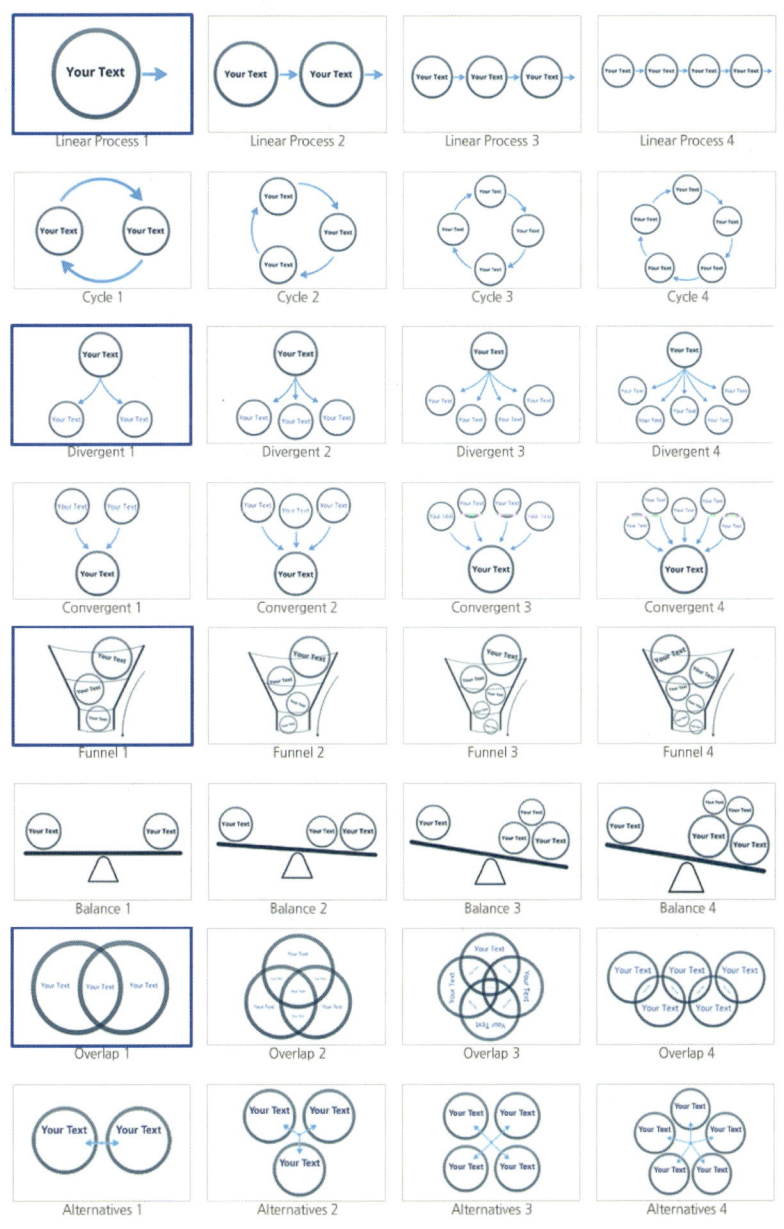

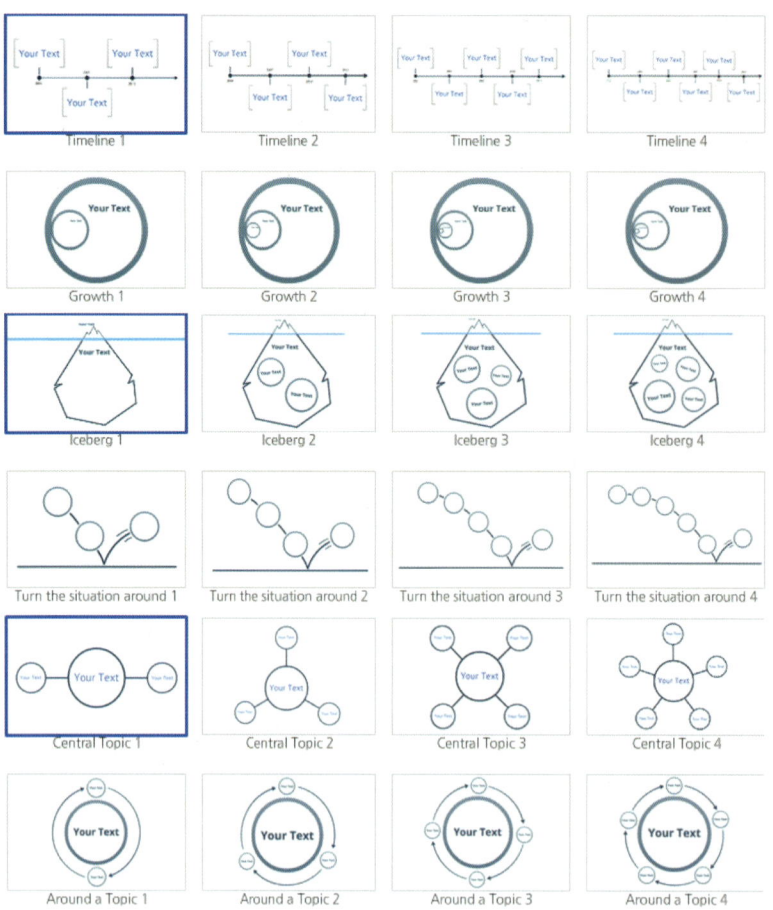

(1) 레이아웃을 이용한 프레지 만들기

01 레이아웃을 삽입하기 위해 빈 프레지를 생성하고 [추가]-[레이아웃]을 클릭합니다. [레이아웃] 창이 나타나면 '멀티 프레임'을 클릭한 뒤 'Cycle 3'을 선택하고 [선택] 버튼을 클릭합니다.

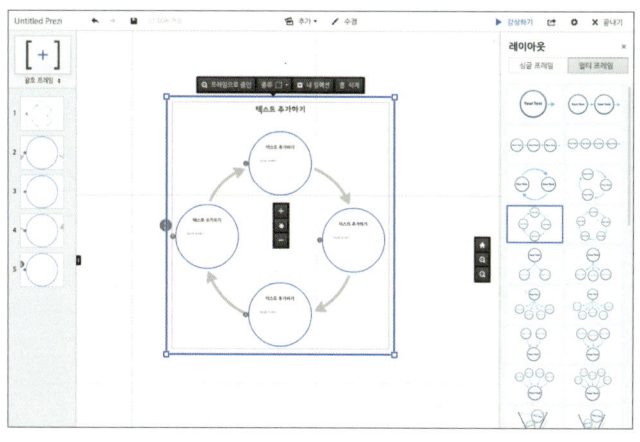

02 선택한 레이아웃이 편집 화면에 적용되면 프레임과 패스가 자동으로 설정됩니다.

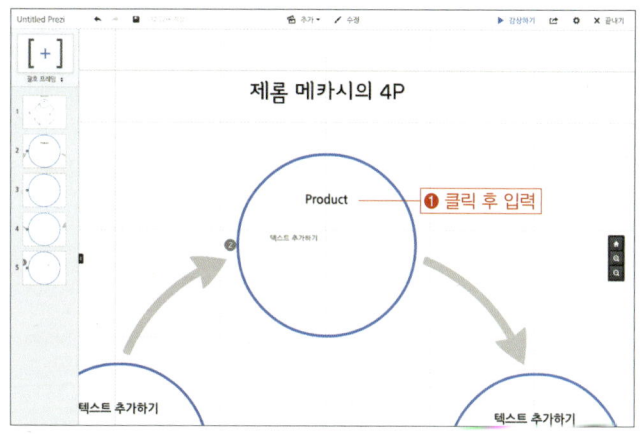

03 제목 타이틀에 글자를 입력하고 프레임의 '텍스트 추가하기'를 클릭하여 "Product"를 입력합니다. '텍스트 추가하기'에 마우스 포인터를 위치시키면 테두리가 표시되고 이때 클릭하여 입력하면 됩니다.

04 같은 방법으로 각각의 원 프레임에 텍스트를 추가합니다. 왼쪽 패스 경로 창에서 2~5번을 클릭하면 선택된 원으로 이동하면서 확대되어 쉽게 텍스트를 추가할 수 있습니다. 각 원에 "Price", "Place", "Promotion"을 입력합니다.

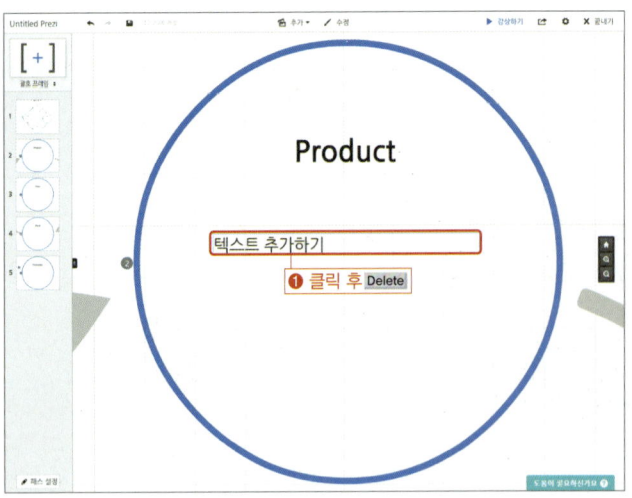

05 본문에서 '텍스트 추가하기'를 마우스로 클릭한 후 Delete 를 눌러 4개의 프레임 모두 삭제합니다.

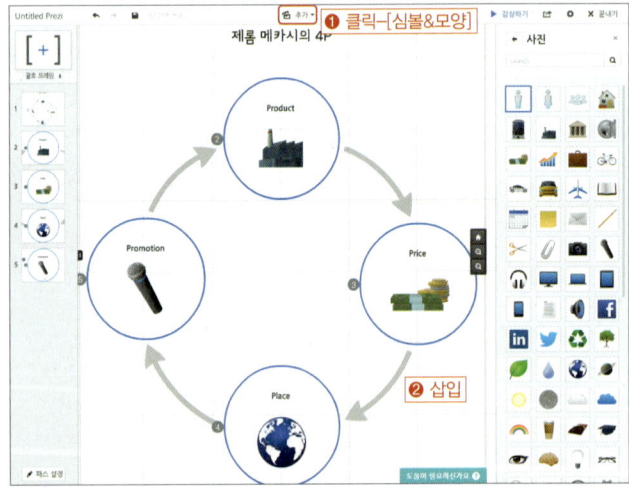

06 [추가]-[심볼 & 모양]를 선택하고 'Styles' 항목에서 '사진'을 클릭한 후 심볼을 찾아 삽입합니다.

(2) 레이아웃 배경에 이미지 삽입

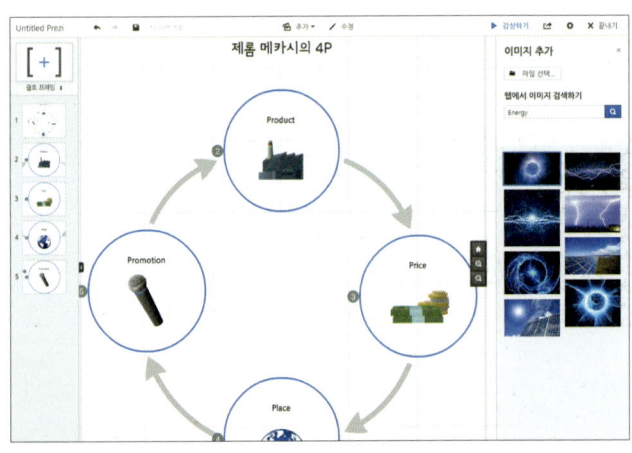

01 이미지를 삽입하기 위해 [추가] – [이미지]를 선택하고 [이미지 추가] 속성창의 '웹에서 이미지 검색하기'에서 'Energy'를 검색합니다. (유료 계정만 가능) 퍼블릭 계정은 구글 웹사이트에서 관련된 이미지를 직접 검색하여 저장한 뒤 프레지에 이미지를 추가합니다.

108 프레지 기본 & 실무

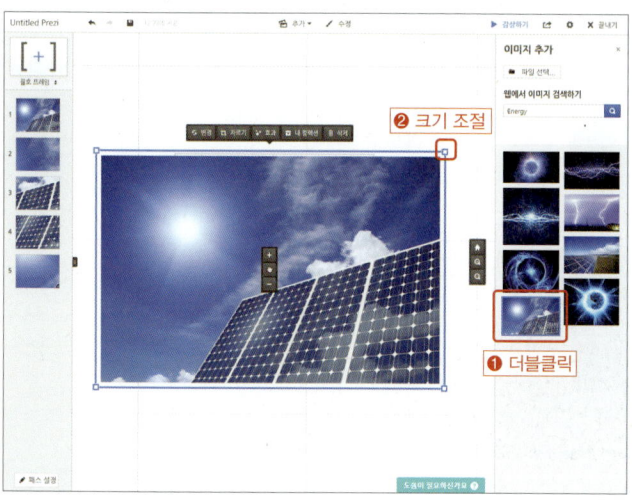

02 두 번째 사진을 더블클릭하여 캔버스에 삽입하고 크기를 늘려 모든 개체가 포함되도록 합니다.

03 이미지를 레이아웃 뒤로 보내기 위해 이미지에서 마우스 오른쪽 버튼을 클릭하고 [맨 뒤로 보내기]를 선택합니다.

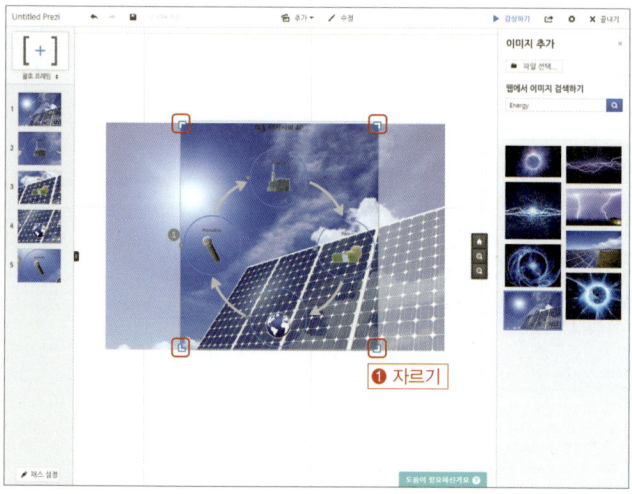

04 삽입된 이미지를 선택하고 나타나는 도구 모음에서 [자르기]를 클릭하여 레이아웃에 맞게 크기를 자릅니다.

05 [패스 설정] 버튼을 클릭하여 이미지를 마지막 경로로 추가합니다.

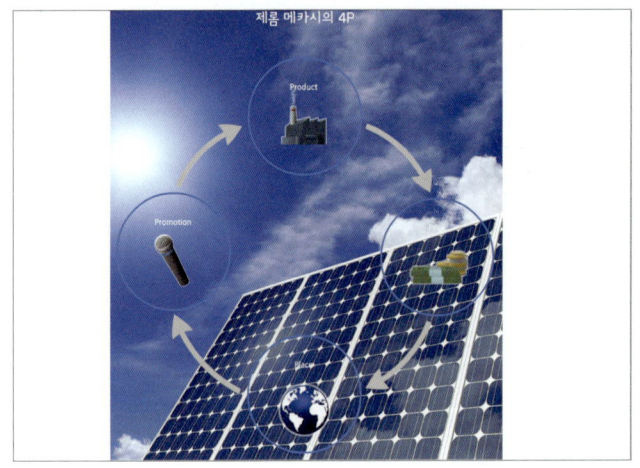

06 글자 색상을 모두 흰색으로 변경한 후 [감상하기]를 클릭하여 결과물을 확인합니다.

 # 레이아웃으로 완성하는 스토리텔링

프레지의 레이아웃은 스토리를 연결하는 데 있어서 빠르게 제작할 수 있는 장점이 있습니다. 주제에 맞는 훌륭한 배경만 준비된다면 레이아웃과 텍스트를 추가하여 빠르게 스토리를 구성할 수 있습니다.

- 사용 예제 : P05\독서와 미래 예제
- 완성 예제 : P05\독서와 미래 완성

01 프레지에 로그인한 후 'P05' 폴더의 예제 바로가기 아이콘을 더블클릭하고 [복사하기]를 클릭합니다. 내 프레지에서 복사된 프레지를 클릭하고 프레지 관리 화면에서 [편집하기]를 클릭하여 프레지 편집을 시작합니다.

02 [추가]-[레이아웃]을 클릭하여 '멀티 프레임' - 'Turn the situation around 3' 레이아웃을 선택하고 [선택]을 클릭합니다.

03 위치를 그림과 같이 지정하고 크기를 조절합니다.

04 패스 경로 창의 두 번째 패스를 마우스로 드래그하여 가장 아래로 이동합니다.

05 레이아웃을 삽입하면 자동으로 연결된 패스의 세 번째 패스를 선택하고 다음과 같이 텍스트를 입력합니다.

06 ❹~❼ 패스를 각각 선택하여 다음과 같이 텍스트를 입력하고 글자색을 변경합니다.

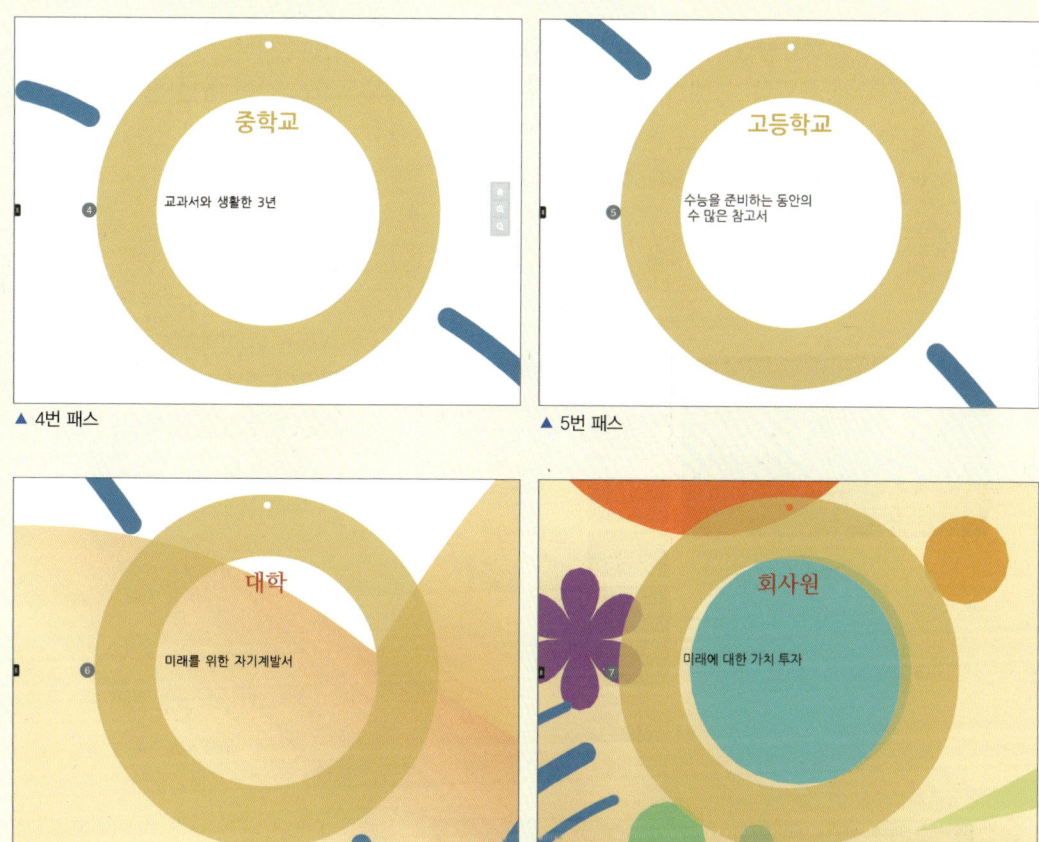

▲ 4번 패스   ▲ 5번 패스

▲ 6번 패스   ▲ 7번 패스

07 레이아웃의 제목을 '독서와 미래'로 입력하고 [감상하기]를 클릭하여 확인해 봅니다.

04 | 프레지에 동영상 삽입하기

프레지에는 사용자 컴퓨터에 저장된 동영상뿐만 아니라 유튜브(You Tube) 사이트에 공유되어 있는 동영상도 쉽게 삽입할 수 있습니다. 동영상 파일을 다운로드하는 것이 아닌 링크를 이용해 프레지와 연결하여 유튜브에 있는 동영상을 재생할 수 있습니다. 그럼 동영상을 삽입하여 멀티미디어 요소가 삽입된 프레지를 제작해 보겠습니다.

(1) 유튜브 동영상을 프레지에 삽입하기

01 'www.youtube.com' 사이트에 접속을 합니다. 유튜브에서 원하는 동영상을 검색합니다.

02 검색된 동영상 하단의 [공유]를 클릭하여 나온 주소를 마우스로 드래그하여 선택한 후 Ctrl + C 를 눌러 복사합니다.

03 프레지 상단 메뉴에서 [추가]-[유튜브 동영상]을 선택합니다. [유튜브 동영상 추가하기] 창에서 마우스 오른쪽 버튼을 클릭하고 [붙여넣기]를 선택하여 복사한 주소를 붙여넣습니다.

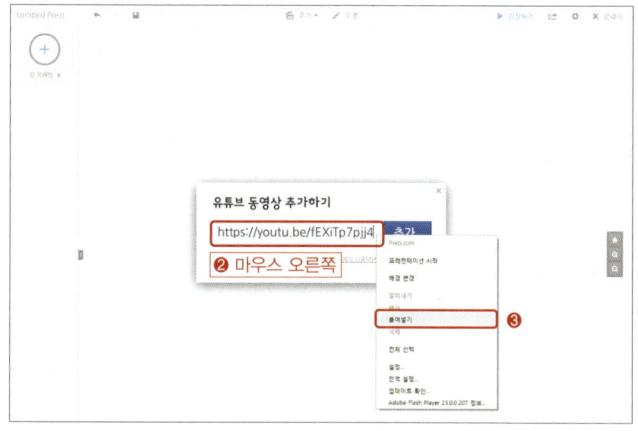

04 동영상이 삽입되면 [재생] 버튼을 눌러 플레이가 되는 것을 확인합니다. 동영상에 설정된 패스가 있을 경우 삽입된 유튜브 동영상은 바로 재생이 됩니다.

> **TIP**
> 프레지에 삽입 가능한 비디오 형식은 FLV, F4V, AVI, MOV, MPEG, MP4, M4v, 3GP 등이며 FLV와 같은 저용량 파일은 호환성이 좋습니다. 또한 컴퓨터에 저장된 동영상은 컨버터 프로그램을 이용하여 용량을 줄인 후 프레지에 삽입하면 빠르게 영상을 삽입할 수 있습니다. Public, Enjoy, EDU Enjoy 사용자는 최대 50MB까지 업로드가 가능합니다. Pro, EDV Pro 회원의 경우 클라우드 공간은 무제한 제공됩니다.
> 브라우저 종류에 따라 또는 구버전의 익스플로러인 경우 바로 재생이 안 되거나 [감상하기]에서 플레이가 안 될 수 있습니다. 프레지를 저장하고 관리모드에서 재생하면 문제 없이 재생이 됩니다.

사진 속 동영상 패스로 감상하기

프레지의 주밍 인터페이스가 주목받았던 가장 큰 이유 중 하나가 호랑이 눈 안에서 동영상이 재생되는 놀라운 효과를 TED에서 선보였기 때문입니다. 그럼 사진 속 동영상이 재생되는 프레지를 제작해 보겠습니다.

- 사용 예제 : P06\프레젠테이션 예제
- 완성 예제 : P06\프레젠테이션 완성
- 예제 파일 : P06\sty.jpg

01 프레지에 로그인한 후 'P06' 폴더의 예제 바로가기 아이콘을 더블클릭하고 [복사하기]를 클릭합니다. 내 프레지에서 복사된 프레지를 클릭하고 프레지 관리 화면에서 [편집하기]를 클릭하여 프레지 편집을 시작합니다. [추가]-[이미지]를 클릭한 후 [이미지 추가] 속성창의 [파일 선택]을 클릭하고 'sty.jpg'를 삽입합니다.

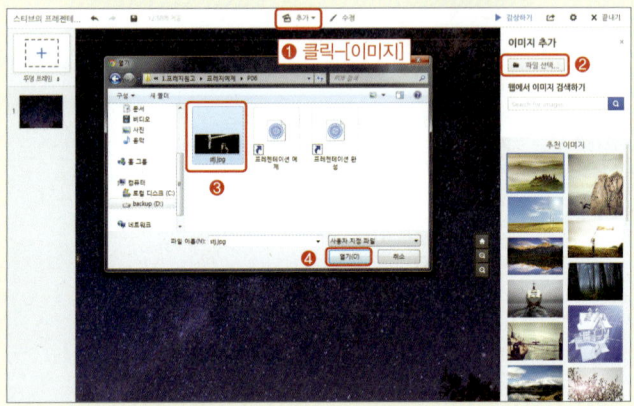

02 거울로 반사되는 부분이 잘 보이도록 화면을 확대한 후 [추가]-[유튜브 동영상]을 선택합니다.

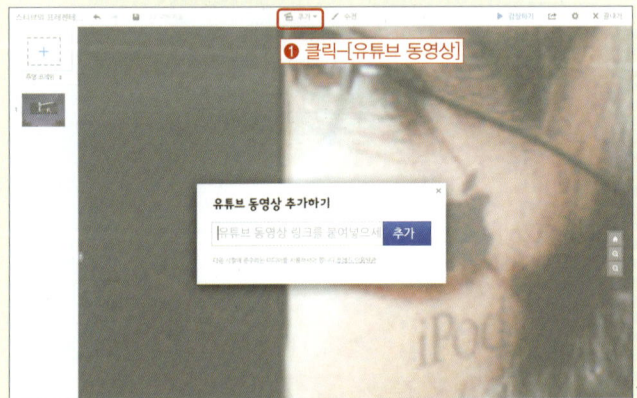

03 유튜브에서 '2008년 스티브잡스'를 검색한 후 공유를 클릭하고 주소를 복사합니다.

04 복사한 경로를 붙여넣기하고 동영상이 삽입되면 카메라에 맞게 크기를 조절한 후 그림과 같이 회전을 시킵니다.

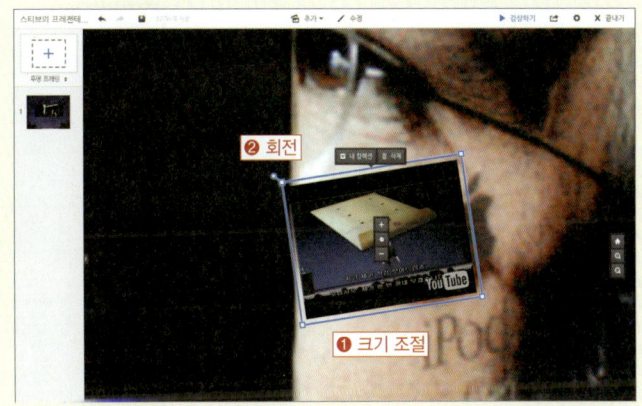

05 첫 번째 패스를 클릭하여 전체 화면에서 "스티브의 프레젠테이션"을 입력합니다.

06 [패스 추가]-[투명 프레임]을 선택한 후 제목과 사진이 모두 포함되도록 투명 프레임을 지정합니다.

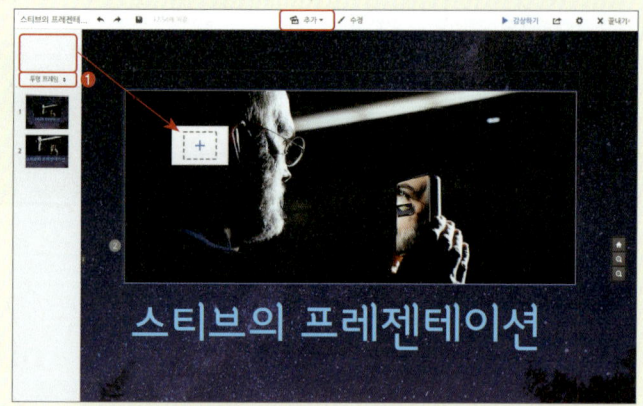

07 [패스 설정] 버튼을 클릭하여 [전체 프레임] → [안쪽 투명프레임] → [동영상] → [전체 프레임] 순으로 패스를 설정한 후 [완료]를 클릭합니다.

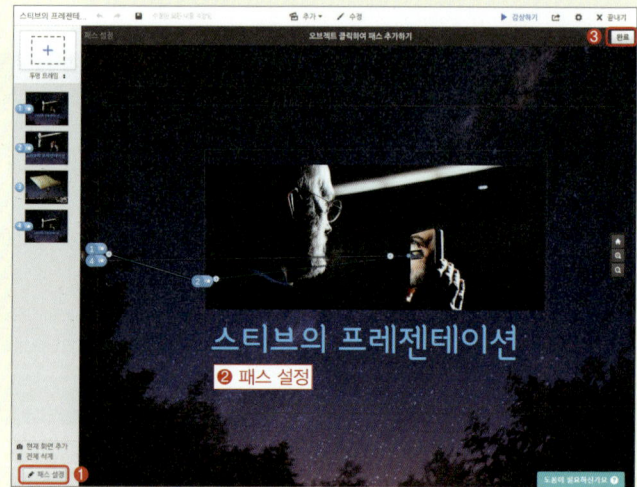

08 [감상하기] 버튼을 클릭하여 제작된 결과물을 확인합니다.

05 | 프레지에 음악 삽입하기

프레지에 음악을 삽입하는 방법에는 크게 배경음악과 패스에 사운드를 삽입하는 두 가지가 방법이 있습니다. 배경음악은 전체 파일에 음악을 삽입하는 기능으로 재생/중지 같은 제어는 할 수 없지만 패스에 사운드를 삽입하면 특정 부분에서만 소리가 나도록 할 수 있습니다.

(1) 배경음악 삽입하기

• 예제 파일 : P07\패스사운드\Alone.mp3, Sound1~Sound5.mp3

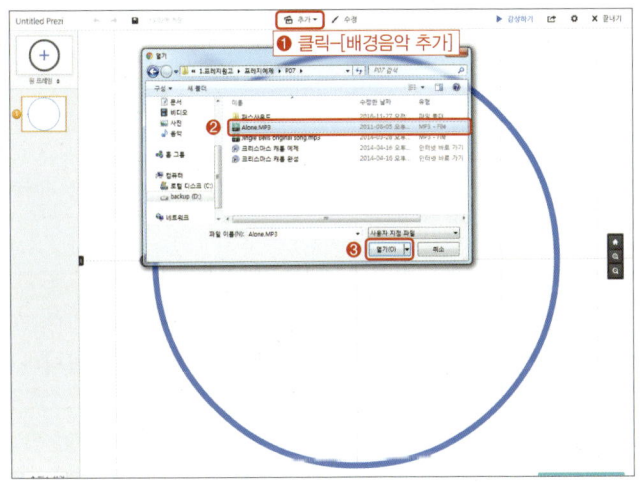

01 새 프레지를 만들고 [추가]-[배경음악 추가] 메뉴를 선택합니다. [열기] 대화상자가 나타나면 'Alone.mp3' 파일을 선택하고 [열기] 버튼을 클릭합니다.

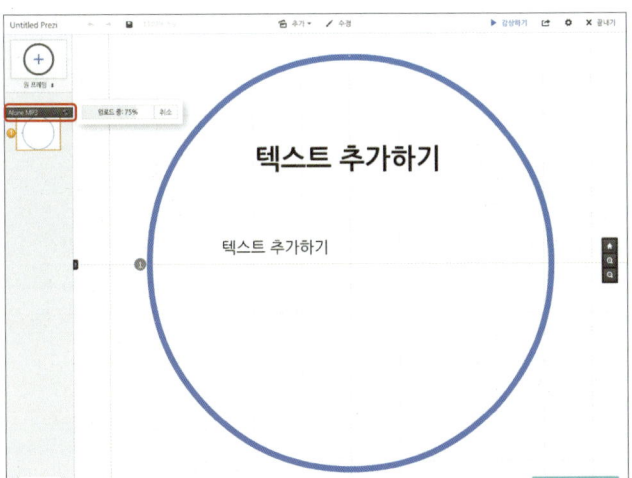

02 왼쪽 패스 경로 창에 음악 파일이 보이면 정상적으로 배경음악이 삽입된 것입니다.

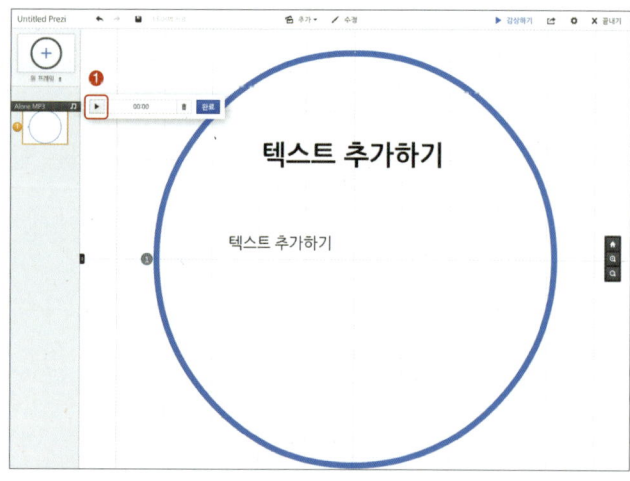

③ 삽입된 음악 파일은 편집 화면에서도 재생이 가능하며 [감상하기] 화면에서는 처음부터 바로 재생이 됩니다. 배경음악으로 삽입된 음악은 별도의 제어가 불가능합니다.

(2) 패스에 사운드 삽입하기

이동 경로를 지정한 패스에만 사운드를 삽입하는 기능으로 패스가 설정되지 않았을 때는 메뉴가 비활성화됩니다.

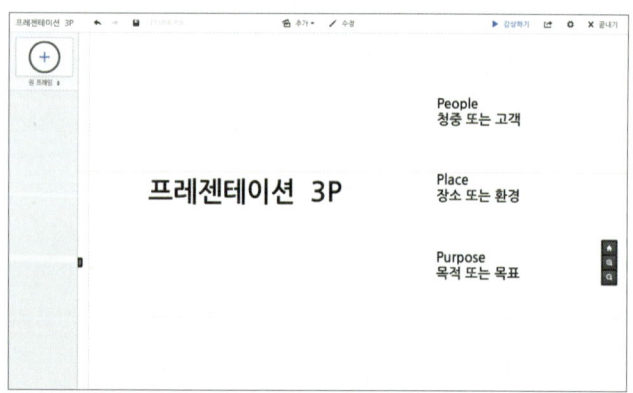

① 새로운 빈 프레지의 캔버스에 그림과 같이 텍스트를 입력합니다.

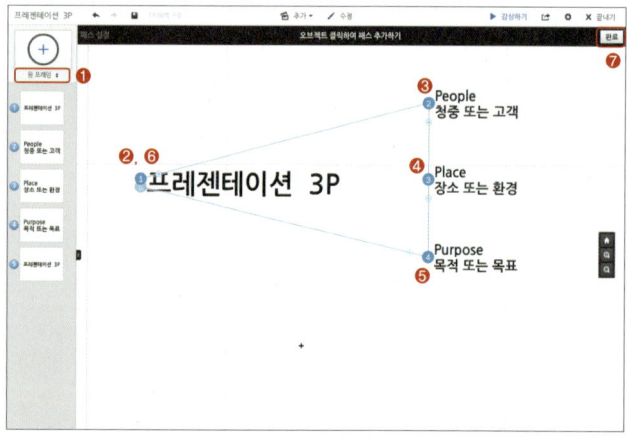

② [패스 설정] 버튼을 클릭하여 제목부터 차례대로 그림과 같이 패스를 지정한 후 [완료]를 클릭합니다.

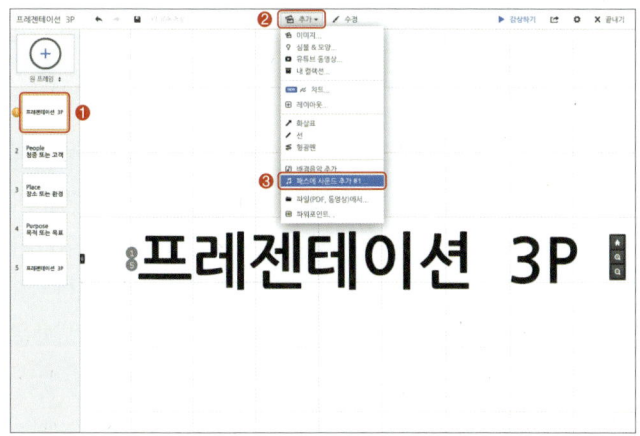

03 패스 경로 창에서 첫 번째 패스를 선택하고 [추가]-[패스에 사운드 추가]를 클릭합니다.

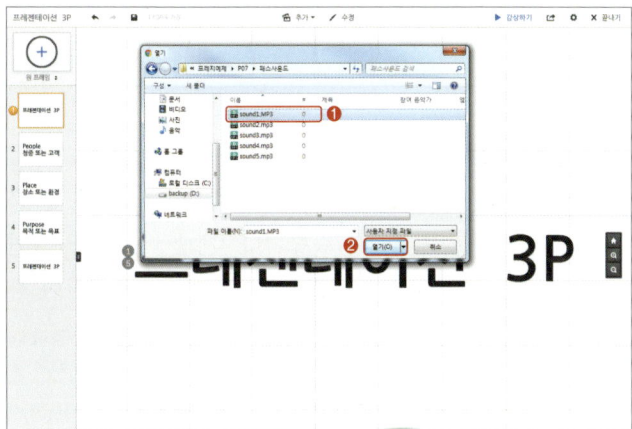

04 열기 창에서 'P07' 폴더의 '패스사운드' 폴더 안에 있는 'sound1' 파일을 선택하고 [열기] 버튼을 클릭합니다.

> **TIP** 메뉴 뒤에 붙는 "#1"은 패스 첫 번째 숫자를 의미합니다.

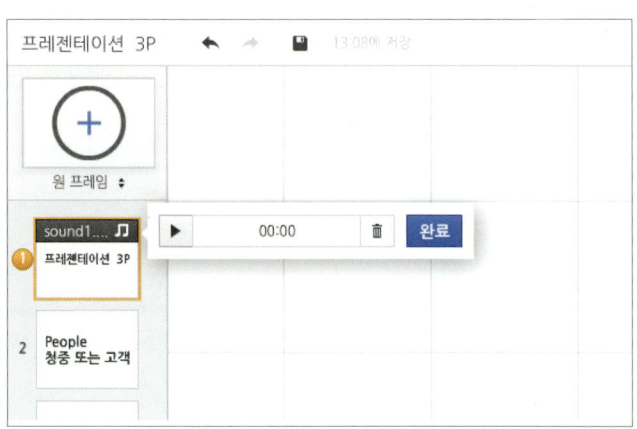

05 사운드 파일이 업로드되면 섬네일에 'sound1'이 삽입된 것을 확인할 수 있습니다.

(3) 패스에 삽입된 사운드 변경하고 삭제하기

패스에 삽입된 사운드는 다른 사운드로 변경이 가능하며 필요 없을 때는 삭제할 수 있습니다.

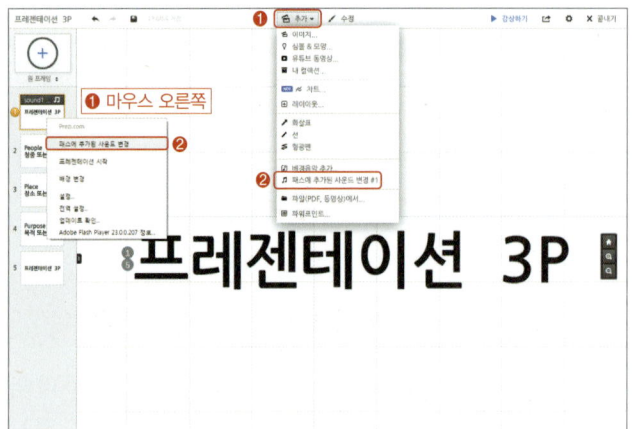

01 사운드를 변경하기 위해서 패스 경로 창에서 마우스 오른쪽 버튼을 클릭한 후 [패스에 추가된 사운드 변경]을 클릭합니다. 또는 [삽입]-[패스에 추가된 사운드 변경]을 선택합니다.

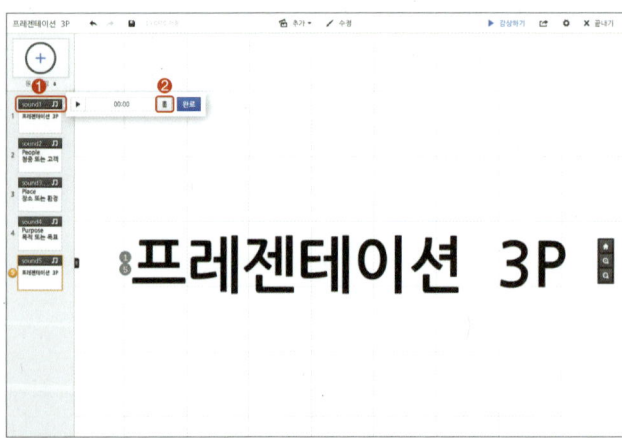

02 패스에 삽입된 사운드를 삭제할 때는 섬네일 상단의 사운드를 클릭합니다. 재생 바가 나타나면 [휴지통] 아이콘을 클릭하여 사운드를 삭제할 수 있습니다.

 ## 크리스마스 프레지에 배경음악 삽입하기

크리스마스 배경의 프레지에 배경음악으로 '징글벨'을 삽입하여 귀가 즐거운 프레지 프로젝트를 만들어 보겠습니다.

- 사용 예제 : P07\크리스마스 캐롤 예제
- 완성 예제 : P07\크리스마스 캐롤 완성
- 예제 파일 : P07\Jingle Bell original song.mp3

01 프레지에 로그인한 후 'P07' 폴더의 예제 바로가기 아이콘을 더블클릭하고 [복사하기]를 클릭합니다. 내 프레지에서 복사된 프레지를 클릭하고 프레지 관리 화면에서 [편집하기]를 클릭하여 프레지 편집을 시작합니다.

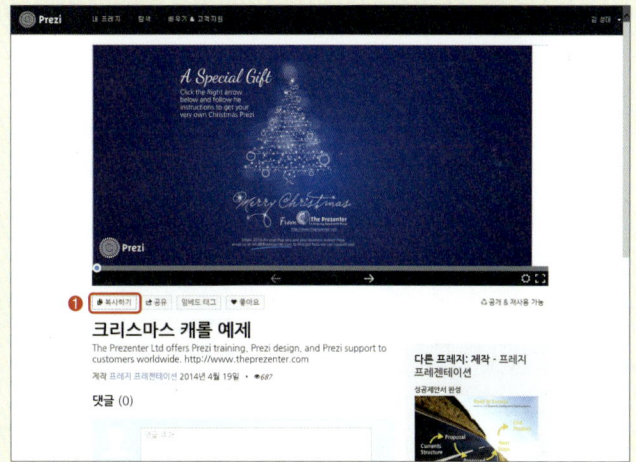

02 [추가]-[배경음악 추가]를 클릭하고 예제 파일에서 'Jingle Bells original song.mp3'를 선택한 후 [열기]를 클릭합니다.

03 [배경음악 추가] 음악을 삽입하면 패스 경로 창에 해당 음악 제목으로 업로드되며, 업로드되는 시간이 소요됩니다.

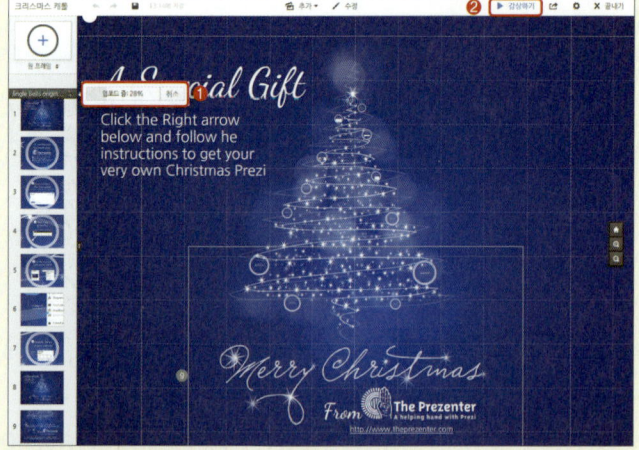

04 업로드가 완료되면 [감상하기]를 클릭하여 배경음악이 전체 패스에서 잘 재생되는 확인합니다.

06 | PDF 문서 프레지에 삽입하기

프레지에서는 PDF 문서를 그대로 불러들여 사용할 수 있으며 필요한 부분만 남겨두고 나머지는 삭제할 수도 있습니다.

• 예제 파일 : P08\Review.pdf

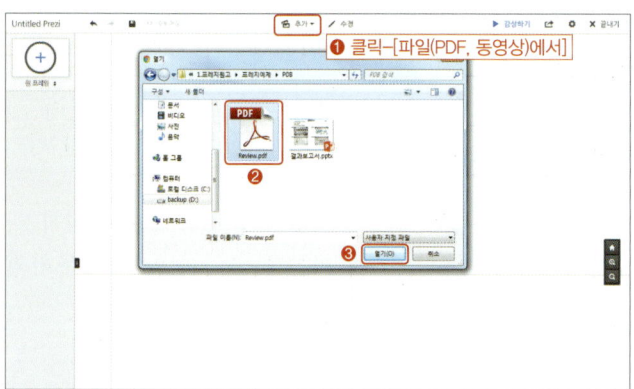

01 새로운 빈 프레지에서 [추가]-[파일(PDF, 동영상)에서]를 선택합니다. [열기] 대화상자에서 'Review.pdf'를 선택하고 [열기] 버튼을 클릭합니다.

02 PDF 파일이 정상적으로 불러와지는 것을 확인할 수 있습니다. PDF 문서를 불러오는 데는 용량에 따라 다소 시간이 소요될 수 있습니다.

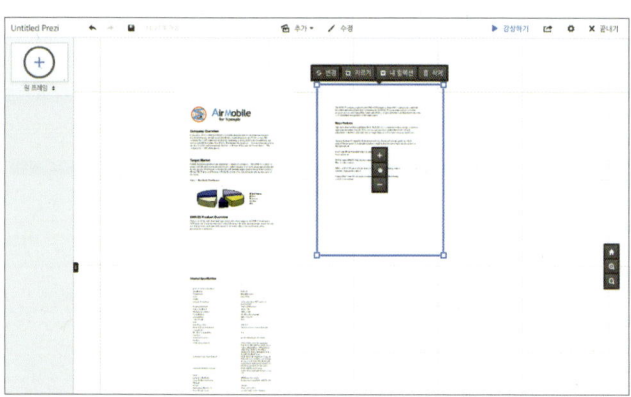

03 PDF 문서가 불러와지면 페이지 순서대로 삽입된 것을 확인할 수 있습니다. 불필요한 PDF 문서 페이지가 있을 경우 해당 페이지를 선택하면 나타나는 도구 모음에서 [삭제]를 선택하여 삭제할 수 있으며 다른 PDF 문서로 바꾸거나 자를 수도 있습니다.

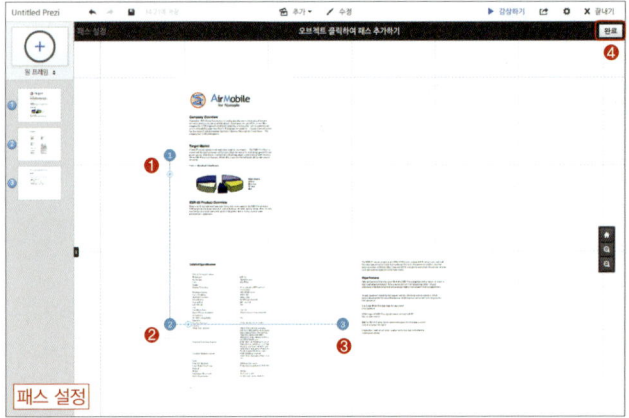

04 삽입된 PDF 문서를 순서대로 보여주기 위해 왼쪽 하단의 [패스 설정] 버튼을 클릭합니다. 발표자의 의도에 따라 보여줄 PDF 문서를 차례대로 클릭하여 패스를 지정합니다.

05 패스 설정이 끝나면 [감상하기] 버튼을 클릭하여 PDF 문서의 움직임을 확인합니다.

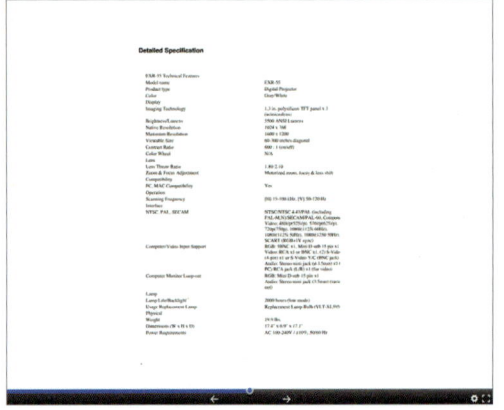
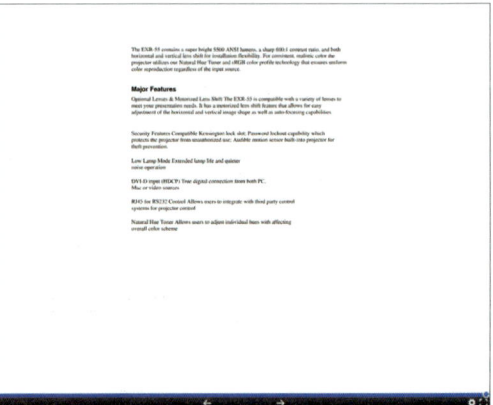

07 | 내 컬렉션 활용하기

내 컬렉션을 활용하면 자주 사용하는 이미지나 클립아트 등을 별도로 보관하여 쉽고 빠르게 이미지나 클립아트를 삽입할 수 있습니다. 자주 사용하는 이미지 등을 추가해 놓으면 반복해서 검색하거나 이미지를 불러오지 않아도 되므로 작업이 많은 사용자들에게 유용한 기능입니다.

(1) 이미지 검색 후 내 컬렉션에 추가하기

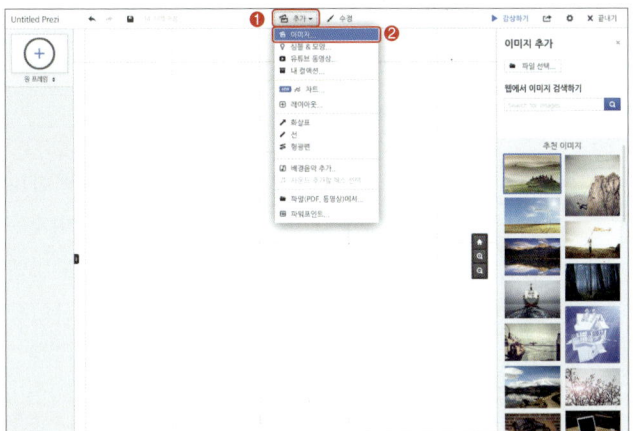

01 이미지를 검색하기 위해 [추가]-[이미지]를 클릭합니다. [이미지 추가] 속성창의 [웹에서 이미지 검색하기]를 확인합니다.
무료 계정은 구글 웹사이트에 접속하여 이미지를 미리 저장해 둡니다.

02 검색창에 "사과"를 입력해 검색합니다. 검색된 이미지들 중 '사과' 그림을 더블클릭하여 삽입합니다.

03 내 컬렉션에 사과 이미지를 추가하기 위해 '사과' 이미지에서 마우스 오른쪽 버튼을 클릭하여 [내 컬렉션에 추가]를 선택합니다.

04 [추가]-[내 컬렉션]을 선택합니다. 내 컬렉션에 보관된 이미지들을 확인할 수 있습니다. 내 컬렉션의 이미지를 캔버스에 삽입하려면 이미지를 더블클릭합니다.

(2) '내 컬렉션'에 저장된 이미지 삭제하기

01 컬렉션에 저장되어 있는 불필요한 이미지들은 [추가]-[내 컬렉션]을 선택하고 이미지를 클릭하면 나타나는 우측 상단의 X 버튼을 클릭해 삭제할 수 있습니다.

08 | 파워포인트 활용하기

프레지에는 파워포인트 파일을 그대로 삽입할 수 있으며 파워포인트 파일을 그대로 불러오면 슬라이드에 삽입된 개체 하나하나를 직접 다룰 수 있습니다. 때때로 파워포인트의 파일 용량이 클 경우 불러오다가 멈추는 현상이 발생하기도 하므로 주의해야 합니다.

• 예제 파일 : P08\결과보고서.pptx

(1) 파워포인트 파일을 프레지에 삽입하기

01 파워포인트 파일을 삽입하기 위해 [추가]-[파워포인트]를 선택합니다. [열기] 대화상자에서 '결과보고서.pptx' 파일을 선택하고, [열기] 버튼을 클릭합니다.

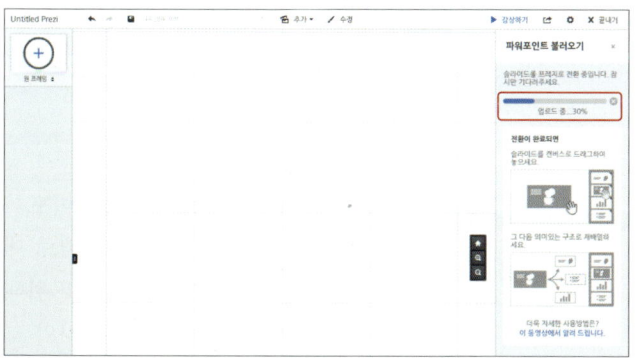

02 파워포인트 파일을 불러오는 과정을 확인할 수 있습니다.

03 변환 과정이 끝나면 오른쪽에 슬라이드가 순서대로 나열됩니다. 첫 번째 슬라이드를 드래그하여 편집화면으로 이동합니다.

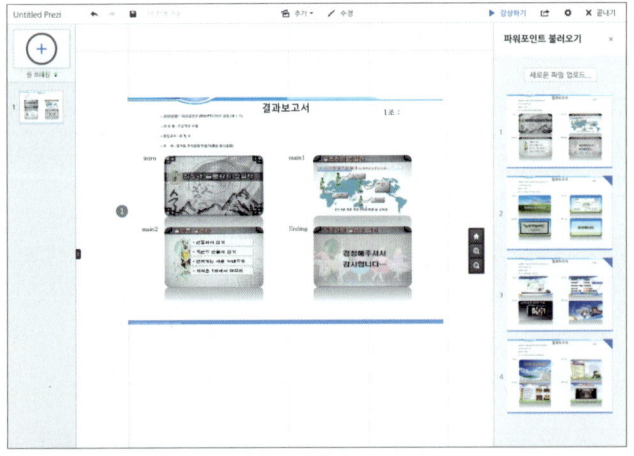

04 삽입된 파워포인트 슬라이드는 각각의 슬라이드가 이미지 형태로 삽입됩니다.

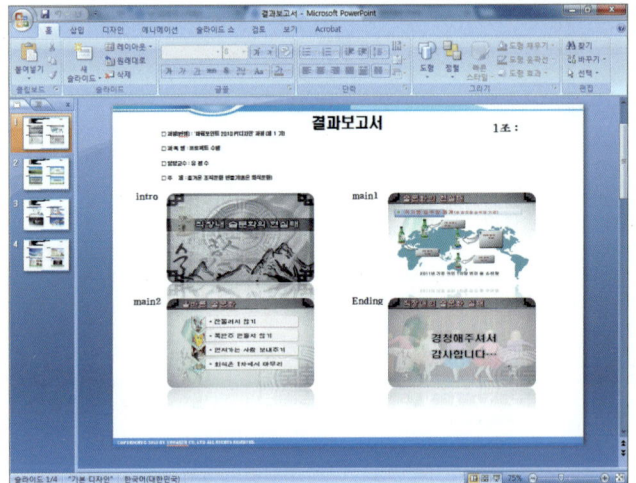

TIP 파워포인트의 슬라이드나 PDF는 원본을 유지하기 위해 각각에 개체가 아닌 전체 이미지로 저장됩니다. 파워포인트에서 PDF로 변환하여 업로드해도 동일합니다.

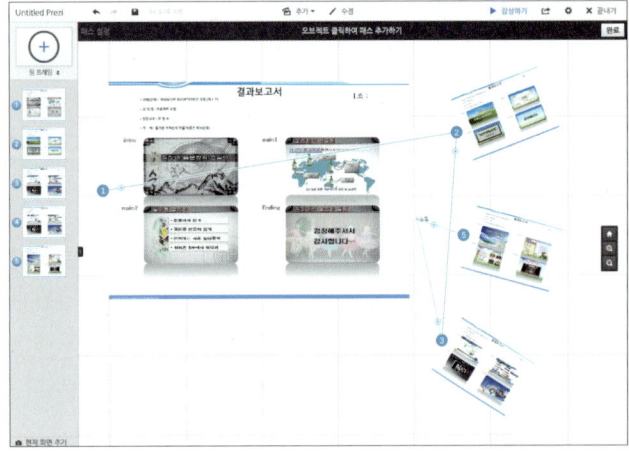

05 필요한 파워포인트 슬라이드를 차례대로 추가하면 순서대로 패스가 지정되며 주밍효과를 위해 각각의 파워포인트 이미지의 크기 조절 및 배치로 마무리합니다.

 ## 파워포인트 제안서를 프레지에 삽입하기

대부분의 제안서들은 파워포인트로 제작되는 경우가 많습니다. 프레지에서 전체적인 느낌을 전달하기 위해 파워포인트로 제작된 제안서를 프레지에 삽입하여 패스로 연결하면 멋진 프레젠테이션 프레지를 제작할 수 있습니다.

- 사용 예제 : P09\스마트워크 제안서 예제
- 완성 예제 : P09\스마트워크 제안서 완성
- 예제 파일 : P09\스마트러닝.pptx

01 프레지에 로그인한 후 'P09' 폴더의 예제 바로가기 아이콘을 더블클릭하고 [복사하기]를 클릭합니다. 내 프레지에서 복사된 프레지를 클릭하고 프레지 관리 화면에서 [편집하기]를 클릭하여 프레지 편집을 시작합니다.

02 [추가]-[파워포인트]를 클릭합니다. '스마트러닝.pptx'를 선택하고 [열기]를 클릭하여 파워포인트 파일을 불러옵니다.

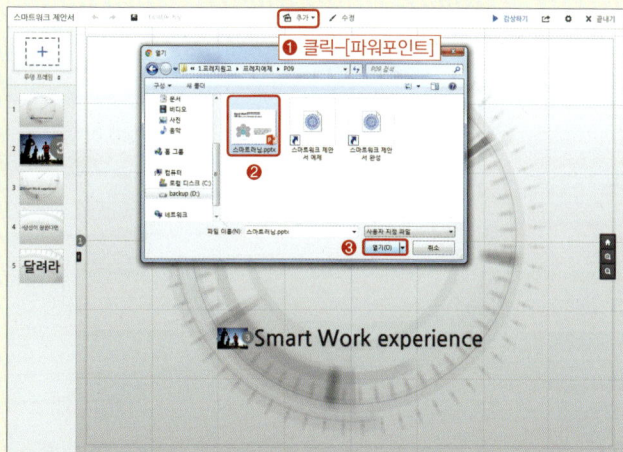

03 파워포인트 파일이 업로드되면 오른쪽 속성창에서 파워포인트의 개별 슬라이드 화면을 볼 수 있습니다.

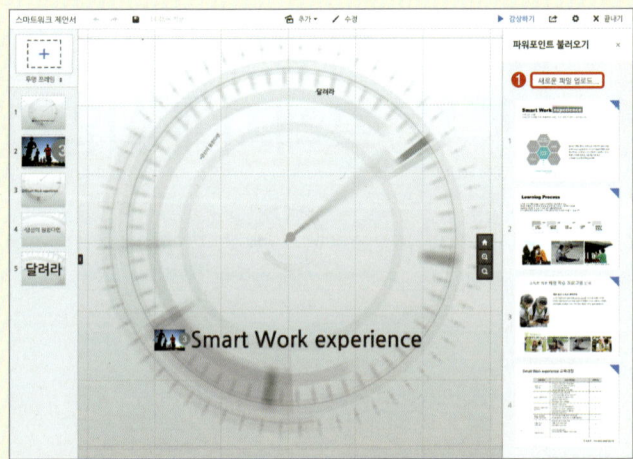

> 알·고·가·자

파워포인트 슬라이드 활용

- 파워포인트의 도형 스타일, 그림 스타일, 표, 차트, 스마트아트, 애니메이션 등의 개체는 정상적으로 표현되지 않습니다. 또한 텍스트의 크기나 배치도 달라지는 경우가 많습니다. 파워포인트의 레이아웃을 크게 변경하지 않고 프레지에 삽입하고 싶다면 파워포인트를 PDF로 변환하고 삽입하는 것도 좋은 방법입니다.
- 파워포인트 파일의 용량에 따라 업로드 시간이 크게 달라집니다. 너무 큰 파워포인트 파일은 프레지에서 오류가 발생할 수 있으므로 전체 파워포인트를 업로드하기보다 꼭 필요한 슬라이드만 선별하여 업로드하는 것이 좋습니다.

04 첫 번째, 두 번째 파워포인트 슬라이드를 프레지 편집창으로 드래그하여 그림과 같이 배치합니다.

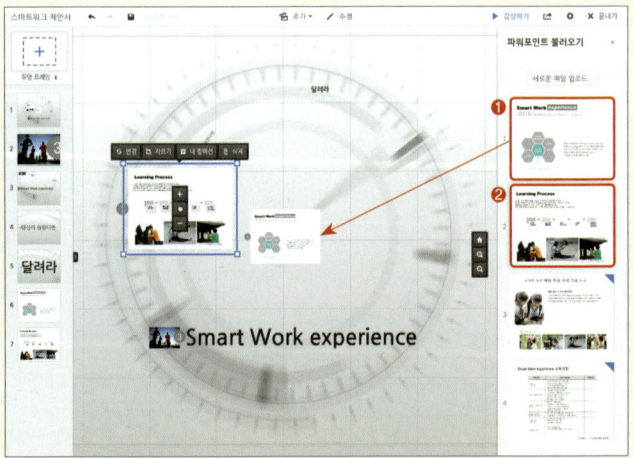

05 불러온 파워포인트 슬라이드 중 프레지에 필요한 부분만 선별하여 크기를 동일하게 조정합니다.

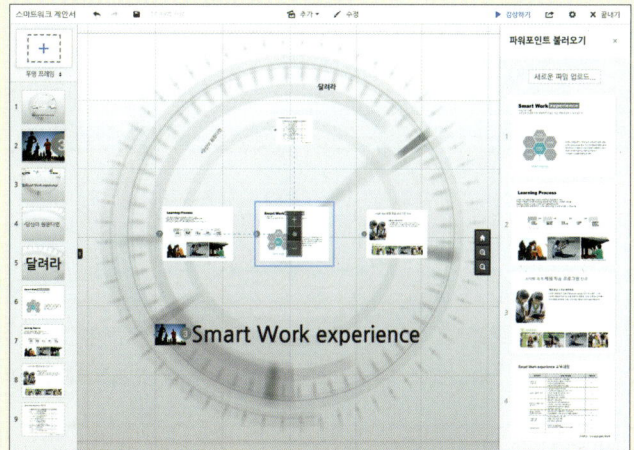

06 선택한 슬라이드에 '자르기'를 클릭하여 불필요한 부분을 제거합니다.

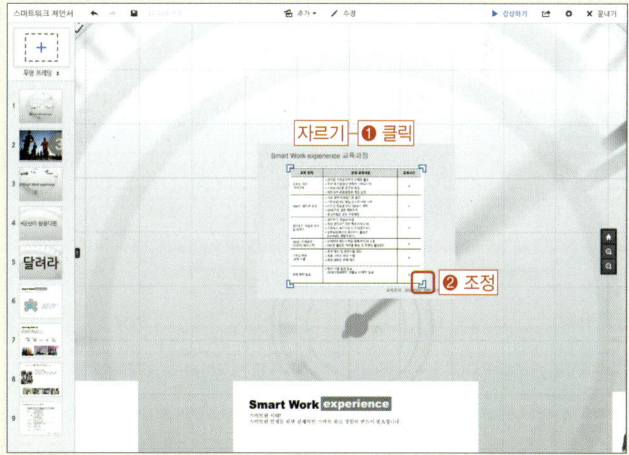

07 Shift 를 눌러 제작된 객체 전체를 선택하여 프레지 배경 위에 그림과 같이 배치합니다.

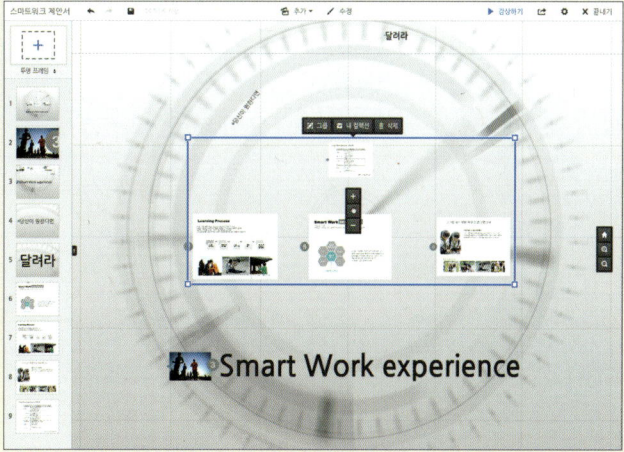

08 [감상하기]를 클릭하여 전체적인 패스 연결을 파악하고 완성합니다.

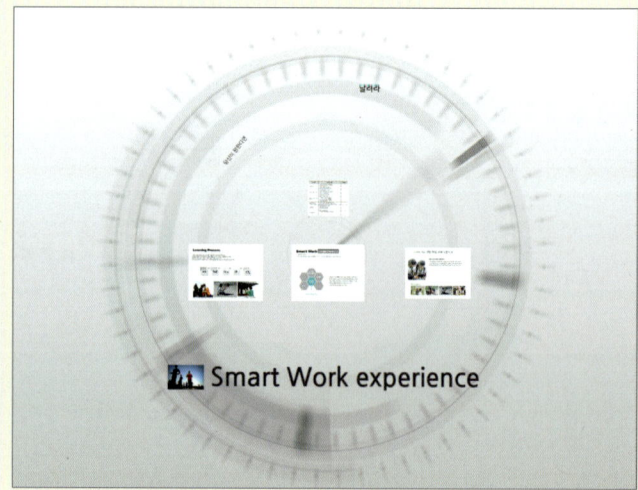

> **알·고·가·자**
>
> **슬라이드 이미지로 저장하기**
> 파워포인트에서 [파일]-[다른 이름으로 저장]을 선택하고 대화상자의 [파일 형식]을 'jpg'로 선택하면 이미지로 저장할 수 있습니다. 현재 슬라이드 한 장을 이미지로 보내거나 모든 슬라이드를 이미지로 저장할 수 있습니다.
>
>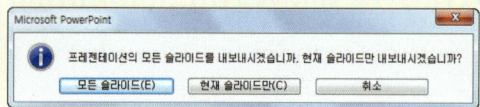

04 CHAPTER
테마 활용하기

테마는 반복적으로 사용되는 배경 화면, 글꼴, 도형 등이 미리 설정되어 있으며 파워포인트의 마스터와 같은 역할을 수행합니다. 프레지의 주제에 알맞은 배경과 글꼴, 도형을 수정할 때는 테마를 수정하고 편집하여 자신만의 테마를 제작할 수 있어야 합니다.

01 | 테마 활용하기

테마는 이미 만들어져 있는 서식을 개체에 적용하는 기능으로 20개의 한글 테마를 지원합니다. [수정] 메뉴를 이용하면 글꼴, 배경 화면, 도형 등 미리 설정되어 있는 서식으로 한 번에 변경이 가능합니다. 하나의 프레지에는 한 종류의 테마만 적용되며 적용된 테마는 편집이 가능합니다. 테마의 종류는 다음과 같습니다.

▲ 프레지 테마의 종류

(1) 테마 지정하기

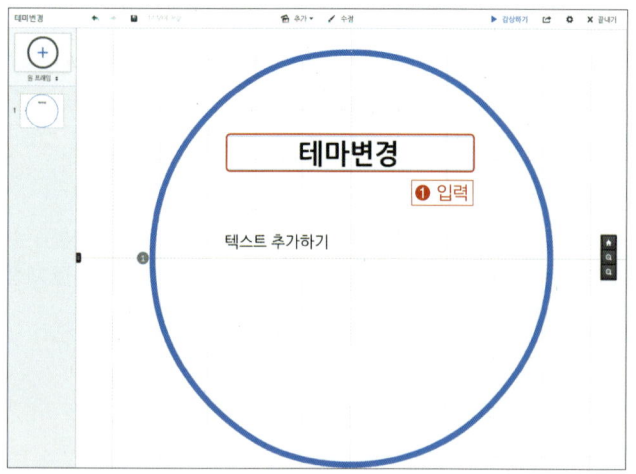

01 빈 프레지를 만들고 캔버스를 클릭하여 텍스트를 "테마 변경"이라고 입력합니다.

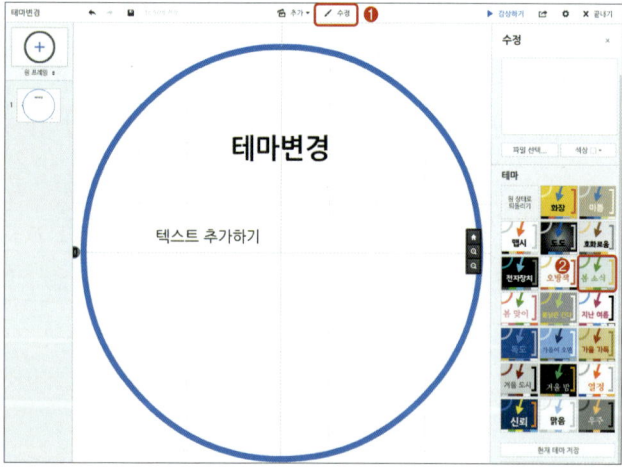

02 테마를 지정하기 위해 [수정]-[봄 소식]을 선택합니다.

03 지정된 테마로 배경, 프레임, 글꼴이 변경된 것을 확인할 수 있습니다.

(2) 현재 테마 수정하기

[수정창 하단에 테마 설정]을 클릭하면 배경 화면, 프레임과 폰트, 도형의 색상 등을 변경할 수 있습니다.

01 적용된 테마를 변경하기 위해 [수정]-[테마 설정]을 선택합니다.

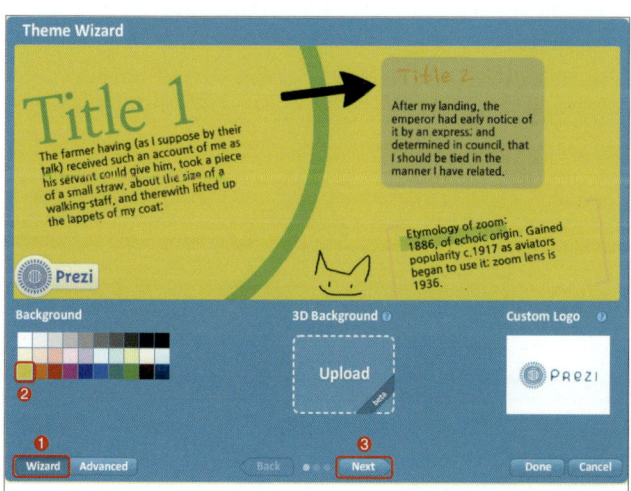

02 [Theme Wizard] 대화상자에서 [Wizard]를 선택합니다. 이곳에서 기본 설정값들을 변경합니다. [Background] 메뉴에서 '노란색'을 선택합니다. [Theme Wizard] 미리 보기 화면에서 변경되는 값을 확인할 수 있습니다. 배경 색상 선택을 마쳤으면 [Next] 버튼을 클릭합니다.

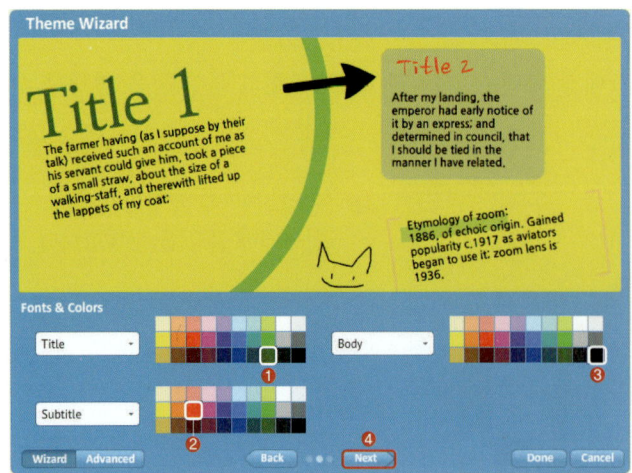

03 다음 화면에서는 Title, Subtitle, Body의 영문 글꼴과 색상을 변경할 수 있습니다. Title, Subtitle, Body의 색상을 각각 '녹색', '빨간색', '검은색'으로 선택합니다. 글꼴 설정을 마쳤으면 [Next]를 클릭합니다.

알·고·가·자

한글 깨짐 현상

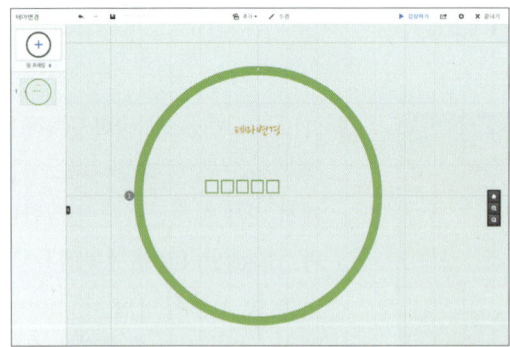

한글 깨짐 현상은 클라우드 시스템에서 한글 글꼴이 모두 업로드되지 않는 오류 때문에 종종 발생됩니다. 끝내기 후 관리모드에서 다시 편집화면으로 들어오면 대부분 해결됩니다.

04 Circle Frame은 '분홍색', Bracket Frame & Rectangle은 '주황색', Arrow & Line은 '파란색', Marker는 '하늘색'으로 각각 선택한 후 [Done]을 클릭합니다.

05 편집 화면으로 돌아오면 변경된 테마를 확인합니다.

(3) 내 테마 저장하기

개인 설정에 맞는 테마를 만들었다면 최대 5개까지 저장할 수 있습니다. 저장해놓은 테마는 새로운 프레지 작업 시 해당 스타일을 클릭하여 적용할 수 있습니다.

01 새 프레지를 만들고 템플릿 선택 화면에서 [True NORTH]를 선택한 후 [템플릿 사용] 버튼을 클릭합니다.

02 적용한 테마를 수정하기 위해 [수정]을 선택합니다.

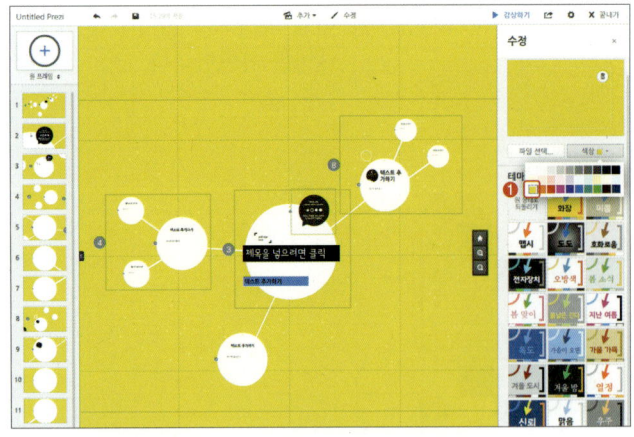

03 수정창에서 [색상]을 클릭하여 배경색을 '노란색'으로 선택하면 배경색 변경이 완료됩니다.

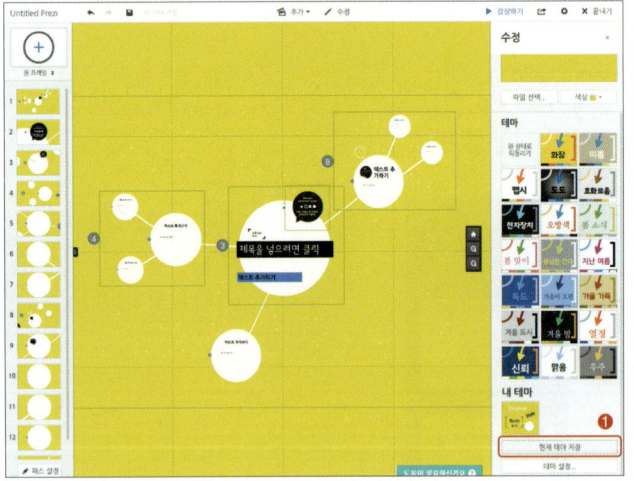

04 배경색이 바뀐 것을 확인한 후 변경한 테마를 저장하기 위해 수정창에서 [현재 테마 저장]을 선택합니다.

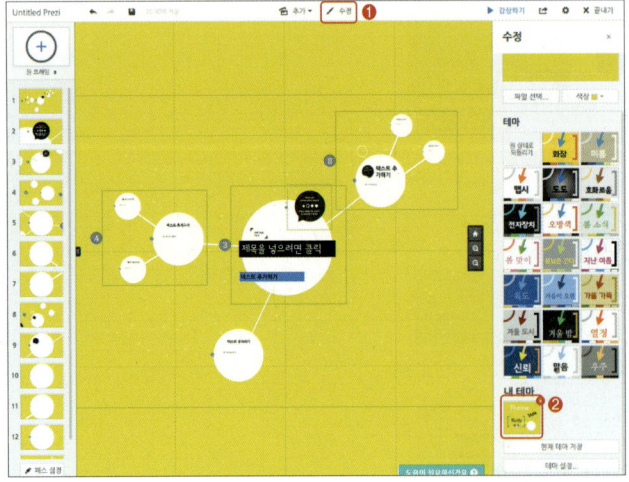

05 테마가 저장되고 수정창에서 '내 테마' 목록에 저장된 스타일이 있는 것을 확인할 수 있습니다.

02 | 프레지에서 다양한 기본글꼴 사용하기

프레지가 업그레이드되면서 기존의 폰트 15종에서 5종이 추가되어 이제는 20종의 한글 폰트를 사용할 수 있게 되었습니다. 하나의 프레지에서 사용할 수 있는 폰트는 3종류입니다.

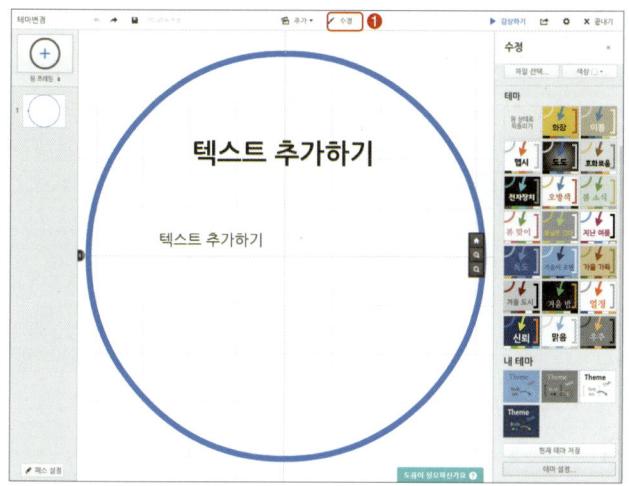

01 다양한 글꼴을 사용하기 위해 [수정]-[테마 설정]을 클릭합니다.

02 [Theme Wizard] 대화상자가 나타나면 아래쪽의 [Advanced] 버튼을 클릭하고 'Use the Prezi CSS Editor'를 클릭합니다.

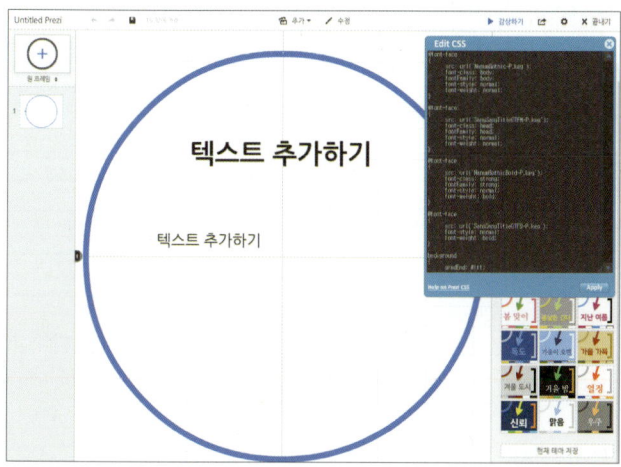

03 [Edit CSS] 대화상자가 나타납니다. src: url('DaraehandBasic. keg');에서 괄호 안에 원하는 3가지 한글 폰트명을 입력합니다.

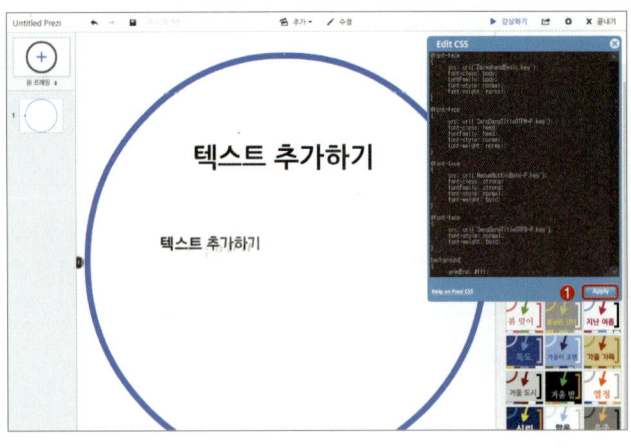

04 수정을 마쳤으면 [Apply] 버튼을 클릭합니다. 적용되는 과정을 확인할 수 있습니다.

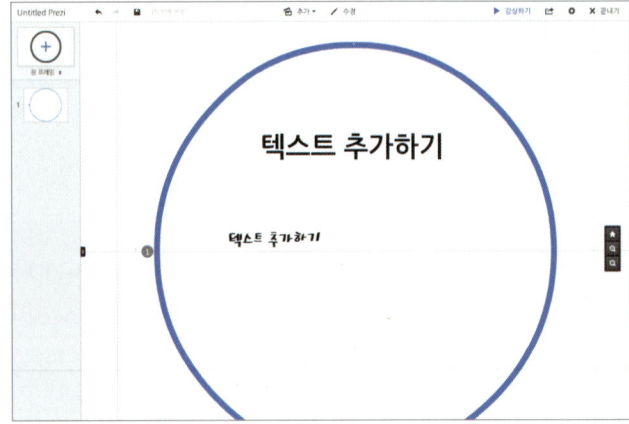

05 적용이 완료되면 캔버스의 텍스트 글꼴이 변경된 것을 확인할 수 있습니다.

한글 폰트 모음

그룹	폰트명(한국어)	폰트 파일명
나눔고딕	나눔고딕 Light	NanumGothic
	나눔고딕 Bold	NanumGothicBold
	나눔고딕 Extra Bold	NanumGothicExtraBold
나눔명조	나눔명조	NanumMyeongjo
	나눔명조 Bold	NanumMyeongjoBold
나눔기타	나눔브러시	NanumBrush
	나눔펜	NanumPen
상상제목	상상제목 Medium	SangSangTitleOTFM
	상상제목 Bold	SangSangTitleOTFB
바른바탕	바른바탕 Light	BareunBatangL
	바른바탕 Medium	BareunBatangM
	바른바탕 Bold	BareunBatangB

바른돋움	바른돋움 Light	BareunDotumL
	바른돋움 Medium	BareunDotumM
	바른돋움 Bold	BareunDotumB
아리따돋움	아리따돋움 Thin	AritaThin
	아리따돋움 Light	AritaL
	아리따돋움 Medium	AritaM
	아리따돋움 Bold	AritaB
	아리따돋움 Semi Bold	AritaSemiBold
한겨레 결	한겨레 결	Hangyule
한글아씨 테트리스	한글아씨 테트리스 Light	HangelacciTetrisL
	한글아씨 테트리스 Medium	HangelacciTetrisM
한글아씨 그네	한글아씨 그네 Light	HangelacciGneL
	한글아씨 그네 Medium	HangelacciGneM
	한글아씨 그네 Bold	HangelacciGneB
한글아씨 세발자전거	한글아씨 세발자전거 Light	HangelacciTricycleL
	한글아씨 세발자전거 Bold	HangelacciTricycleB
한글아씨 청둥오리	한글아씨 청둥오리 Light	HangelacciMallardL
	한글아씨 청둥오리 Bold	HangelacciMallardB
다래 손글씨	다래 손글씨	DaraehandBasic
서울한강	서울한강 Light	SeoulHangangL
	서울한강 Medium	SeoulHangangM
	서울한강 Bold	SeoulHangangB
	서울한강 Extra Bold	SeoulHangangEB
서울남산	서울남산 Light	SeoulNamsanL
	서울남산 Medium	SeoulNamsanM
	서울남산 Bold	SeoulNamsanB
	서울남산 Extra Bold	SeoulNamsanEB

배경 이미지 삽입과 3D Background

현재 테마 수정하기 기능에서는 캔버스 배경으로 이미지를 삽입할 수 있으며 등급에 따라 프레지의 로고 또는 새로운 사진의 페이드업을 시킬 수 있습니다.

- 완성 예제 : P10\3D 배경 완료
- 예제 파일 : P10\part2-11.jpg, part2-12.jpg, part2-13.jpg

01 빈 프레지를 만들고 [수정]을 선택합니다.

02 [파일 선택]을 선택하고 [열기] 대화상자가 나타나면 'part2-11.jpg' 파일을 선택한 후 [열기] 버튼을 클릭합니다.

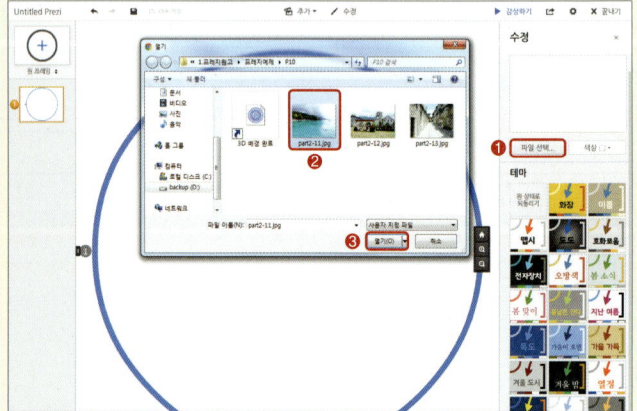

03 배경이 편집 화면에 삽입된 것을 확인할 수 있습니다.

알·고·가·자

배경 삭제하기

삽입된 배경 이미지를 삭제하려면 [수정창]에서 삽입된 배경 이미지 위의 휴지통 모양 아이콘을 클릭하면 됩니다.

04 이번에는 3D 배경을 만들기 위해 [수정]-[테마 설정]을 선택한 후 [Advanced]를 클릭합니다.

PART 03. 프레지 시작하기 **145**

05 3D Back-ground 항목의 [Edit] 버튼을 클릭합니다.

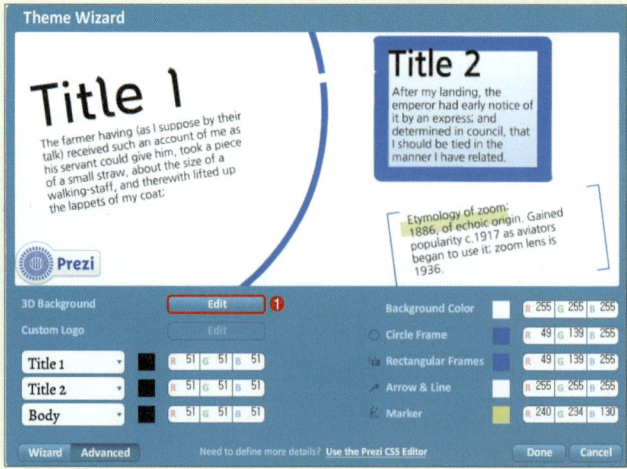

06 [Upload]를 선택하고 [열기] 대화상자가 나타나면 'Part2-12.jpg'를 선택한 후 [열기] 버튼을 클릭합니다.

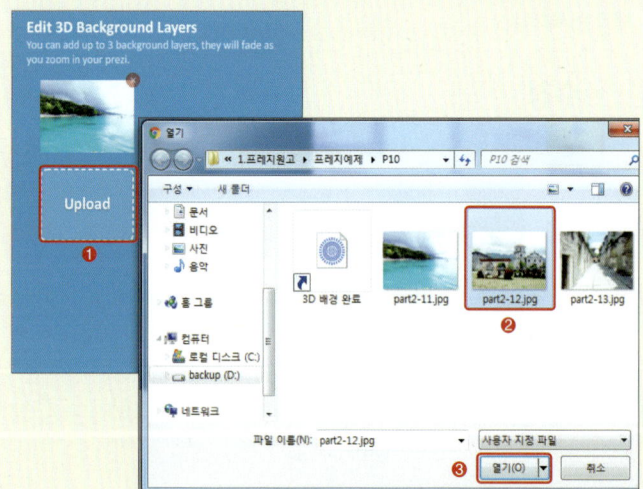

07 같은 방법으로 세 번째 사진이 될 'part2-13.jpg'를 삽입한 후 [Done]을 클릭하여 작업을 완료합니다.

08 [Theme Wizard] 대화상자에서도 [Done]을 클릭하여 작업을 완료합니다.

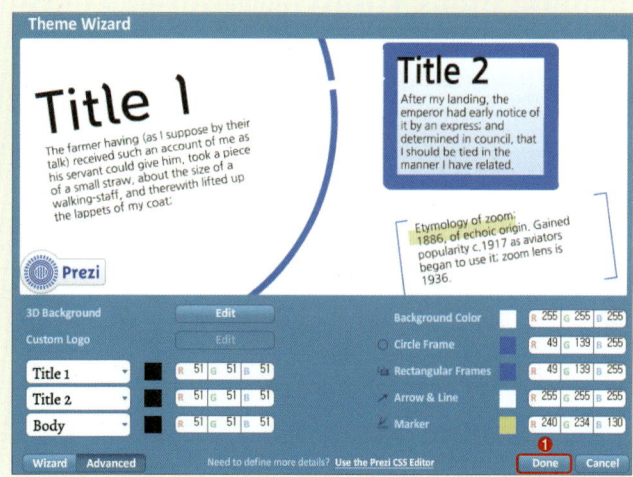

09 마우스 스크롤을 이용해 화면을 확대하면 어느 순간 배경 화면이 겹치면서 두 번째 삽입한 이미지로 바뀌는 것을 확인할 수 있습니다.

10 확대되면서 두 번째 사진이 나타납니다.

11 더 이상 확대할 수 없을 때는 경고 메시지가 나오면서 확대가 되지 않습니다.

TIP 3D 배경 화면에서는 원하는 화면의 움직임을 만들기 쉽지 않습니다. 하지만 길을 따라가는 사진이나 건물 위에서 아래로 내려가는 듯한 사진들을 이용하면 원근감을 살리면서 보다 멋진 효과를 표현할 수 있습니다.

05 CHAPTER
도움말 & 설정 및 프레지 공유하기

프레지의 도움말 & 설정은 프레지를 사용할 때 도움이 되는 매뉴얼 및 동영상 튜토리얼, 업데이트된 기능을 보여주며 화면 비율과 단축키 활성화를 지정할 수 있습니다. 또한 다른 사람과 여러 가지 방법으로 공유하여 자신의 프레지를 함께 공유할 수 있습니다. 이번 장에서는 프레지의 도움말과 설정 그리고 공유 기능에 대해 알아보겠습니다.

01 | 도움말 & 설정 살펴보기

프레지 편집 화면의 오른쪽 상단에는 프레지 작업과 공유와 도움말과 화면비율을 조정하거나 좀 더 빠른 작업을 위한 단축키 활성화 기능을 제공합니다.

(1) 도움말 활용하기

편집화면 우측 하단의 [도움이 필요하신가요]를 클릭하면 나타나는 매뉴얼 도움말에서는 도움말과 관련된 각 링크를 클릭하여 해당 내용을 참고할 수 있습니다.

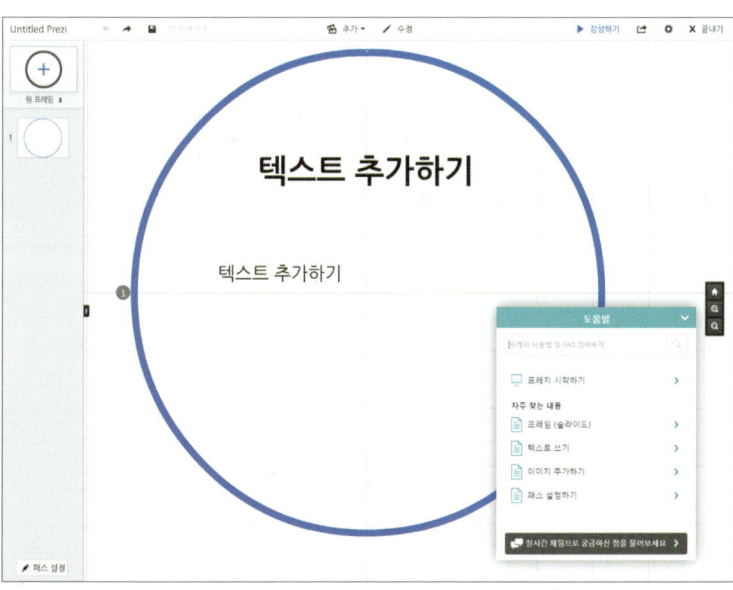

(2) 화면비율

프레젠테이션의 발표 환경에 따라 작업 캔버스 비율을 변경할 수 있습니다. [설정]의 '화면비율' 항목에서 [4:3], [16:9], [끄기]를 선택할 수 있으며 사용자 모니터의 화면에 맞게 화면비율이 조정됩니다.

01 [설정]을 클릭하고 화면비율 항목에서 '16:9'를 선택합니다.

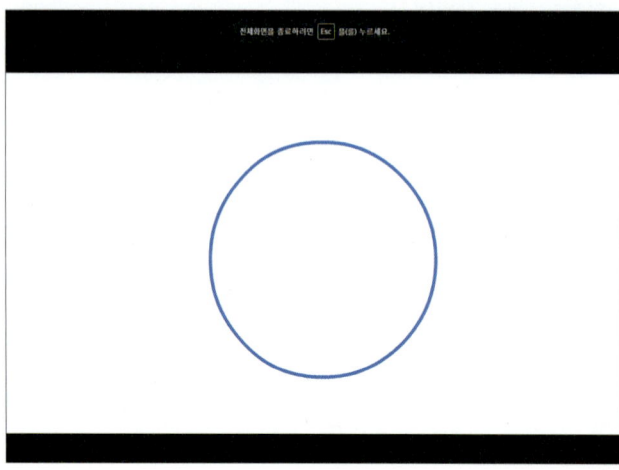

02 화면비율이 16:9로 바뀌면 [감상하기]를 선택합니다. 모니터의 해상도가 4:3 비율이라면 상하에 검은색 여백이 보이게 됩니다.

> **TIP** 끄기를 선택하면 화면 비율과 상관없이 모니터 비율에 알맞게 작업할 수 있습니다.

(3) 단축키 살펴보기

프레지의 기능이 많은 편이 아니기 때문에 활용할 수 있는 단축키도 많지 않습니다. 단축키를 사용하려면 [설정]의 '단축키 활성화'에서 [켜기]를 선택합니다.

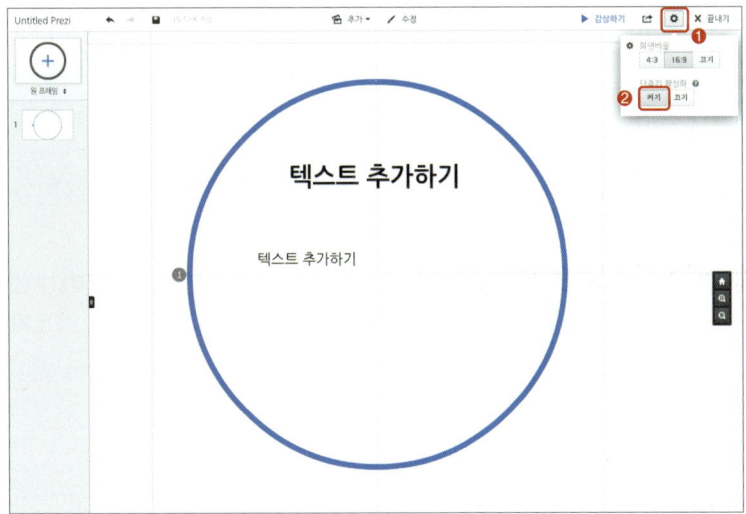

> **알·고·가·자**
>
> **프레지 단축키**
> - `F` : 프레임 설정
> - `L` : 파일 불러오기
> - `S` : 화살표 그리기
> - `P` : 패스 설정
> - `1` : 줌 인
> - `2` : 줌 아웃
> - `3` : 캔버스 시계 방향 회전
> - `4` : 캔버스 반시계 방향 회전
> - `Delete`, `BackSpace` : 개체 삭제
>
> **크롬 브라우저에서만 가능한 단축키**
> - `Shift` + `←`, `→`, `↑`, `↓` : 10 픽셀 이동
> - `Ctrl` + `S` : 프레지 저장
> - `Ctrl` + `Z` : 마지막 작업 실행 취소
> - `Ctrl` + `Y` : 마지막 취소한 동작 다시 실행
> - `Ctrl` + `D` : 중복 선택한 객체
> - `Ctrl` + `C` : 복사 선택한 객체
> - `Ctrl` + `V` : 붙여넣기
> - `Ctrl` + `Shift` + `M` : 화면비율 4:3, 16:9 전환
> - `Ctrl` + `Shift` + `C` : Prezi CSS 편집기 열기

02 | 프레지 공유하기

자신이 제작한 프레지를 다른 사람과 PDF나 다양한 방법으로 공유하거나 원격으로 프레젠테이션을 할 수 있습니다. 또 휴대용으로 저장해서 외부 저장장치에 보관하여 인터넷이 연결되지 않는 환경에서도 프레지를 발표할 수 있습니다.

(1) 프레지 공유하기

- 예제 파일 : P11\프레지 공유

01 프레지에 로그인한 후 'P11' 폴더의 '프레지 공유' 예제 바로가기 아이콘을 더블클릭해서 열고 [공유]를 클릭합니다.

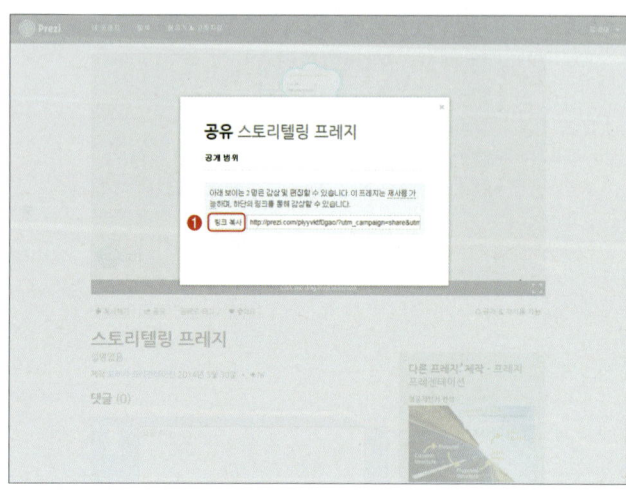

02 공개 범위 설정의 [링크 복사]를 클릭하여 주소를 복사합니다. 공유할 사람에게 복사한 주소를 이메일로 보냅니다. 공유받은 사람은 브라우저에 주소를 입력하고 프레지 관리 화면에서 [복사하기]를 클릭하면 Copy of로 표시된 프레지로 복사됩니다.

> **TIP** 이메일 주소로 공유된 프레지는 비공개된 프레지라 하더라도 이메일을 받은 사람은 확인할 수 있습니다.

(2) PDF 다운로드하기(프레지를 PDF로 저장하기)

• 예제 파일 : P11\여행일정

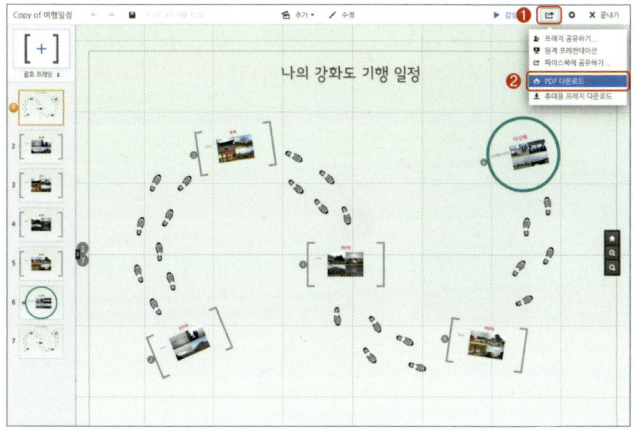

01 'P11' 폴더의 예제 바로가기 아이콘을 더블클릭하고 [복사하기]를 클릭합니다. 내 프레지에서 복사된 프레지를 클릭하고 프레지 관리 화면에서 [편집하기]를 클릭하여 프레지 편집을 시작합니다. 프레지를 출력하거나 문서 형태로 보관하기 위해 [공유]-[PDF 다운로드]를 선택합니다.

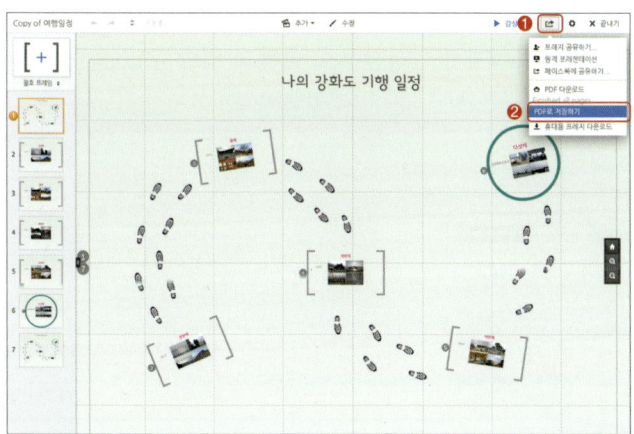

02 page 변환이 끝나고 다시 [공유] 메뉴를 선택하면 [PDF로 저장하기] 메뉴가 나타납니다. 메뉴를 선택합니다.

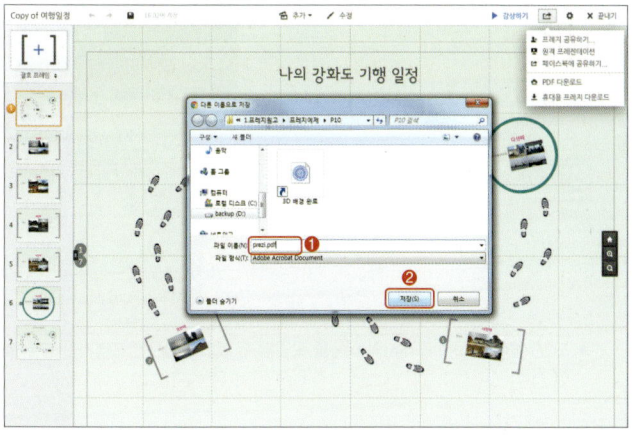

03 [다른 이름으로 저장] 대화상자가 나타나면 저장할 위치를 지정하고 [저장] 버튼을 클릭합니다.

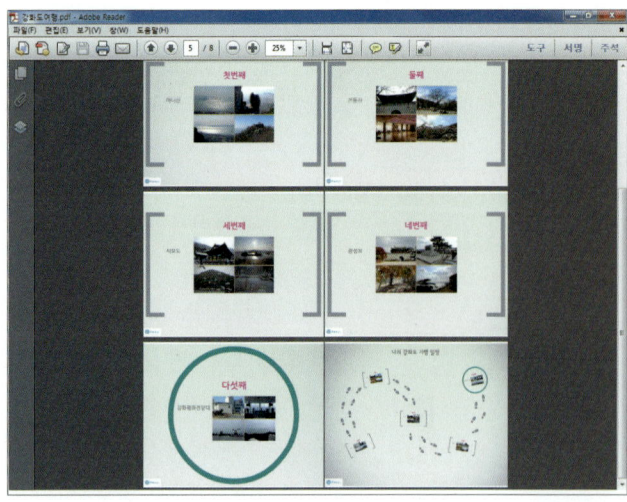

04 저장된 위치에서 PDF 문서를 실행시키면 Adobe Acrobat Reader에서 확인할 수 있습니다. 단, 사용자 컴퓨터에 Adobe Acrobat Reader 프로그램이 설치되어 있어야 합니다.

TIP 1, 2페이지가 동일한 것은 1페이지는 전체 페이지, 2페이지는 첫 화면으로 전체가 설정되어 있기 때문이며 각 페이지는 패스에 지정된 화면이 한 페이지가 됩니다.

(3) 프레지에서 공동 작업하기

프레지는 인터넷만 연결되어 있으면 언제 어디서나 전 세계 모든 사람들과 공동 작업을 할 수 있습니다. 뿐만 아니라 최대 10명까지 하나의 캔버스에서 실시간으로 함께 작업할 수 있습니다.

• 프레지로 공동작업 유튜브 영상보기 : P11\프레지공동작업영상

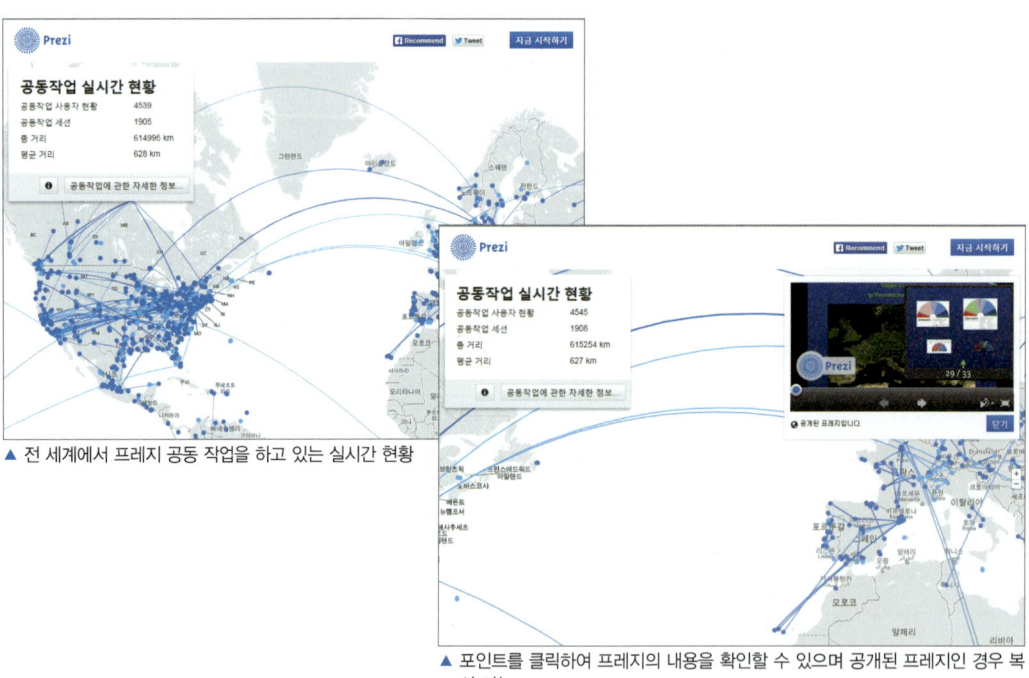

▲ 전 세계에서 프레지 공동 작업을 하고 있는 실시간 현황

▲ 포인트를 클릭하여 프레지의 내용을 확인할 수 있으며 공개된 프레지인 경우 복사 가능

공동화 작업의 편리성

▲ 프레지의 공동화 작업

프레지의 공동화 작업은 여러 사람이 동시에 하나의 프로젝트를 수행할 수 있어 기업 입장에서는 생산성을 높일 수 있습니다. 또한 언제든지 인터넷만 접속하면 공동화 작업을 지속할 수 있고 여러 사람이 함께 작업함으로써 문제점도 쉽게 파악할 수 있으며 좋은 아이디어도 빠르게 공유할 수 있습니다.

프레지 미팅

미팅이라는 제목에서 알 수 있듯이 기업, 학교, 연구소 등 다양한 기관과 대학에서 프로젝트를 공동으로 수행하고 아이디어를 공유하고 있습니다. 대학 동아리 내의 팀 미팅, 기업 프로젝트의 팀 빌딩, 제품 생산과 관련된 품질분임조 등 온라인 마인드맵의 대안으로 양방향 커뮤니케이션이 가능하기 때문에 프레지 사용이 증가하고 있습니다.

프레지 공동 작업하기

- 예제 : P11\공동작업

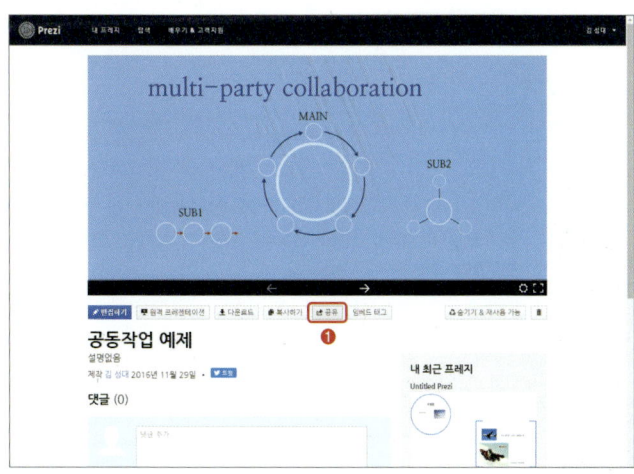

01 'P11' 폴더의 '공동작업' 바로가기 아이콘을 더블클릭하여 프레지를 열고 [복사하기]를 선택한 후 [내 프레지] 탭의 [공유]를 클릭하거나 프레지 관리 화면에서 [공유]를 클릭합니다.

02 enjoy 라이선스 이상에서는 공개 범위를 [비공개] 또는 [숨기기]로 지정할 수 있습니다. 공동 작업할 사람의 이메일을 입력하고 [추가]를 클릭하면 공동작업자에게 이메일이 발송됩니다.

03 링크를 전달받은 사람이 이메일을 확인하여 주소창에 링크를 붙여넣기하면 함께 공동화 작업이 가능합니다. [편집하기]를 클릭하면 오른쪽 사이드 바에서 참가한 인원을 파악할 수 있으며 실시간으로 제작하는 모습을 확인할 수 있습니다. 현재 그림은 두 명의 참가자가 협업으로 프레지를 제작 중임을 나타냅니다.

> **알·고·가·자**
>
> **공동작업자 초대하기**
>
>
>
> 사이드 바에서 공동작업자를 더 초대할 수 있으며, 공동작업자 아이콘을 클릭하면 공동작업자가 제작하고 있는 현재 위치와 프로필을 확인할 수 있습니다.

04 공동작업을 중단하고 싶을 때는 프레지 관리 화면에서 공동작업 중인 프레지 창에 마우스를 위치시키고 메뉴의 [공유]를 클릭합니다. 삭제하고자 하는 공동작업자를 선택하고 [프레지에서 삭제하기]를 클릭하면 공동작업자가 삭제됩니다.

(4) 원격 프레젠테이션으로 발표하기

원격 프레젠테이션 기능을 이용하면 여러 사람과 함께 같은 화면을 보면서 온라인으로 프레젠테이션을 할 수 있습니다. 전 세계 어디서나 링크를 받은 사람이라면 아이패드나 노트북에서도 원격으로 발표를 할 수 있습니다.

• 예제 경로 : P11\원격 프레젠테이션

01 프레지에 로그인한 후 'P11' 폴더의 예제 바로가기 아이콘을 더블클릭하고 [복사하기]를 클릭합니다. 내 프레지에서 복사한 프레지를 클릭하고 프레지 관리 화면에서 [원격 프레젠테이션]을 클릭합니다.

02 링크를 복사하여 함께 프레젠테이션을 감상할 청중에게 메일이나 SNS로 주소를 발송하면 주소를 받은 청중의 디스플레이 화면에서 동시에 프레지가 보이게 됩니다. 프레지의 원격 프레젠테이션의 대기 시간은 10분이며 이후 만료되기 때문에 발표 시간을 정확히 정하고 [원격 프레젠테이션]을 클릭하여 프레젠테이션을 시작해야 합니다.

- 안드로이드 스마트 디바이스에서는 모바일용 플래시 플레이어가 설치되어 있어야 재생이 가능합니다.
- 아이폰과 아이패드는 프레지 뷰어를 설치하면 원활한 재생이 가능합니다.

(5) 플래시나 데스크톱용으로 다운로드 받기

실제 발표 장소에 인터넷 환경이 불안정하거나 플래시 플레이어의 미설치, 최신 브라우저의 설치 여부 등의 문제가 발생할 수 있으므로 휴대용으로 저장하여 USB 메모리나 외장하드에 옮겨서 휴대하는 것이 안전합니다. 프레지를 휴대용 장치에 저장하는 방법에 대해 알아보겠습니다.

- 예제 : P11\휴대용 다운로드

01 프레지에 로그인한 후 'P11' 폴더의 예제 바로가기 아이콘을 더블 클릭하고 [복사하기]를 클릭합니다. 내 프레지에서 복사한 프레지를 클릭하고 프레지 관리 화면에서 [다운로드]를 클릭합니다.

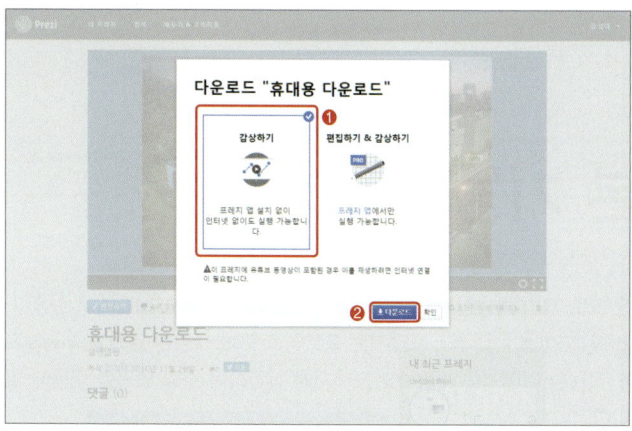

02 [다운로드 "휴대용 다운로드"] 창에서 [감상하기]를 선택하고 [다운로드]를 클릭합니다.

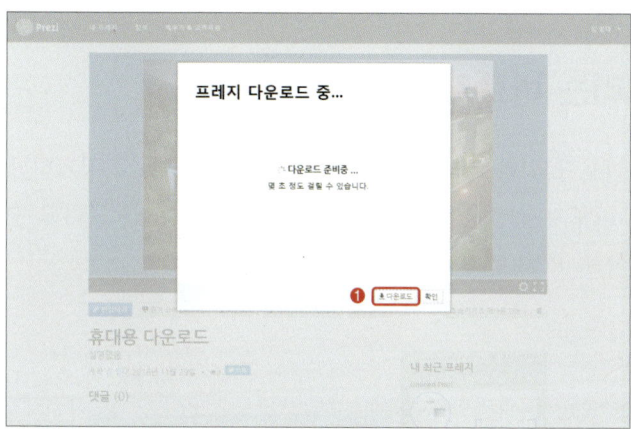

03 프레지 다운로드 화면에서 휴대용으로 저장할 프레지를 준비하고 다운로드하면 압축파일 형태로 저장됩니다.

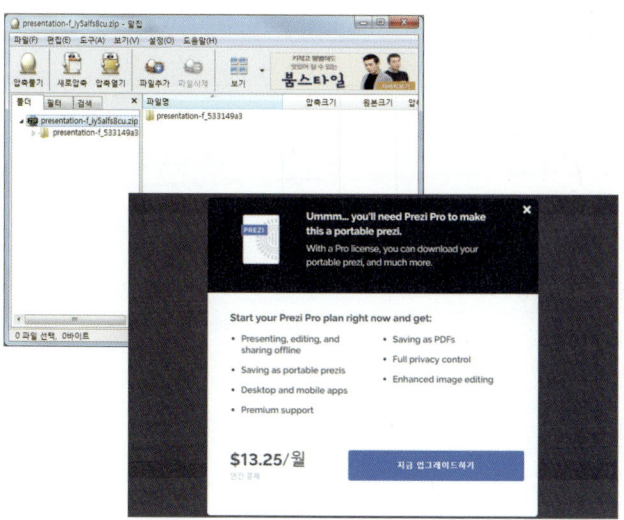

04 zip 형태로 압축된 파일을 압축해제하면 프레지 실행 파일이 플래시 파일로 실행됩니다.

> **TIP** 프레지 정책의 변경으로 2016년 이전에 생성된 프레지는 계정과 상관없이 휴대용 다운로드를 지원하였으나, 현재는 pro라이선스 이상에서만 지원하고 있습니다.

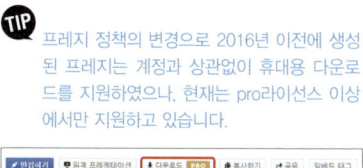

06 CHAPTER
파워포인트 기본 기능 익히기

프레지의 기본 기능을 알았다면 다음은 파워포인트로 제작 가능한 배경 이미지와 도형, 텍스트 등 프레지에서 활용 가능한 개체를 제작하고 핸들링하는 기초적인 방법을 파악해야 합니다. 프레지는 드로잉 도구나 다양한 효과를 지원하지 않으므로 파워포인트를 이용해 도형이나 효과를 적용한 이미지를 제작하고 프레지에 삽입하여 주밍 효과를 이용해 발표하면 프레젠테이션을 더욱 차별화할 수 있습니다.

01 | 도형을 효과적으로 그리는 바로가기 키

파워포인트에서 마우스 조작과 함께 키보드의 바로가기 키를 활용하면 보다 빠르고 정확하게 도형을 제작하고 배치할 수 있습니다. 바로가기 키를 이용하면 정원이나 정사각형을 그리고 수평 수직 방향으로 쉽게 이동하거나 복사할 수 있습니다.

(1) 도형 제작 시 사용되는 바로가기 키

기능키	도형 삽입	크기 조절	위치 이동
Shift + 드래그	정방형 도형 그리기	정도형 모양으로 크기 조절	수평 또는 수직으로 위치 이동
Ctrl + 드래그	중심에서 그리기	중심으로부터 양방향 크기 조절	세밀하게 위치 이동
Alt + 드래그	세밀하게 그리기	세밀하게 크기 조절	15도씩 회전

(2) 파워포인트에서 많이 사용되는 바로가기 키

- Ctrl + Shift + C : 서식 복사
- Ctrl + Shift + V : 서식 붙여넣기
- Ctrl + G : 그룹 지정
- Ctrl + Shift + G : 그룹 해제
- Ctrl + D : 복제
- Alt + O, B, P : 글머리 그림 넣기
- F4 or Ctrl + Y : 마지막 작업 반복

(3) 텍스트 관련 바로가기 키(글자 선택 후)

- `Ctrl` + `B` (토글) : 굵게(Bold)
- `Ctrl` + `I` (토글) : 이탤릭
- `Ctrl` + `U` (토글) : 밑줄
- `Ctrl` + `[` (계속 반복 가능) : 글자 크게
- `Ctrl` + `]` (계속 반복 가능) : 글자 작게
- `Tab` : 목록 수준 늘림
- `Shift` + `Tab` : 목록 수준 줄임
- `Shift` + `Enter` : 글머리 기호 없이 줄 바꿈

(4) 정방형 도형 그리기

- 예제 파일 : PPT\도형제작.pptx

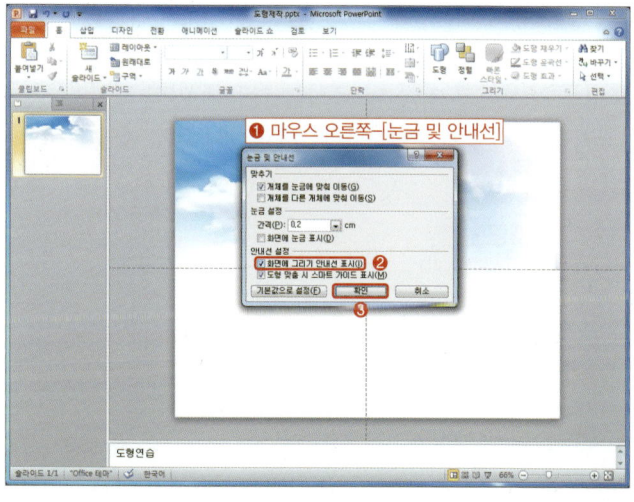

01 [파일] 탭-[열기]를 이용해 '도형제작.pptx' 파일을 불러옵니다. 정방형 도형이 중앙에 위치하도록 [안내선]을 활성화해 보겠습니다. 슬라이드 창에서 마우스 오른쪽 버튼을 클릭하여 [눈금 및 안내선]을 클릭합니다. [눈금 및 안내선] 대화상자에서 [안내선 설정]-[화면에 그리기 안내선 표시]를 클릭하여 체크합니다. [확인] 버튼을 클릭합니다.

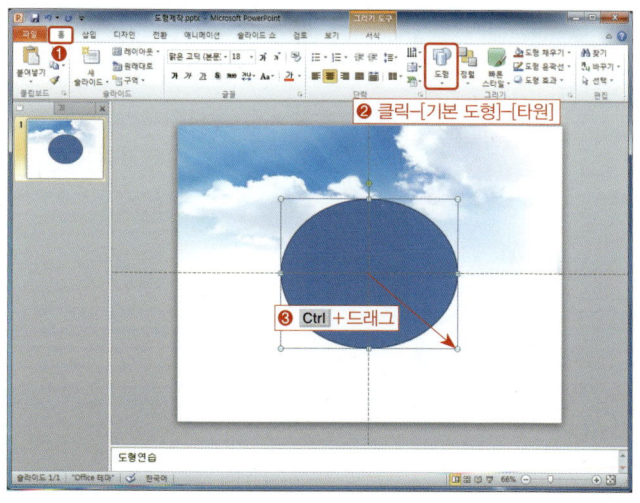

02 [홈] 탭-[그리기] 그룹-[도형]을 클릭하여 도형 갤러리에서 [기본 도형]-[타원]을 클릭합니다. 마우스 커서를 안내선 중앙에 위치시키고 `Ctrl`을 누른 상태에서 드래그합니다. 안내선 중앙에서부터 도형이 그려집니다.

03 도형을 선택하고 Delete 를 눌러 삭제합니다. [홈] 탭-[그리기] 그룹-[도형]을 클릭하여 도형 갤러리에서 [기본 도형]-[타원]을 선택합니다. Ctrl + Alt 를 누른 상태에서 슬라이드 창에서 드래그하여 정원을 그려 봅니다.

> **TIP** 파워포인트 슬라이드 창에는 보이지 않는 격자가 있어 격자에 자동으로 맞춰지게 되어 있습니다. 또 도형 제작 시 Alt 를 함께 누르고 드래그하면 미세조정이 됩니다.

02 | 도형 이동하고 복사하기

슬라이드에 도형을 그릴 때는 하나의 도형을 작성하고 이동 및 복사를 활용해 여러 도형을 구성하게 됩니다. 따라서 도형을 이동하고 복사하는 방법은 중요하므로 바로가기 키를 활용하여 빠르고 효과적인 작업을 할 수 있도록 익혀둬야 합니다.

(1) 도형 이동하기

• 예제 파일 : PPT\도형이동.pptx

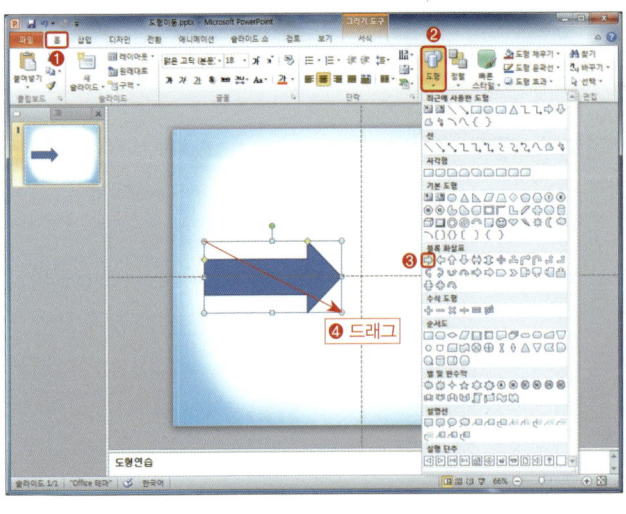

01 [파일] 탭-[열기]를 이용해 '도형이동.pptx' 파일을 불러옵니다. [홈] 탭-[그리기] 그룹-[도형]을 클릭하고 도형 갤러리에서 [블록화살표]-[오른쪽 화살표]를 클릭합니다. 슬라이드 창에 드래그하여 화살표를 그립니다.

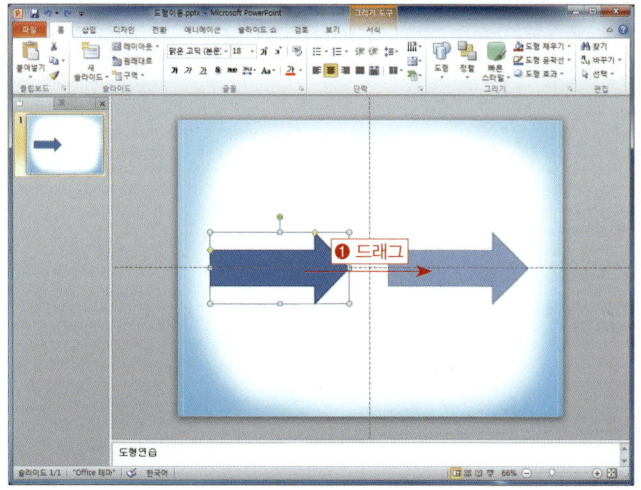

02 삽입된 도형을 선택하고 오른쪽으로 드래그하여 이동해 봅니다. '오른쪽 화살표'가 드래그한 방향으로 이동됩니다.

> **TIP** 도형을 선택해서 이동할 때 수평과 수직으로 이동하고자 할 때는 Shift 를 눌러서 이동합니다.

(2) 도형 복사하고 미세 조정하기

• 예제 파일 : PPT\도형복사.pptx

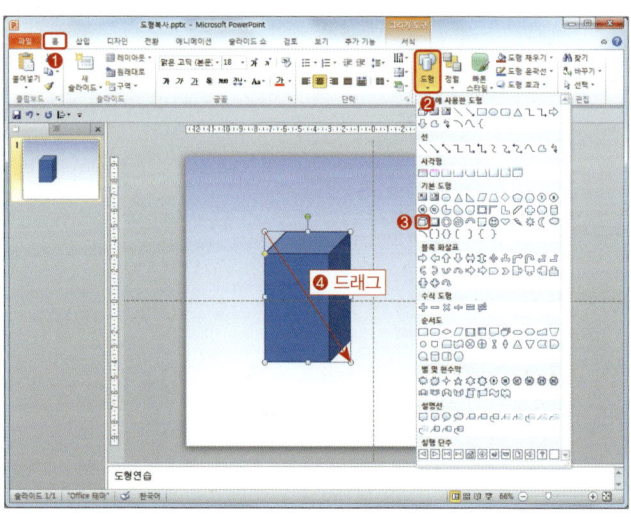

01 [파일] 탭-[열기]를 이용해 '도형복사.pptx' 파일을 불러옵니다. [홈] 탭-[그리기] 그룹-[도형]을 선택하고 도형 갤러리에서 [기본도형]-[정육면체]를 클릭합니다. 슬라이드 창에 드래그하여 '정육면체'를 삽입합니다.

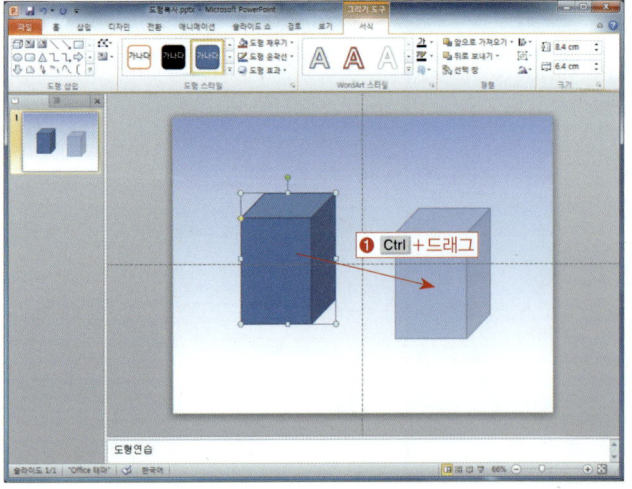

02 '정육면체' 도형을 선택하고 Ctrl 을 누른 상태에서 슬라이드 창 오른쪽으로 드래그하면 도형이 복사됩니다.

 • 도형을 복사할 때 Ctrl + C (복사)를 누르고 Ctrl + V (붙여넣기)를 눌러도 복사할 수 있습니다.
• 도형을 선택하고 Ctrl + Shift 를 누른 상태에서 좌우상하로 드래그하면 수평과 수직으로 정확히 복사가 이루어집니다.

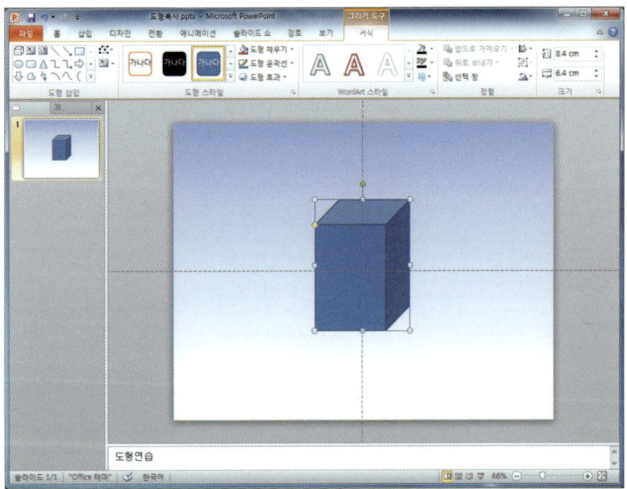

03 복사된 도형을 선택하고 Delete 를 눌러서 삭제합니다. '정육면체'를 드래그하여 슬라이드 창 중앙에 배치합니다. 미세하게 이동해야 되는 경우에는 키보드의 Alt 를 누르고 키보드의 상, 하, 좌, 우 방향키를 눌러 조절합니다.

(3) 도형 복제하기

- 예제 파일 : PPT\도형복제.pptx

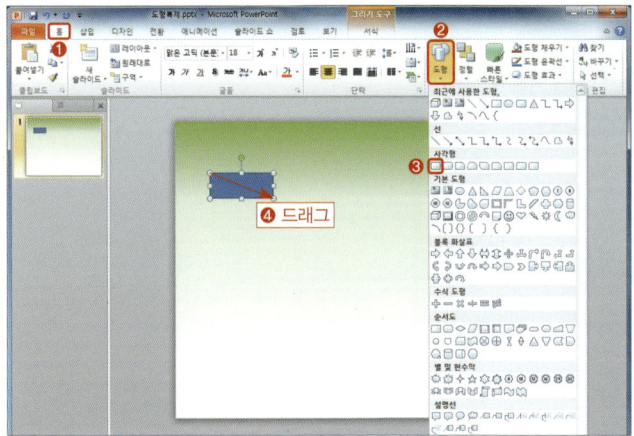

01 [파일] 탭-[열기]를 이용해 '도형복제.pptx' 파일을 불러옵니다. [홈] 탭-[그리기] 그룹-[도형]을 선택하고 도형 갤러리에서 [사각형]-[직사각형]을 클릭합니다. 슬라이드 창에 드래그하여 '직사각형'을 그립니다.

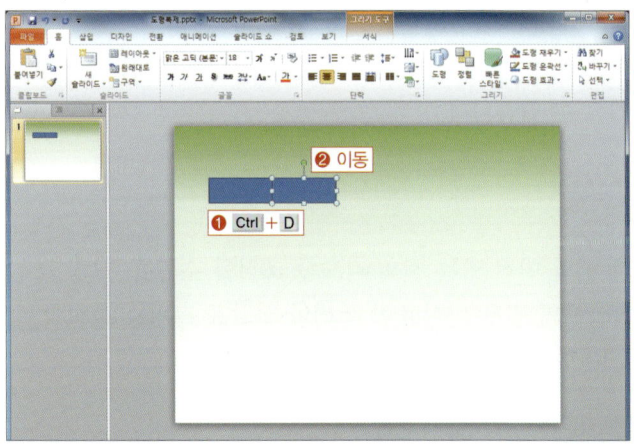

02 '직사각형'을 선택하고 키보드에서 Ctrl + D 를 누릅니다. 도형이 복제되면 키보드의 방향키로 복제된 직사각형을 오른쪽으로 이동시켜 원본 도형 옆에 위치시킵니다.

TIP 도형을 복제하면 복사할 때와 달리 복제한 도형과 같은 위치에 복사되어 같은 도형을 일렬로 만들 때 편리하게 작업할 수 있습니다.

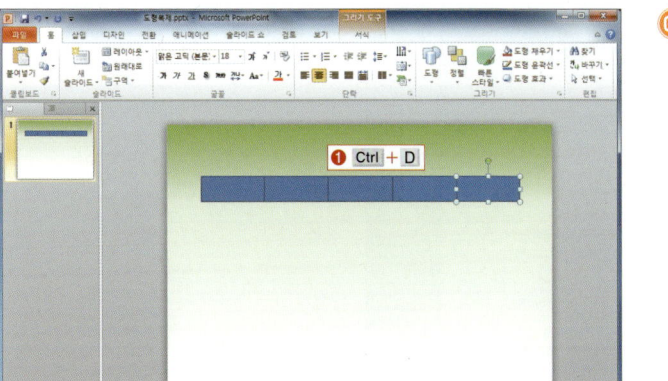

03 같은 방법으로 Ctrl + D 를 여러 번 눌러 도형을 오른쪽에 복제합니다.

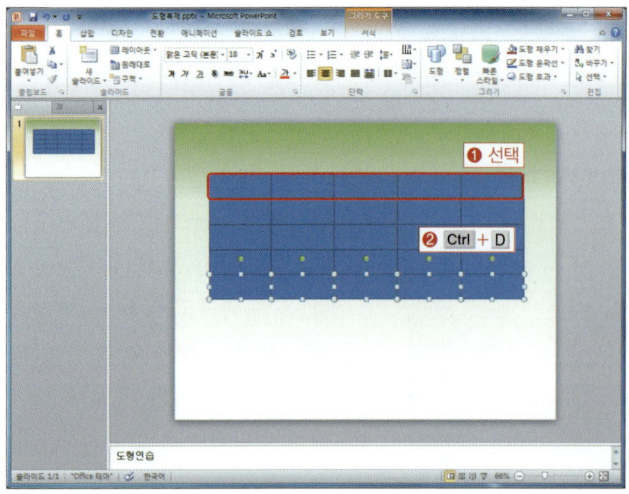

04 삽입한 도형을 마우스로 드래그하여 모두 선택합니다. Ctrl + D 로 복제한 후 마우스로 드래그하여 그림처럼 만들어봅니다.

03 | 도형 선택과 회전 및 모양 조절하기

도형을 클릭하면 도형의 크기를 조절하거나 회전시킬 수 있는 조절점이 표시되며 일부 도형들은 모양 조절점이 표시되어 모양을 변경할 수 있습니다.

(1) 도형 모양 조절점

정방형 도형을 제외한 도형은 도형의 두께와 면적 또는 선의 각도를 조절할 수 있는 모양 조절점을 가지고 있습니다. 그림과 같이 화살표의 경우 화살표의 두께와 화살표 크기를 조절할 수 있으며 웃는 얼굴의 경우 선의 위치를 변경할 수 있는 모양 조절점이 표시됩니다.

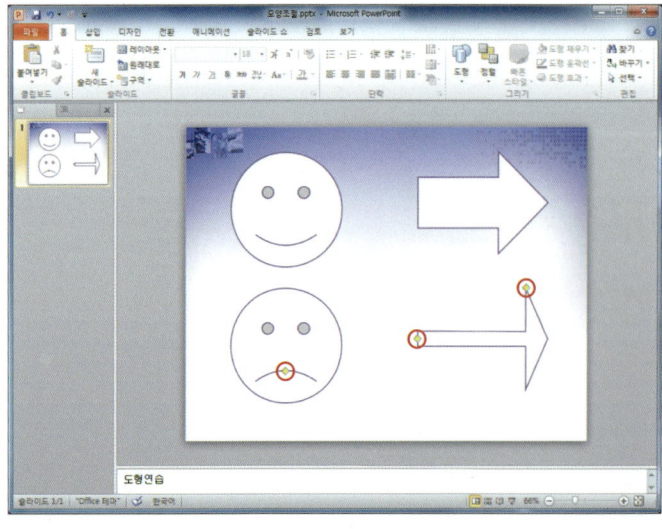

(2) 도형 회전 핸들

모든 도형은 도형의 중앙 상단에 회전 핸들을 가지고 있으며, 마우스를 회전 핸들에 위치시키면 마우스 포인터가 원형의 화살표로 변경되면서 도형을 회전시킬 수 있습니다.

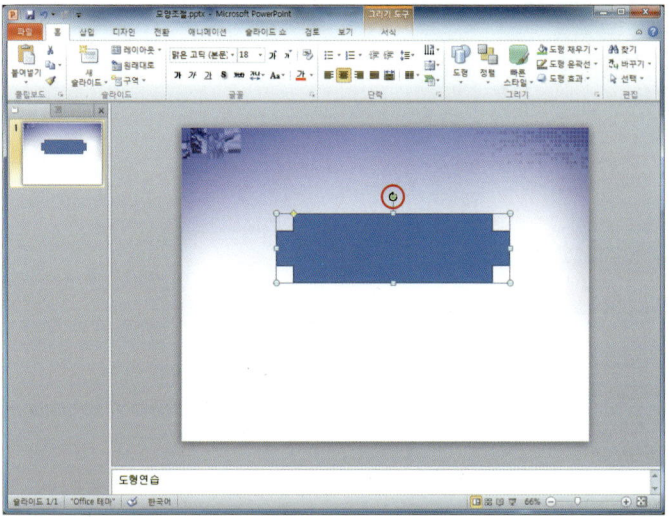

(3) 도형 선택하기

• 예제 파일 : PPT\도형선택.pptx

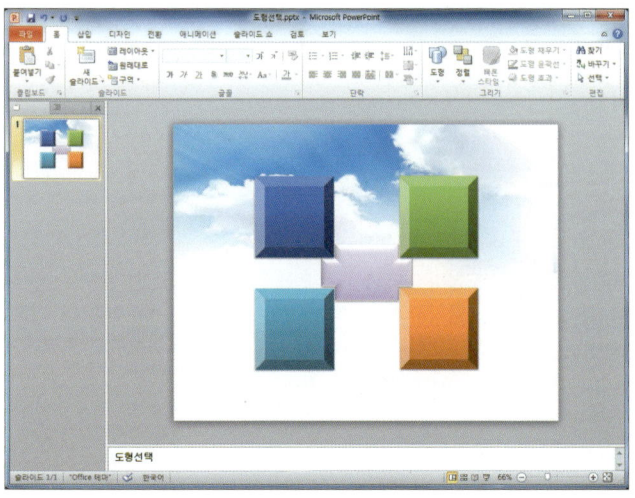

01 [파일]-[열기]를 선택하고 '도형선택.pptx' 파일을 불러옵니다. 슬라이드를 확인해 보면 4개의 '빗면' 도형과 1개의 '십자형' 도형이 있습니다.

02 여러 도형을 동시에 선택하는 방법은 Shift 를 이용하거나 마우스로 도형이 포함되도록 드래그해 선택하는 방법이 있습니다. 여러 도형을 Shift 를 누르고 클릭해 선택합니다.

> **TIP** 선택을 취소하려면 슬라이드의 빈 공간을 클릭하거나 Esc 를 누릅니다.

03 이번에는 도형 외곽에서 드래그하여 모든 도형이 포함되도록 합니다. 드래그한 안쪽 영역에 있는 도형들이 모두 선택됩니다.

> **TIP** 드래그하여 도형을 선택할 때 드래그한 영역 안에 도형이 모두 포함되어야 선택되며 일부분만 포함된 도형은 선택되지 않습니다. 포함되지 않은 도형을 함께 선택하려면 Shift 를 누른 상태에서 도형을 클릭합니다.

알·고·가·자

겹쳐 있는 도형 선택하기

도형이 여러 개 겹쳐 있을 경우 드래그로 선택하거나 Shift + 클릭하여 선택하는 것이 쉽지 않습니다. 이런 경우 [홈] 탭-[편집] 그룹-[선택]-[선택 창]을 클릭하여 선택 창에서 뒤쪽에 숨어 있는 도형을 선택할 수 있습니다.

(4) 도형의 크기 변경하고 회전시키기

- 예제 파일 : PPT\도형크기및회전.pptx

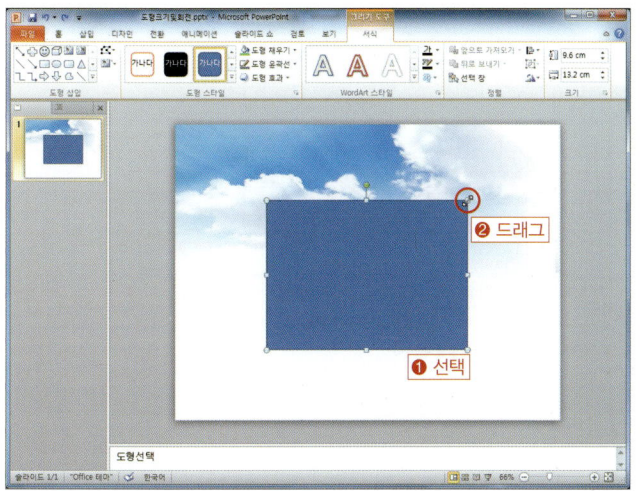

01 [파일] 탭-[열기]를 선택하고 '도형크기및회전.pptx' 파일을 불러옵니다. 슬라이드의 '모서리가 둥근 직사각형'을 선택하고 도형의 모서리에 있는 크기 조정 핸들에 마우스를 위치시킵니다. 마우스 포인터가 양쪽 화살표로 변경되었을 때 드래그합니다. 대각선 방향으로 크기가 커지는 것을 확인할 수 있습니다.

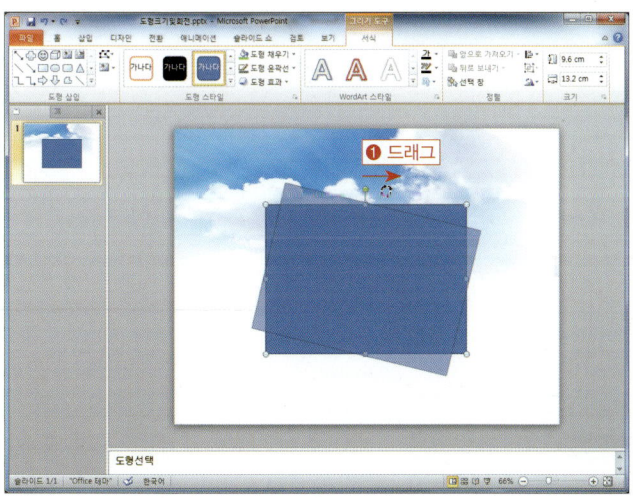

02 '모서리가 둥근 직사각형'의 회전 핸들에 마우스를 위치하고 마우스 포인터가 회전 모양이 되면 드래그해서 도형을 회전합니다.

TIP 도형 회전 시 직각으로 방향을 회전하거나 정확한 각도로 회전을 해야 할 때는 Shift 를 누른 채로 회전하면 15도 각도로 정확하게 회전시킬 수 있습니다

알·고·가·자

도형 크기 바로가기 키

`Ctrl` 과 `Shift` 를 적절히 사용하면 도형의 크기를 원하는대로 조절할 수 있습니다. `Ctrl` 을 누른 상태로 조절점을 드래그하면 도형의 중심에서 크기가 변경되며, `Shift` 를 누른 상태로 조절점을 드래그하면 도형의 가로와 세로 비율이 같게 크기가 변경됩니다.

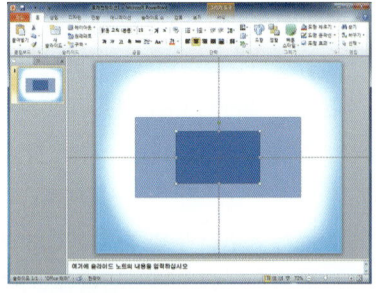
▲ `Ctrl` 을 누르고 크기 변경 시

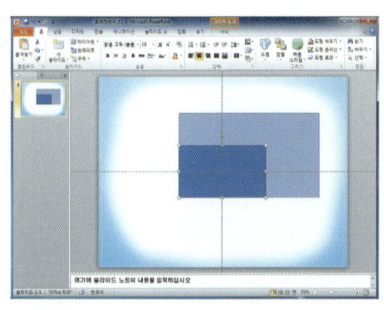
▲ `Shift` 를 누르고 크기 변경 시

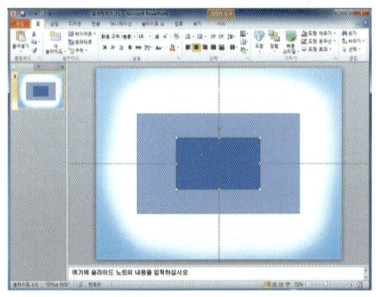
▲ `Ctrl` 과 `Shift` 를 동시에 누르고 크기 변경 시

(5) 도형 모양 조절하기

• 예제 파일 : PPT\도형모양조절.pptx

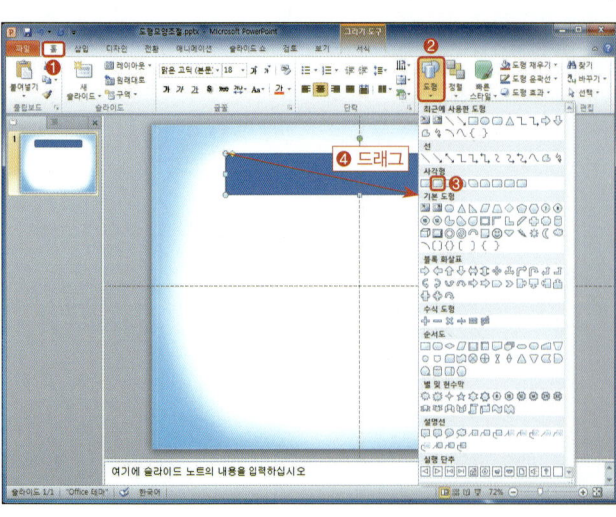

01 [파일] 탭-[열기]를 이용해 '도형모양조절.pptx' 파일을 불러옵니다. [홈] 탭-[그리기] 그룹-[도형]을 선택하고 도형 갤러리에서 [사각형]-[모서리가 둥근 직사각형]을 클릭합니다. 슬라이드 창에서 마우스로 드래그하여 직사각형을 그립니다.

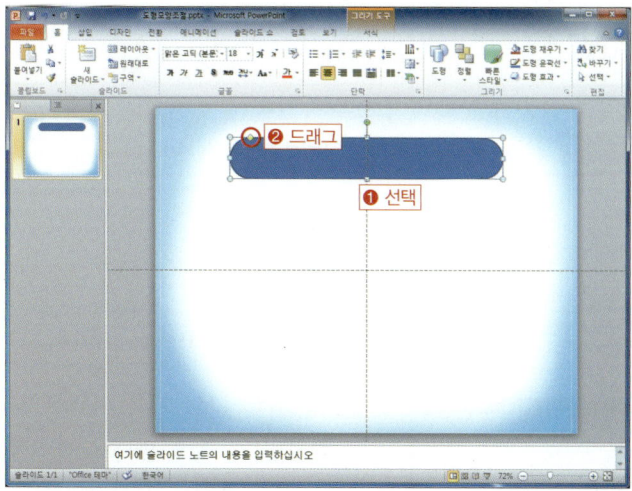

02 도형을 선택하고 모양 조절 핸들을 선택해서 오른쪽으로 드래그합니다.

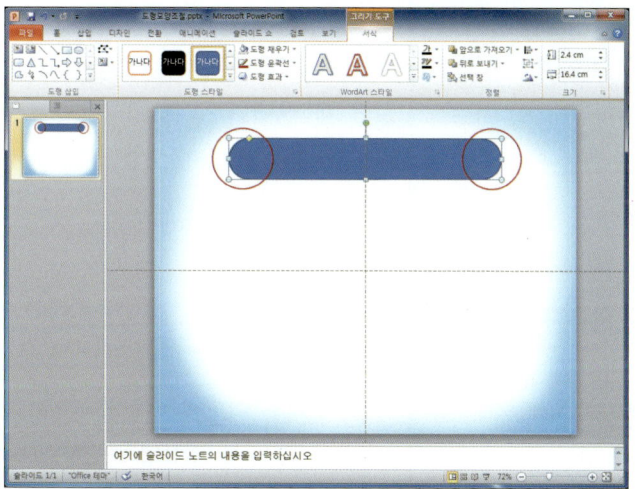

03 '모서리가 둥근 직사각형'의 양쪽 끝 부분이 원형으로 변경됩니다.

TIP 사각형, 원형, 직각삼각형 등 정방형 형태의 도형을 제외한 다른 도형들은 모양 조정 핸들을 가지고 있으며 다양한 각도와 방향, 두께 등을 변경할 수 있습니다.

04 | 도형 색과 스타일 지정하기

도형에 다른 색을 지정하고 빠른 스타일을 적용하면 슬라이드 디자인과 알맞은 색으로 변경할 수 있습니다. [그리기 도구]의 [서식] 탭-[도형 스타일] 그룹에서 변경할 수 있습니다.

(1) 윤곽선 서식 변경하기

• 예제 파일 : PPT\윤곽선변경.pptx

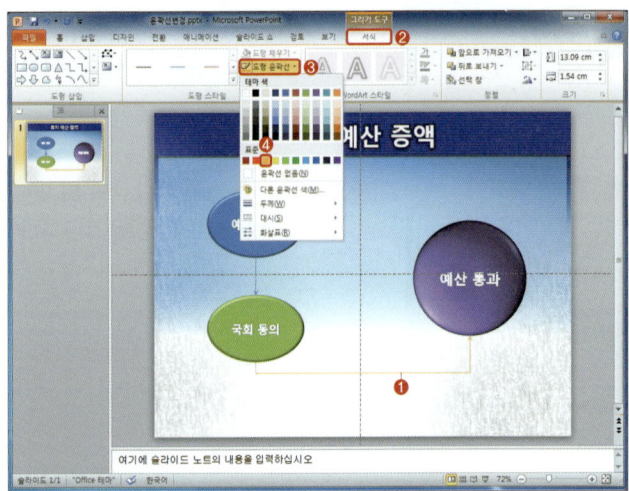

01 [파일] 탭-[열기]를 이용해 '윤곽선변경.pptx' 파일을 불러옵니다. 슬라이드의 화살표를 선택합니다. 색을 변경하기 위해 [그리기 도구]의 [서식] 탭-[도형 스타일] 그룹-[도형 윤곽선]을 선택하고, [테마 색]-[표준색]-[주황]을 클릭합니다.

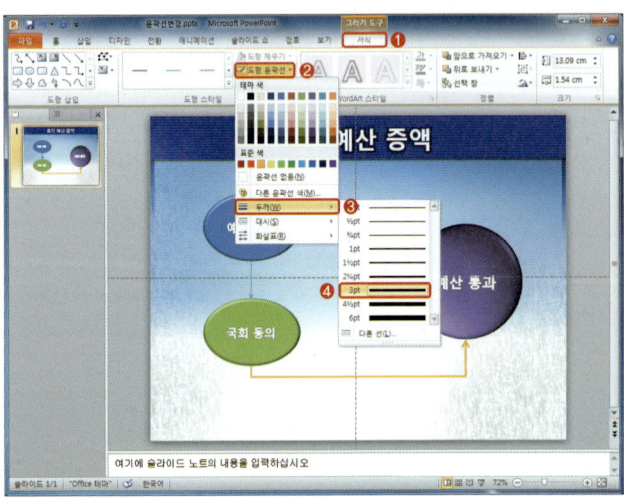

02 두께를 변경하기 위해 [그리기 도구]의 [서식] 탭-[도형 스타일] 그룹-[도형 윤곽선]에서 [두께]-[3pt]를 클릭합니다. 이번에는 선의 모양을 변경하기 위해 [서식] 탭-[도형 스타일] 그룹-[도형 윤곽선]에서 [화살표]-[화살표 스타일11]을 선택합니다.

(2) 도형의 색 변경하기

• 예제 파일 : PPT\도형색변경.pptx

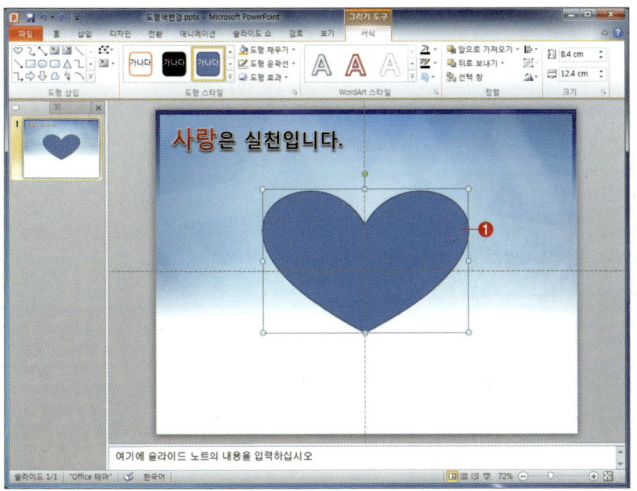

01 [파일] 탭-[열기]를 이용해 '도형색변경.pptx' 파일을 불러옵니다. 슬라이드 창의 '하트' 도형을 선택합니다.

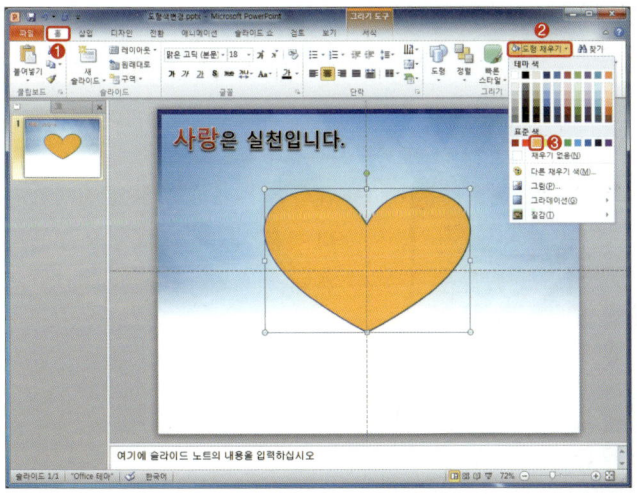

02 [홈] 탭-[그리기] 그룹-[도형 채우기]의 [표준 색]-[주황]을 클릭합니다.

알·고·가·자

도형의 다양한 색상 변경하기

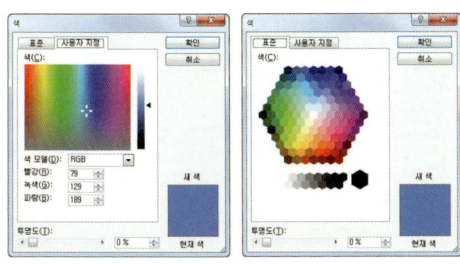

도형의 색상 변경은 크게 [그리기 도구]의 [서식] 탭-[도형 스타일] 그룹의 [도형 채우기]와 [빠른 스타일]에서도 변경할 수 있습니다. 도형 채우기는 [테마 색], [표준 색]에서 선택할 수 있으며 다른 색을 지정하려면 [도형 채우기]-[다른 채우기 색]을 선택하여 임의의 색을 적용할 수 있습니다. 또 도형의 투명도, 그림, 그라데이션, 질감 등 다양한 채우기 효과를 적용할 수 있습니다.

(3) 빠른 스타일로 도형 색상 변경하기

빠른 스타일은 도형에 적용할 수 있는 '도형 채우기', '도형 윤곽선', '도형 효과'를 미리 지정해 놓은 스타일로 [홈] 탭-[그리기] 그룹-[빠른 스타일]이나 [그리기 도구]의 [서식] 탭-[도형 스타일] 그룹-[도형 스타일]에서 지정할 수 있습니다.

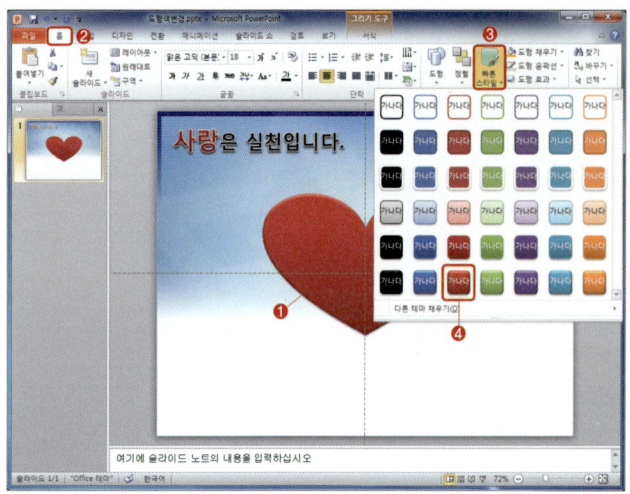

01 스타일을 지정할 도형을 선택합니다. [홈] 탭-[그리기] 그룹-[빠른 스타일]을 클릭한 후 [강한 효과]-[빨강, 강조2]를 클릭하여 빠르게 도형 색상을 적용할 수 있습니다.

(4) 빠른 스타일의 다른 테마 채우기

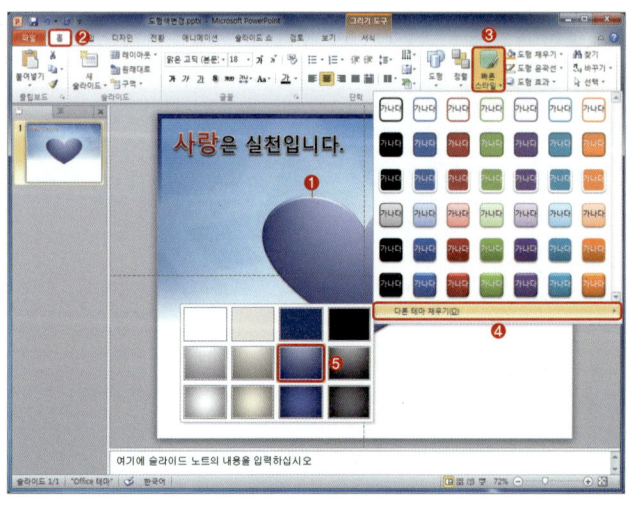

01 테마를 변경할 도형을 선택합니다. [홈] 탭-[그리기] 그룹-[빠른 스타일]을 클릭한 후 [다른 테마 채우기]-[스타일7]을 클릭하여 빠르게 도형에 스타일을 적용할 수 있습니다.

> **TIP** 배경에 도형이 자연스럽게 겹쳐 보이게 하고 싶다면 도형의 투명도를 조절하여 이미지를 반투명하게 할 수 있습니다. 도형을 선택하고 마우스 오른쪽 버튼을 클릭한 후 [도형 서식]을 선택하여 [채우기]-[단색 채우기]-[채우기 색]에서 투명도를 조절합니다.

05 | 그림과 질감 패턴 채우기

기본 색과 그라데이션으로 도형에 색상을 채울 수도 있지만 그림, 질감, 패턴으로도 도형을 채울 수 있습니다. 특히 도형에 그림 채우기를 이용하면 특정한 키워드를 강조할 수 있습니다.

• 예제 파일 : PPT\도형그림삽입.pptx, 팽귄.jpg

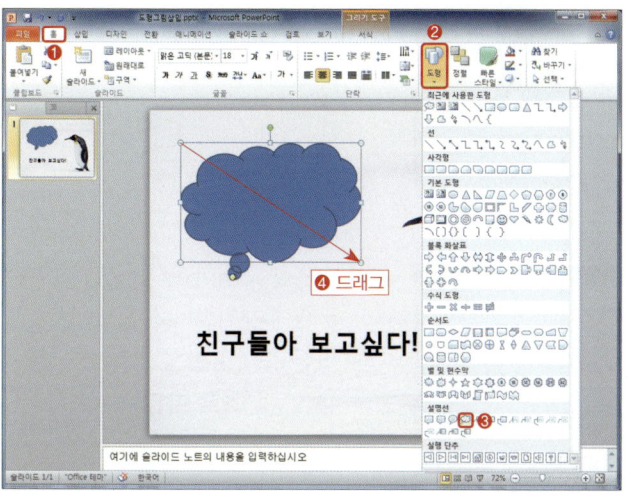

01 [파일] 탭-[열기]를 클릭하고 '도형그림삽입.pptx' 파일을 불러옵니다. [홈] 탭-[그리기] 그룹-[도형]을 클릭한 후 도형 갤러리에서 [설명선]-[구름 모양 설명선]을 클릭합니다. 슬라이드 창에서 드래그하여 '구름 모양 설명선' 도형을 삽입합니다.

02 삽입한 구름 도형을 선택합니다. [그리기 도구]의 [서식] 탭-[도형 스타일] 그룹-[도형 채우기]를 클릭한 후 [그림]을 선택합니다.

 도형에 삽입하는 이미지는 도형의 가로, 세로 비율에 맞춰지게 됩니다. 따라서 삽입하려는 이미지가 도형의 가로, 세로 비율과 동일해야 이미지가 깨지는 왜곡 현상이 나타나지 않습니다.

03 [그림 삽입] 대화상자에서 삽입하려는 그림을 선택한 후 [삽입] 버튼을 클릭합니다.

04 선택한 그림이 '구름 모양 설명선' 도형에 채워집니다. '구름 모양 설명선' 도형의 모양 조절 핸들 위치를 오른쪽으로 이동합니다.

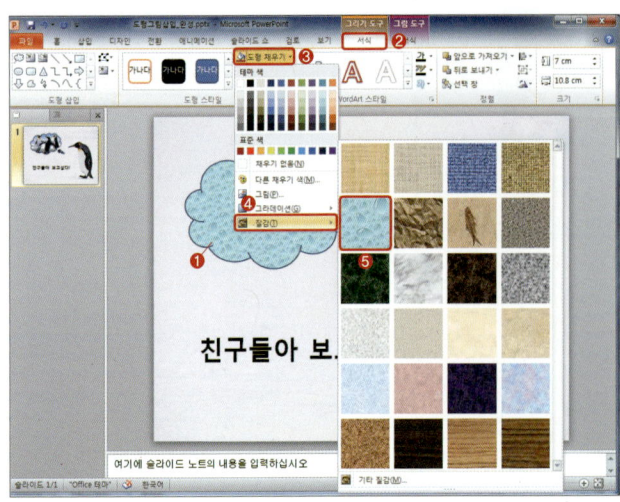

05 이번에는 질감을 채워 보기 위해 도형을 선택합니다. [그리기 도구]의 [서식] 탭-[도형 스타일] 그룹-[도형 채우기]를 클릭한 후 [질감]-[작은 물방울]을 선택합니다.

06 선택한 질감이 구름 도형에 채워 집니다.

알·고·가·자

크기가 다른 이미지 쉽게 크기 맞추기

삽입하려는 이미지의 크기가 모두 다를 경우 이미지의 크기와 비율을 조절하는 작업 시간이 생각보다 오래 소요됩니다. 다양한 크기의 이미지를 여러 개 삽입하는 경우는 '모서리가 둥근 직사각형'을 하나 그린 다음 도형을 복사하여 각각의 도형에 이미지를 삽입하면 쉽게 같은 크기의 이미지로 만들 수 있습니다.

06 | 3차원 도형 세부 서식 적용하기

3차원 효과는 회전과 원근감 적용뿐만 아니라 입체 효과와 색상 및 조명의 특성 등 다양한 변형이 가능하여 폭넓은 활용이 가능합니다. 그럼 좀 더 자세한 세부 설정을 확인해 보겠습니다.

• 예제 파일 : PPT\3차원도형2.pptx

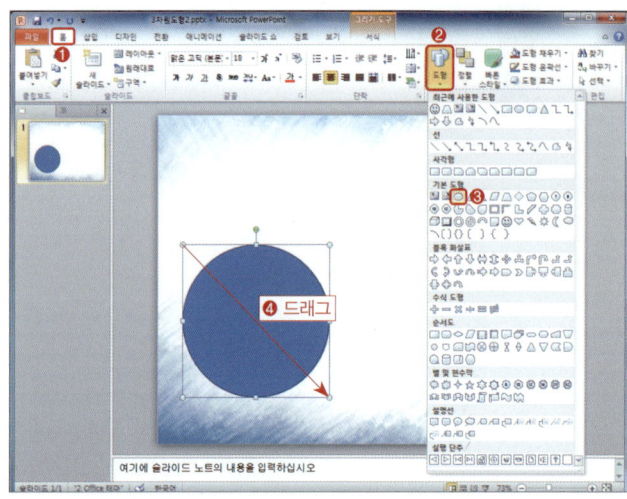

01 [파일] 탭-[열기]를 클릭하고 '3차원도형2.pptx'를 불러옵니다. [홈] 탭-[그리기] 그룹-[도형]을 클릭한 후 도형 갤러리에서 [기본 도형]-[타원]을 클릭합니다. 슬라이드 창에서 드래그하여 타원을 삽입합니다.

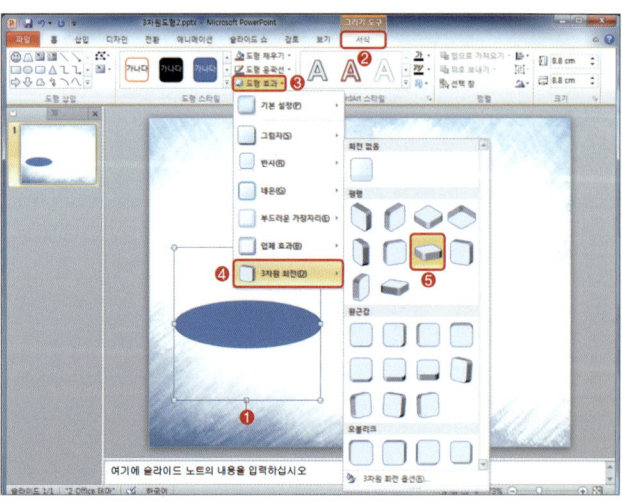

02 삽입한 '타원' 도형을 선택합니다. [그리기 도구]의 [서식] 탭-[도형 스타일] 그룹-[도형 효과]를 클릭한 후 [3차원 회전]-[평행]-[축 분리 1위로]를 선택합니다.

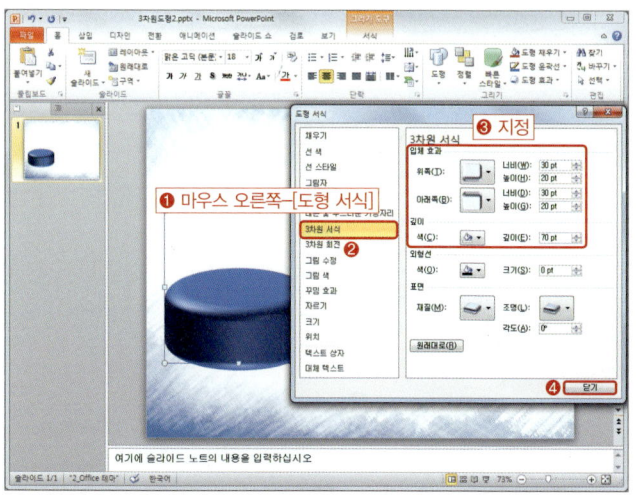

03 도형을 선택하고 마우스 오른쪽 버튼을 클릭한 후 [도형 서식]을 클릭합니다. [도형 서식] 대화상자의 [3차원 서식] 탭에서 위쪽 너비를 '30pt'로, 높이를 '20pt'로, 아래쪽 너비를 '30pt'로, 높이를 '20pt'로, 깊이를 '70pt'로 지정한 후 [닫기] 버튼을 클릭합니다.

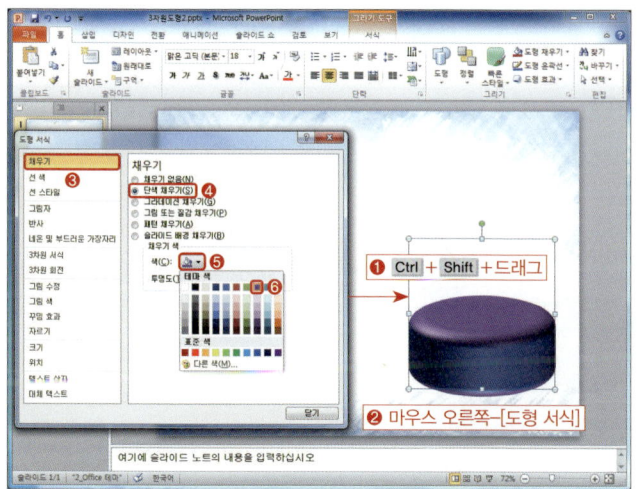

04 도형을 선택하고 Ctrl + Shift + 드래그하여 도형을 복사합니다. 복사한 도형을 선택하고 마우스 오른쪽 버튼을 클릭하여 [도형 서식]을 클릭합니다. [도형 서식] 대화상자에서 [채우기] 탭을 선택합니다. [단색 채우기]의 '채우기 색'에서 '자주, 강조4'를 선택합니다.

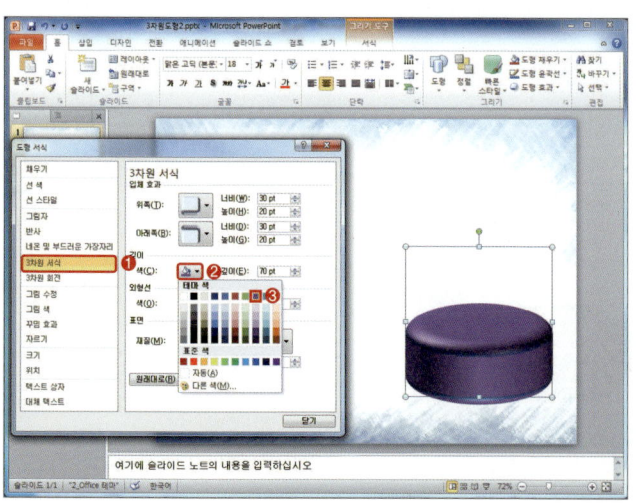

05 [도형서식] 대화상자의 [3차원 서식] 탭을 선택합니다. '깊이'-'색'에서 '자주, 강조4'를 선택합니다.

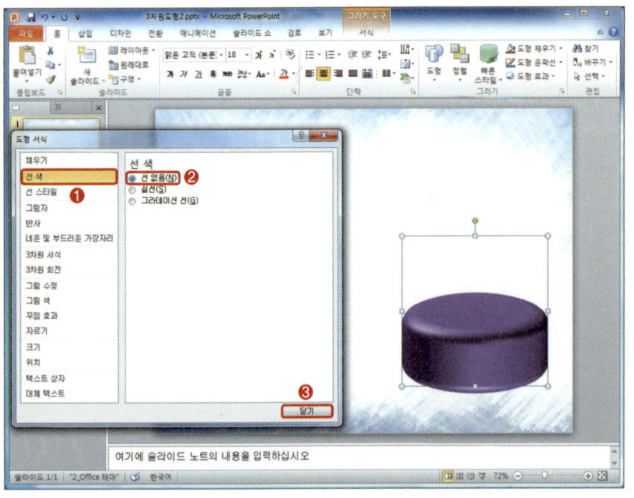

06 상단과 하단에 청색선이 보입니다. 같은 색으로 변경하기 위해서 [도형 서식] 대화상자의 [선 색] 탭을 선택합니다. '선 색'에서 '선 없음'을 클릭한 후 [닫기] 버튼을 클릭합니다.

> **TIP** 도형 색상을 변경하더라도 기존에 적용된 깊이 색과 선 색은 같이 변경되는 것이 아니므로 각각 변경해야 합니다.

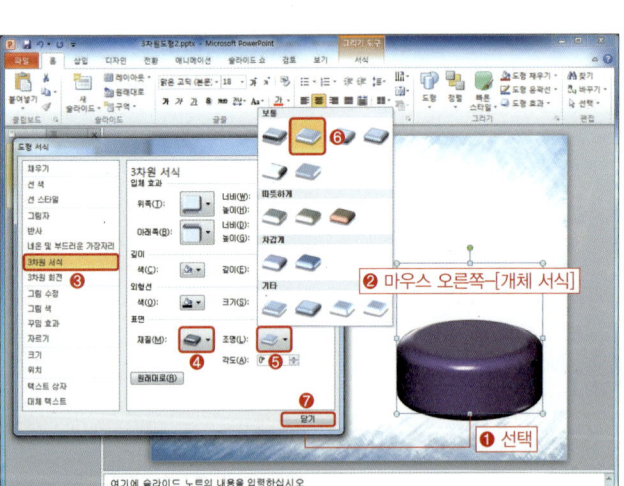

07 두 도형을 모두 선택하고 마우스 오른쪽 버튼을 클릭하여 [개체 서식]을 클릭합니다. [도형 서식] 대화상자의 [3차원 서식] 탭에서 '재질'은 '특수 효과'-'진한 가장자리'를, '조명'은 '보통'-'균형있게'를 선택한 후 [닫기] 버튼을 클릭합니다.

> **TIP** 여러 도형을 동시에 선택하여 [도형 서식] 대화상자를 열 때 마우스 오른쪽 버튼을 클릭하면 [도형 서식]이 아닌 [개체 서식]으로 변경되어 나타납니다.

08 도형에 3차원 입체 효과와 재질, 조명을 표현하여 3차원 도형이 만들어집니다.

알·고·가·자

표면의 재질, 조명, 각도

3차원 입체 도형은 캐릭터 디자인 또는 건축물 렌더링 작업에 사용되는 프로그램으로 제작하였으나 파워포인트 2010에서는 3차원 효과를 활용하여 다른 프로그램을 사용하지 않고도 멋진 3D 도형 제작이 가능합니다. 3차원 효과는 면을 표현하는데 있어 질감과 입사되는 빛의 각도에 따라 다양한 형태의 색상을 표현할 수 있습니다.

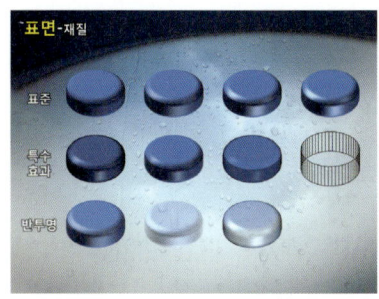
▲ 표면 재질 효과

▲ 표면 조명 효과

07 | 입체효과로 아쿠아 도형 만들기

입체 도형 중 가장 많이 사용되는 것이 아쿠아 도형입니다. 파워포인트 2010 버전은 다양한 기능을 제공하여 포토샵과 같은 그래픽 프로그램을 사용하지 않고도 쉽게 아쿠아 도형을 만들 수 있습니다.

• 예제 파일 : PPT\아쿠아.pptx

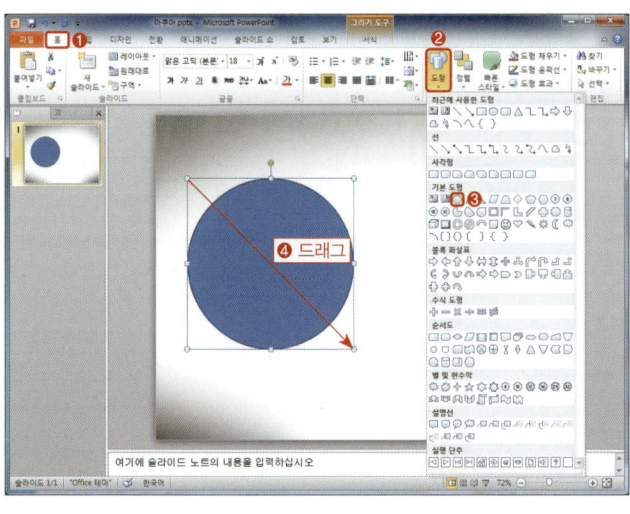

01 [파일] 탭-[열기]를 클릭하고 '아쿠아.pptx'를 불러옵니다. [홈] 탭-[그리기] 그룹-[도형]을 클릭한 후 도형 갤러리에서 [기본 도형]-[타원]을 클릭합니다. 슬라이드 창에서 드래그하여 타원을 삽입합니다.

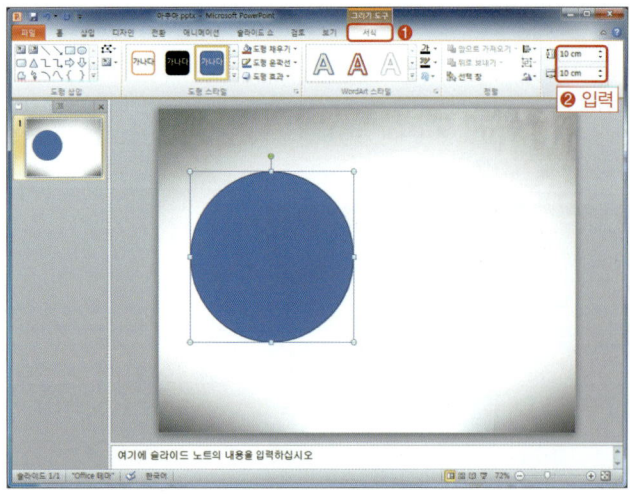

02 삽입한 타원 도형을 선택합니다. [그리기 도구]의 [서식] 탭-[크기] 그룹에서 도형 높이를 '10cm'로, 도형 너비를 '10cm'로 입력합니다.

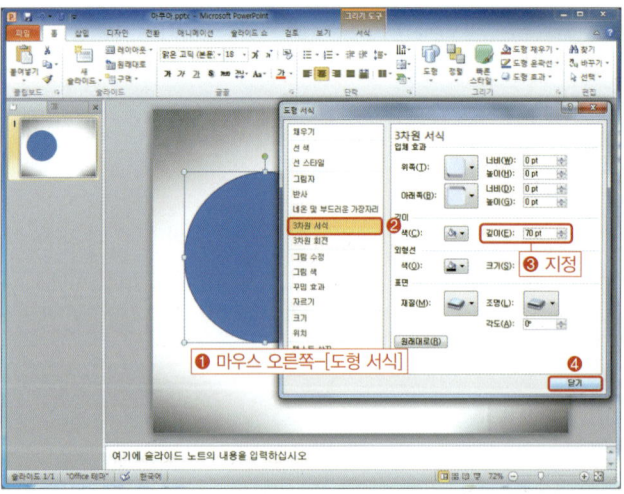

03 도형을 마우스 오른쪽 버튼으로 클릭한 후 [도형 서식]을 클릭합니다. [도형 서식] 대화상자의 [3차원 서식] 탭에서 '깊이'를 '70pt'로 지정한 후 [닫기] 버튼을 클릭합니다.

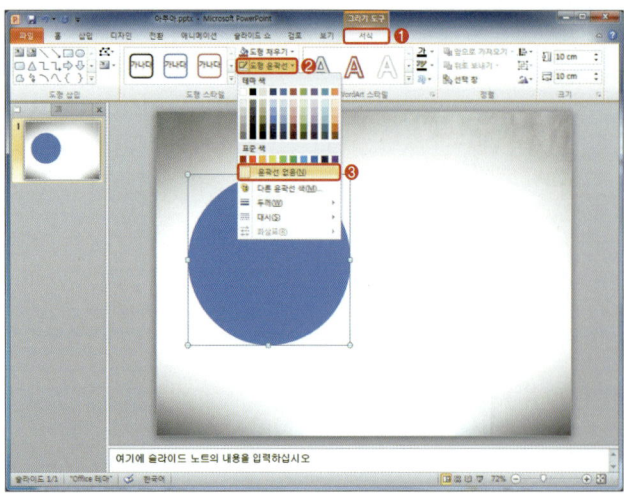

04 [그리기 도구]의 [서식] 탭-[도형 스타일] 그룹-[도형 윤곽선]을 클릭하고 '윤곽선 없음'을 선택합니다.

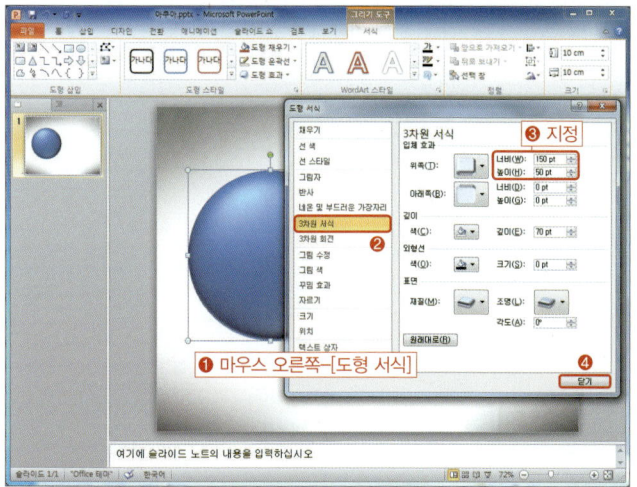

05 도형을 선택하고 마우스 오른쪽 버튼을 클릭한 후 [도형 서식]을 클릭합니다. [도형 서식] 대화상자의 [3차원 서식] 탭에서 위쪽 너비를 '150pt'로, 높이를 '50pt'로 입력한 후 [닫기] 버튼을 클릭합니다.

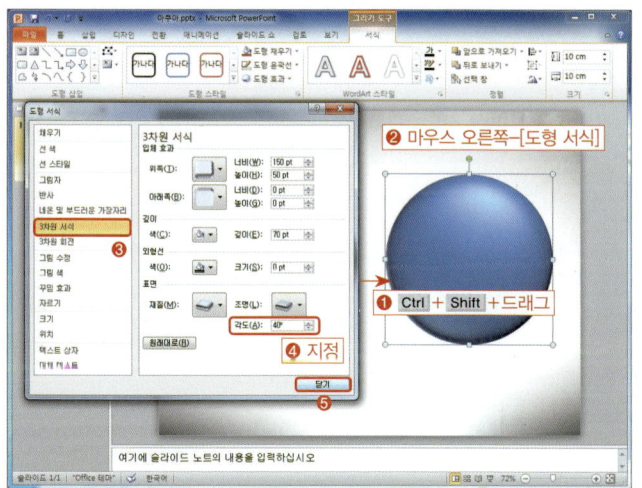

06 다른 아쿠아 도형을 만들어 보기 위해 도형을 Ctrl + Shift +드래그하여 복사합니다. 복사한 도형을 선택하고 마우스 오른쪽 버튼을 클릭한 후 [도형 서식]을 클릭합니다. [도형 서식] 대화상자의 [3차원 서식] 탭에서 표면 각도를 '40°'로 입력한 후 [닫기] 버튼을 클릭합니다.

TIP 도형의 크기에 따라 입체 효과의 위쪽 너비와 높이가 달라지므로 도형의 크기 변경 시 입체 효과의 너비와 높이를 조절합니다. 또 표면의 옵션과 각도에 따라서 다양한 느낌의 아쿠아 버튼을 만들 수 있습니다.

PREZI & PRESENTATION

PART

04

파워포인트와
프레지의 만남

💬 프레지에서 구현할 수 없는 개체의 디자인 효과들은 파워포인트에서 구현이 가능합니다. 따라서 파워포인트의 디자인 요소와 프레지의 역동적인 요소의 장점만을 취하는 프레젠테이션 실무가 필요한 시점입니다. 이번 파트에서는 파워포인트와 프레지의 장점만을 이용한 프레젠테이션을 제작해 보겠습니다.

01 CHAPTER
파워포인트로 도형 디자인하고 프레지로 발표하기

프레젠터의 상상력과 무한한 아이디어로 완성하는 창조적 프레젠테이션 도구가 프레지라면 파워포인트는 다양한 도형을 활용하여 시각적인 구성을 완성합니다. 프레지는 전체를 구성하는 발표 자료로, 개별적인 요소는 파워포인트의 도형을 활용한다면 완성도 높은 프레젠테이션을 제작할 수 있습니다.

01 | 파워포인트의 원형 도형으로 꾸미는 실전 프레젠테이션

프레지는 원형 개체와 프레임을 자주 사용하지만 원형으로 이미지를 만들 수는 없습니다. 파워포인트 도형을 활용하면 프레지의 사각형 이미지를 원형으로 쉽게 변경할 수 있습니다.

- 사용 예제 : Q01\이미지 터치 예제
- 완성 예제 : Q01\이미지 터치 완성
- 예제 파일 : Q01 폴더

 프레지의 테마가 3D 형태이거나 배경에 이미지를 포함한 경우 원형 객체 안의 이미지는 자연스럽지 못합니다. 또한 객체의 회전은 더욱 디자인을 망치게 됩니다.

파워포인트의 원형 도형 안에 그림을 삽입하고 저장한 후 프레지에 삽입하면 자연스러운 원형 이미지를 쉽게 디자인할 수 있습니다.

(1) 파워포인트에 원형 도형 삽입하기

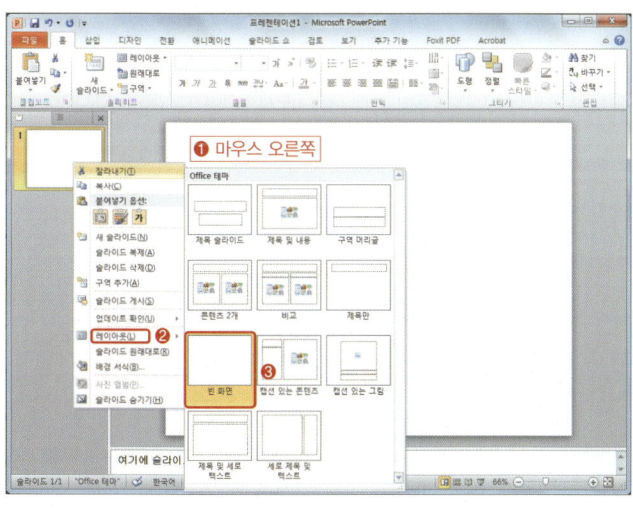

01 파워포인트를 실행하고 마우스 오른쪽 버튼을 클릭하여 [레이아웃]-[빈 화면]을 선택해 레이아웃을 변경합니다.

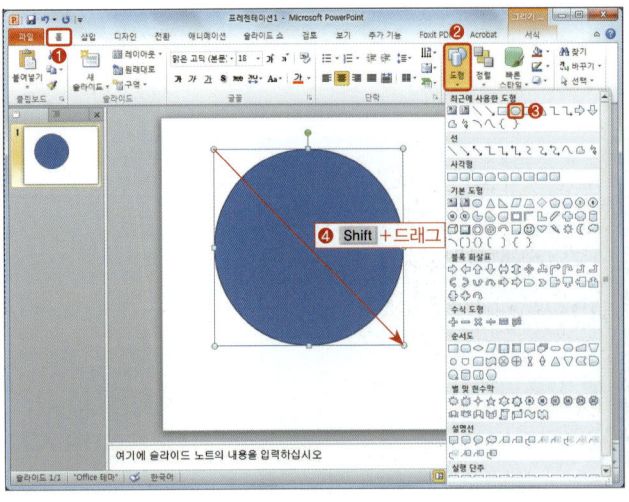

02 [홈] 탭-[그리기] 그룹-[도형]을 클릭하고 [타원]을 선택한 후 Shift 를 누른 채로 원형 도형을 그립니다.

(2) 원형 도형에 그림 삽입하고 저장하기

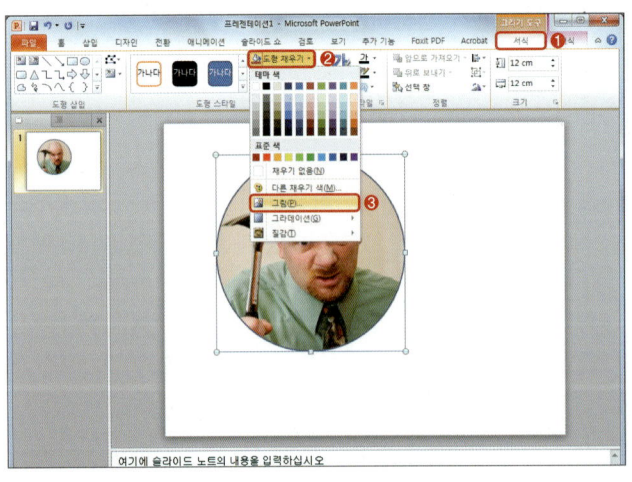

01 원형 도형을 선택하고 [그리기 도구]-[서식] 탭의 [도형 스타일] 그룹-[도형 채우기]-[그림]을 선택합니다.

02 [그림 삽입] 대화상자가 나타나면 예제 파일 중 'ham.jpg'를 선택하고 원형 도형에 그림을 삽입합니다.

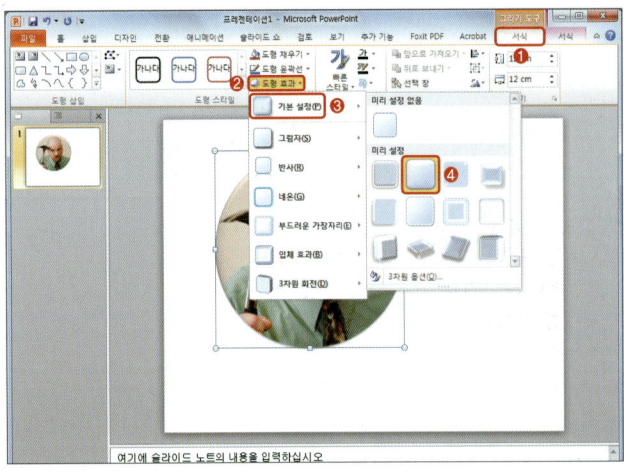

03 원형 도형을 선택하고 [그리기 도구]-[서식] 탭의 [도형 스타일] 그룹-[도형 효과]-[기본 설정]-[미리 설정]-[기본 설정2]를 선택하여 테두리가 자연스럽고 입체적인 도형으로 만듭니다.

04 이미지가 삽입된 도형을 선택하고 마우스 오른쪽 버튼을 클릭하여 [그림으로 저장]을 선택합니다.

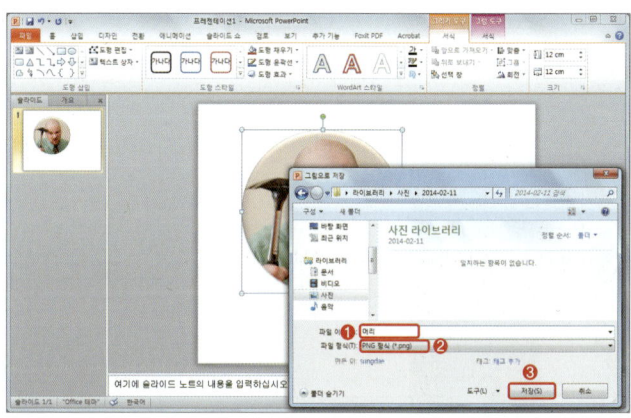

05 '머리.png' 파일로 저장하고 hu.jpg, tu.jpg 파일도 동일한 방법으로 각각 png 파일로 저장합니다.

> **TIP** 왜 jpg가 아닌 png로 저장하나요?
> png 파일은 투명한 영역을 지원합니다. 프레지의 배경색이 있는 경우 png 파일이나 gif 파일을 사용해야 투명한 형태의 원형 이미지를 만들 수 있습니다. gif 포맷은 8bit로 256가지의 색상밖에 사용할 수 없기 때문에 32bit의 트루 컬러를 지원하는 png 파일을 사용하는 것입니다.

(3) 프레지의 패스 확인하기

01 프레지에 로그인한 후 'Q01' 폴더의 예제 바로가기 아이콘을 더블클릭하고 [복사하기]를 클릭합니다. 내 프레지에서 복사된 프레지를 클릭하고 프레지 관리 화면에서 [편집하기]를 클릭하여 프레지 편집을 시작합니다.

02 프레지의 패스는 각각의 객체가 그림처럼 연결되어 있습니다.

(4) 이미지 변경하기

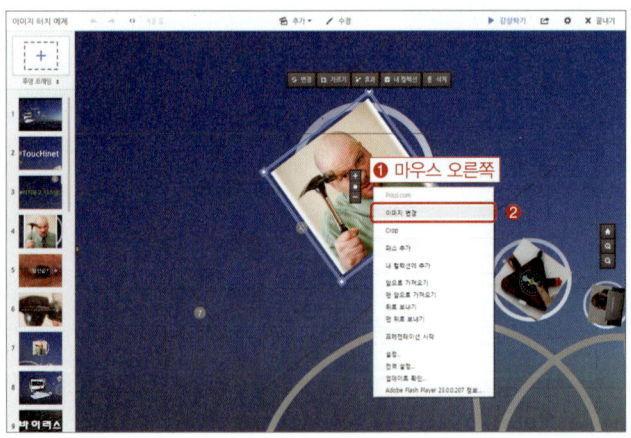

01 변경할 이미지를 주밍으로 확대합니다. 변경할 이미지를 선택하고 마우스 오른쪽 버튼을 클릭하여 [이미지 변경]을 선택합니다.

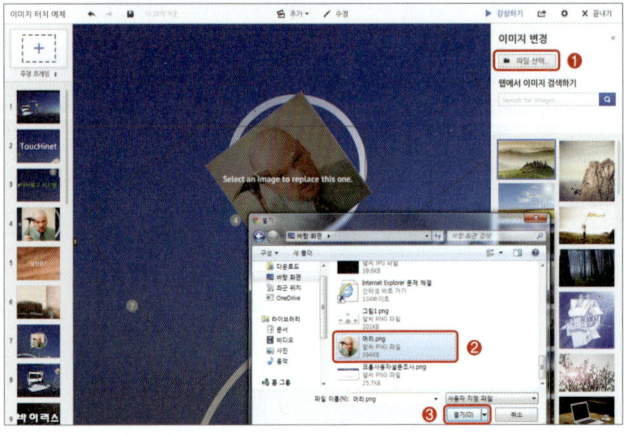

02 [이미지 변경] 속성창의 [파일 선택]을 클릭하고 파워포인트에서 투명 이미지로 저장한 PNG 이미지를 선택한 후 [열기] 버튼을 클릭합니다.

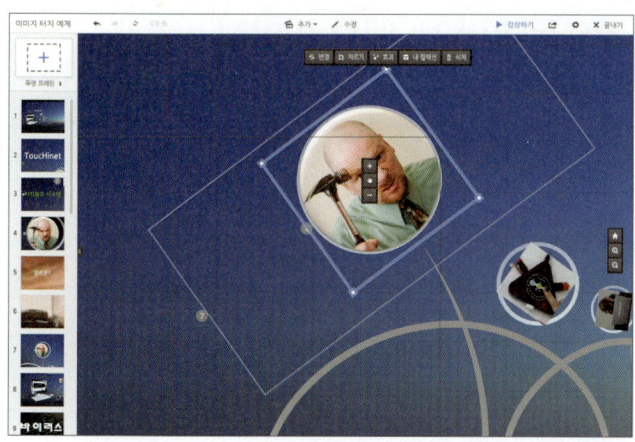

03 변경된 이미지를 선택하여 크기를 원형 프레임에 알맞게 조절합니다.

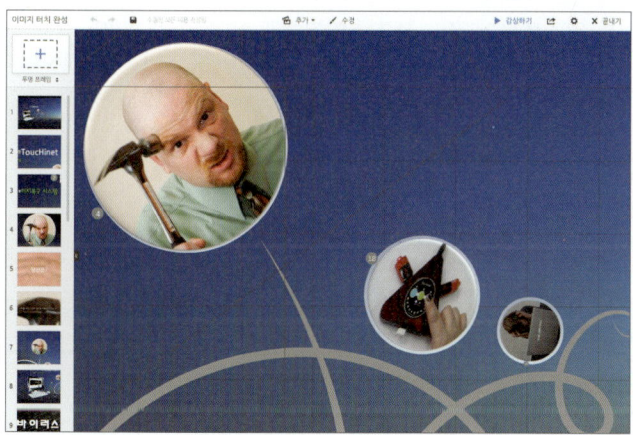

04 파워포인트에서 저장한 나머지 이미지도 모두 변경하고 크기를 조절하여 완성합니다.

02 | 파워포인트 도형으로 만드는 파스텔 배경 이미지

프레지에서 제공되는 다양한 템플릿으로 꾸미는 배경도 훌륭하지만, 다양한 색상과 화려함은 부족합니다. 파워포인트 도형의 투명도를 활용하면 원하는 파스텔의 반투명 배경 이미지를 제작하여 세련되게 표현할 수 있습니다.

- 사용 예제 : Q02\무엇이 필요한가 예제
- 완성 예제 : Q02\무엇이 필요한가 완성
- 예제 파일 : Q02\Q02.pptx

 3D 테마의 텍스트 객체를 활용한 프레지입니다. 3D 테마의 텍스트만으로 충분히 프레지의 강점을 나타내고 있지만, 한편으로는 단조로운 배경이 청중을 따분하게 할 수도 있습니다.

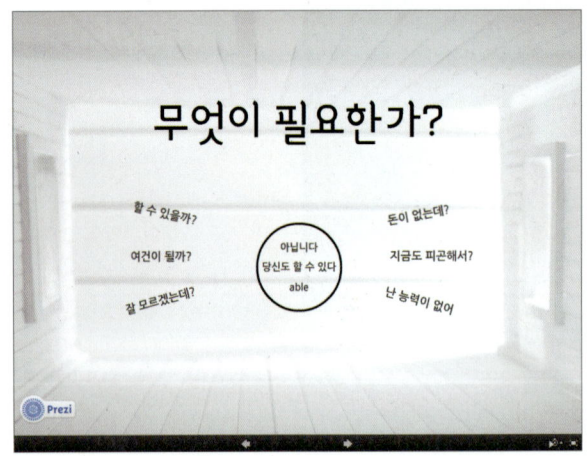

파워포인트 도형의 투명도를 조절하여 저장한 뒤 프레지에 삽입하면 자연스러운 도형 이미지를 쉽게 디자인할 수 있습니다.

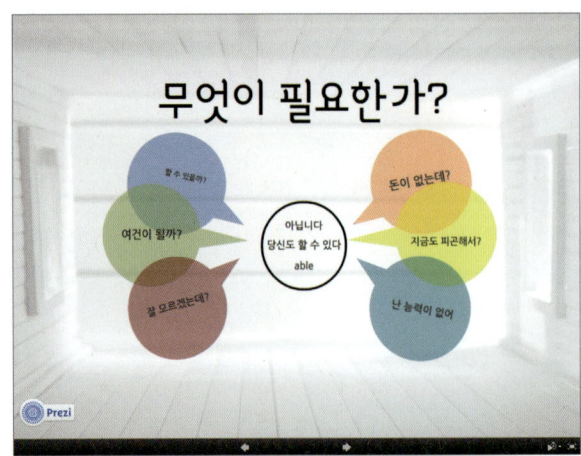

(1) 파워포인트로 배경 도형 제작하기

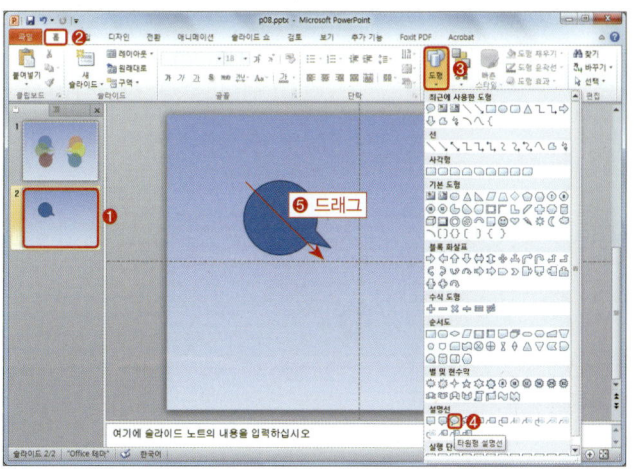

01 'Q02.pptx' 파일을 열고 두 번째 슬라이드를 선택합니다. [홈] 탭-[그리기] 그룹-[도형]을 클릭하고 [설명선]-[타원형 설명선]을 선택하여 도형을 그립니다.

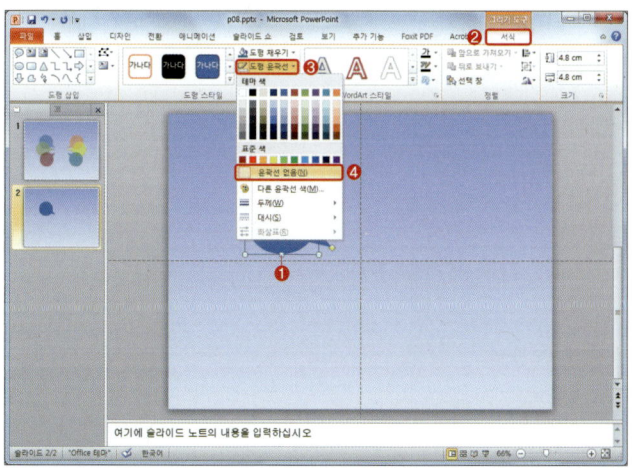

02 도형을 선택하고 [그리기 도구]-[서식] 탭의 [도형 스타일] 그룹-[도형 윤곽선]-[윤곽선 없음]을 선택하여 도형 테두리의 윤곽선을 제거합니다.

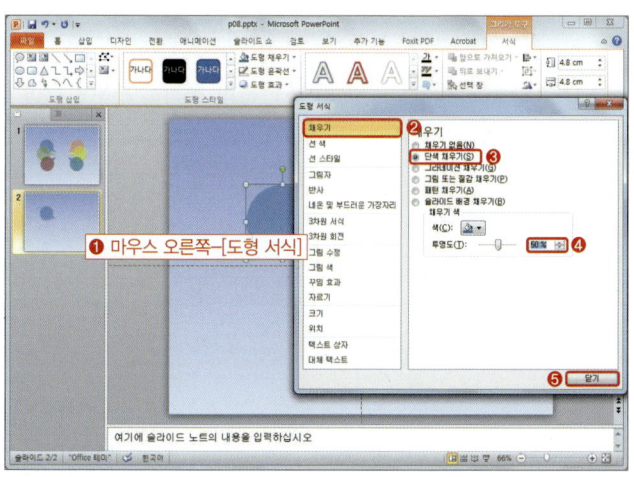

03 도형을 선택하고 마우스 오른쪽 버튼을 클릭한 후 [도형 서식]을 선택하여 [도형 서식] 대화상자를 엽니다. [채우기] 탭을 선택하고 [단색 채우기]에서 투명도를 '50%'로 지정하여 반투명한 도형으로 제작합니다. [닫기] 버튼을 클릭합니다.

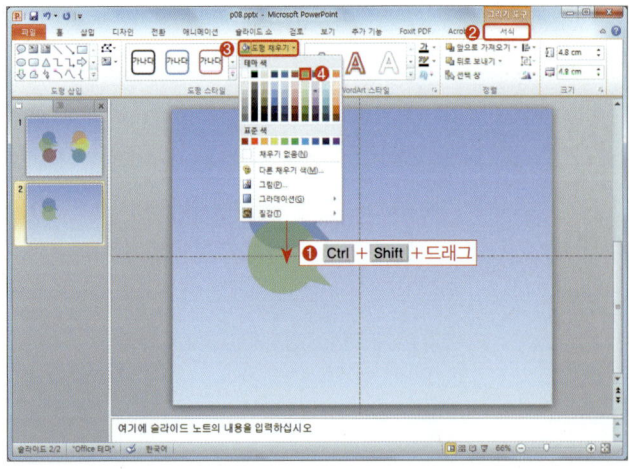

04 도형을 선택하고 Ctrl + Shift 를 누른 채로 아래로 드래그하여 도형을 복사합니다. [그리기 도구]-[서식] 탭의 [도형 스타일] 그룹-[도형 채우기]-[테마 색]-[황록색, 강조3]을 선택하여 도형의 색상을 변경합니다.

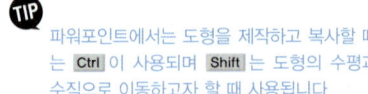

파워포인트에서는 도형을 제작하고 복사할 때는 Ctrl 이 사용되며 Shift 는 도형의 수평과 수직으로 이동하고자 할 때 사용됩니다.

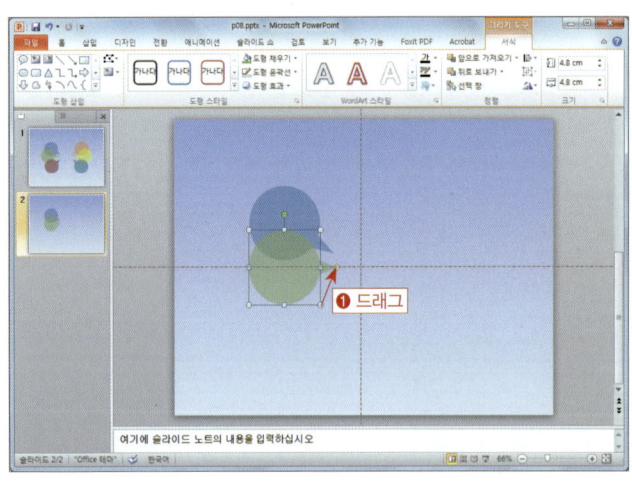

05 도형의 모양 조절 핸들을 위로 드래그하여 다음과 같이 모양을 변경합니다.

06 같은 방법으로 도형을 하나 더 복사하고 색상을 변경한 후 모양 조절 핸들로 말풍선의 모양을 조절하고 도형의 위치를 이동합니다.

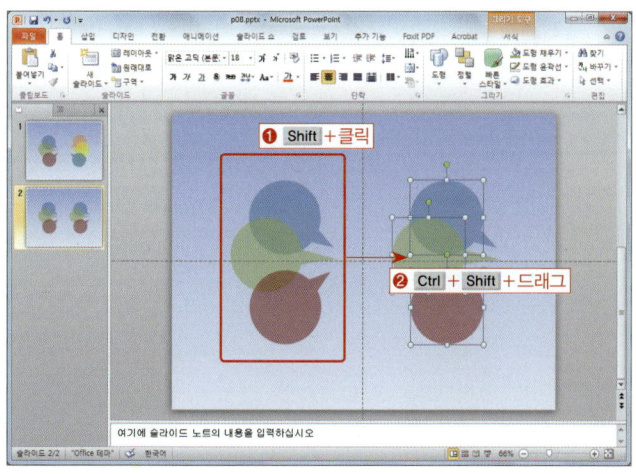

07 도형 3개를 Shift 를 눌러서 모두 선택하고 Ctrl + Shift 를 누른 채로 오른쪽으로 드래그하여 도형을 복사합니다.

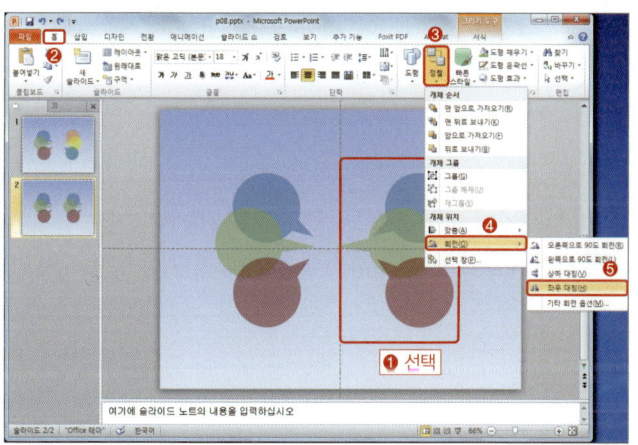

08 도형을 선택하고 [홈] 탭–[그리기] 그룹–[정렬]–[개체 위치]–[회전]–[좌우 대칭]을 선택해서 도형을 좌우로 대칭을 만듭니다.

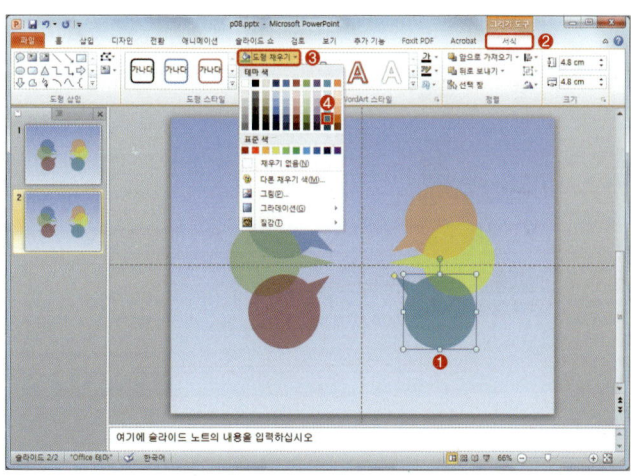

09 복사한 도형을 하나씩 선택하여 [그리기 도구]의 [서식] 탭–[도형 스타일] 그룹–[도형 채우기]에서 색상을 그림처럼 변경합니다.

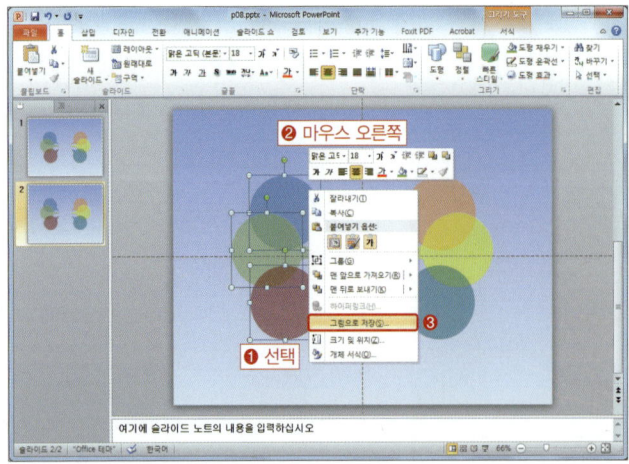

10 그림으로 저장할 왼쪽 도형들을 드래그하여 선택하고 마우스 오른쪽 버튼을 클릭하여 [그림으로 저장]을 선택한 후 png 이미지로 저장합니다. 같은 방법으로 오른쪽 도형들도 동일하게 저장합니다.

TIP 도형을 그룹으로 지정하지 않아도 되나요?
복수 선택된 도형은 모두 함께 하나의 이미지로 저장됩니다. 프레지의 패스 연결이나 기획 의도에 따라 도형을 하나씩 선별하여 저장할 수도 있으며, 많은 도형을 배치하여 한꺼번에 선택하여 저장할 수도 있습니다.

(2) 프레지에서 이미지 삽입하기

01 프레지에 로그인한 후 'Q02' 폴더의 예제 바로가기 아이콘을 더블클릭하고 [복사하기]를 클릭합니다. 내 프레지에서 복사된 프레지를 클릭하고 프레지 관리 화면에서 [편집하기]를 클릭하여 프레지 편집을 시작합니다.

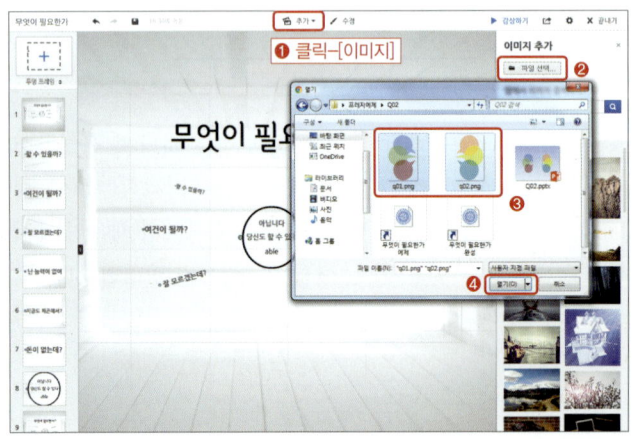

02 [추가]–[이미지]를 선택하고 [이미지 추가] 속성창에서 [파일 선택]을 클릭합니다. 대화상자가 나타나면 파워포인트에서 저장한 이미지를 드래그하여 선택하고 [열기] 버튼을 클릭하여 이미지를 삽입합니다.

03 이미지를 선택하여 기존 텍스트 위에 위치하도록 그림과 같이 크기를 조정하고 배치합니다.

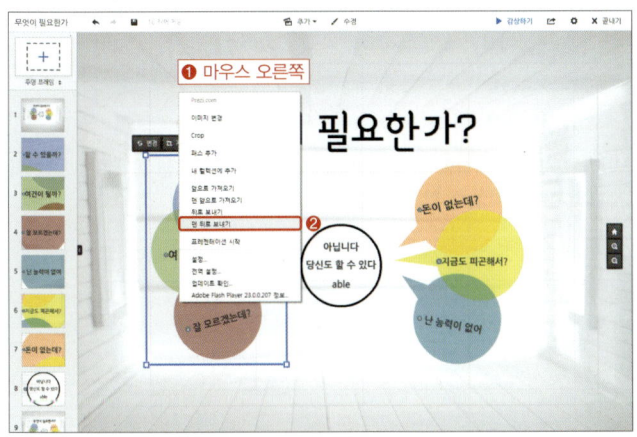

04 이미지를 선택하고 마우스 오른쪽 버튼을 클릭하여 [맨 뒤로 보내기]를 선택합니다. 이미지를 모두 맨 뒤로 보내서 텍스트가 선명하게 잘 보이도록 합니다.

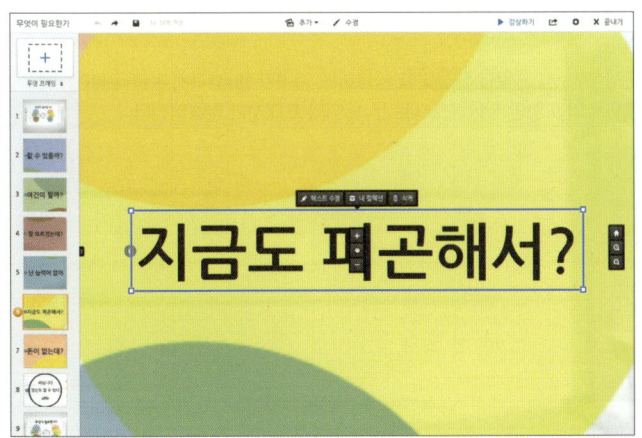

05 각각의 텍스트를 선택하여 배경으로 삽입된 이미지 위에 배치합니다. 패스 경로 창을 확인하면서 텍스트의 가독성이 떨어지거나 색상이 부자연스럽지 않도록 적절하게 텍스트의 크기도 조절합니다.

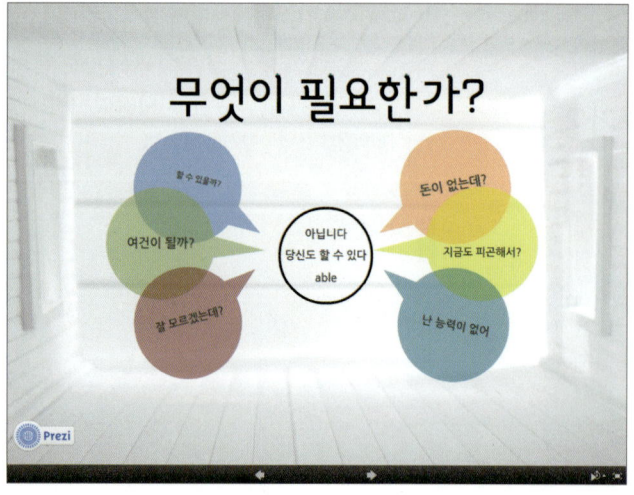

06 전체 패스를 확인하고 [감상하기]를 선택하여 프레지가 잘 연결되는지 확인합니다.

알·고·가·자

파워포인트 도형 활용

전체 프레지의 60% 이상이 템플릿으로 되어 있습니다. 프레지를 제작할 때 디자인적인 요소보다 스토리를 전개하는 것에 더 치중하기 때문이며, 템플릿을 사용하면 더욱 빠르게 프레지를 제작할 수 있기 때문입니다.

▲ 템플릿이 사용된 프레지

기존 템플릿은 사용자가 많기 때문에 학생들의 주제 발표 시 동일한 템플릿을 사용하는 경우가 많습니다. 남들과 다른 독창적인 느낌을 전달하고자 할 때 기존 템플릿에 파워포인트의 도형만 활용해도 새로운 느낌의 프레지가 만들어집니다.

▲ 동일한 템플릿에 파워포인트 도형 이미지를 추가한 프레지

03 | 파워포인트의 강력한 도해를 배경으로 시계열 프레지 제작하기

프레지에 파워포인트 삽입이 가능하지만 그라데이션이나 도형에 입체 효과를 사용하면 프레지는 도형의 색을 표현하지 못합니다. 하지만 프레지의 배경 이미지로 처리하면 깨짐 없이 표현할 수 있습니다. 파워포인트에서 도형으로 도해를 표현하고 시계열 순서로 도형을 배치하는 프레지를 제작해보겠습니다.

- 사용 예제 : Q03\유럽여행일정 예제
- 완성 예제 : Q03\유럽여행일정 완성
- 예제 파일 : Q03\Q03.pptx

Before 프레지의 템플릿과 테마를 수정하여 심플하게 제작된 시계열 형태의 일정입니다. 프레임과 도형만으로도 프레지를 전개하는 데 큰 문제는 없지만, 스토리를 전개하는 발표자의 스킬이 떨어진다면 단조로운 발표로 끝날 수도 있습니다.

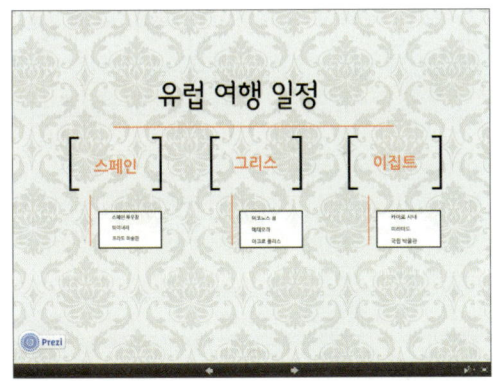

After 파워포인트의 도형은 누구나 쉽게 디자인할 수 있는 강력함을 가지고 있습니다. 도형으로 프레지의 배경을 제작하고 콘텐츠를 삽입하면 청중의 몰입도를 더욱 높일 수 있습니다. 또한 파워포인트와 프레지의 강점만 모아 파워포인트가 프레지처럼 보이는 효과를 낼 수 있습니다.

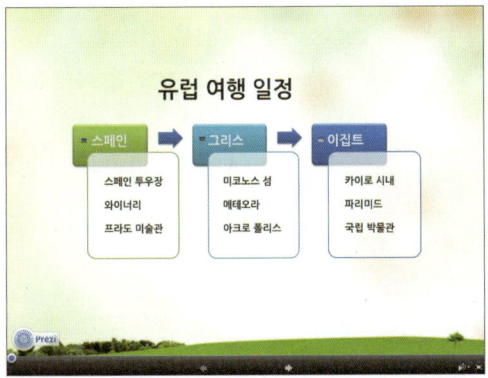

(1) 파워포인트로 메인 도형 제작하기

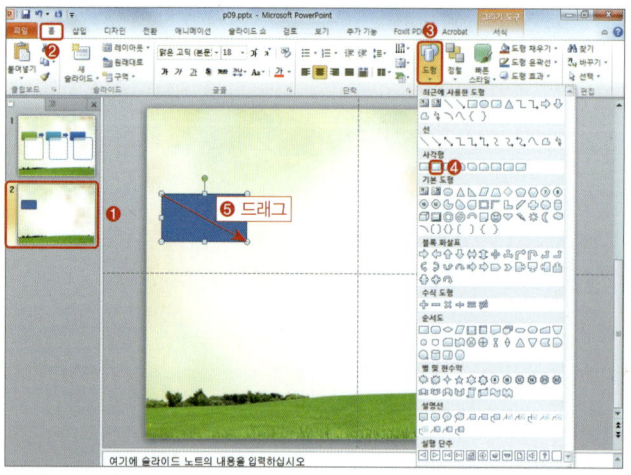

01 'Q03.pptx' 파일을 열고 두 번째 슬라이드를 선택한 후 [홈] 탭-[그리기] 그룹-[도형]을 클릭합니다. 도형 갤러리에서 [사각형]-[모서리가 둥근 직사각형]을 선택한 후 슬라이드에 직사각형을 그립니다.

02 도형을 선택하고 [홈] 탭-[그리기] 그룹-[빠른 스타일]을 클릭한 후 갤러리에서 [강한 효과 - 황록색, 강조3]을 클릭합니다.

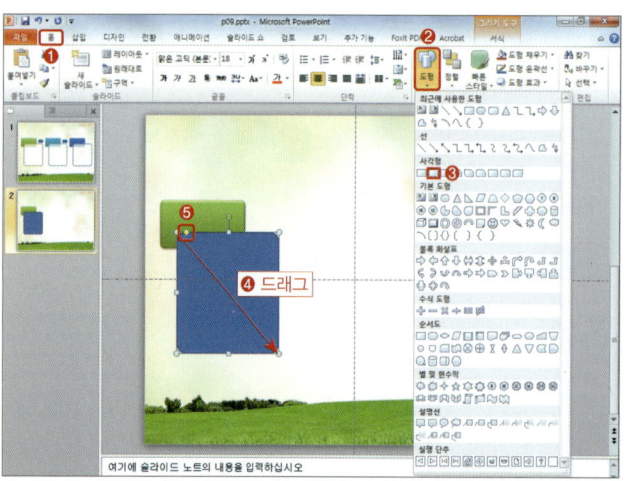

03 [홈] 탭-[그리기] 그룹-[도형]을 클릭한 후 도형 갤러리에서 [사각형]-[모서리가 둥근 직사각형]을 선택하고 [모서리가 둥근 직사각형]을 아래쪽으로 조금 겹치게 그립니다. 모양 조절 핸들을 드래그해서 모서리를 둥글게 조절합니다.

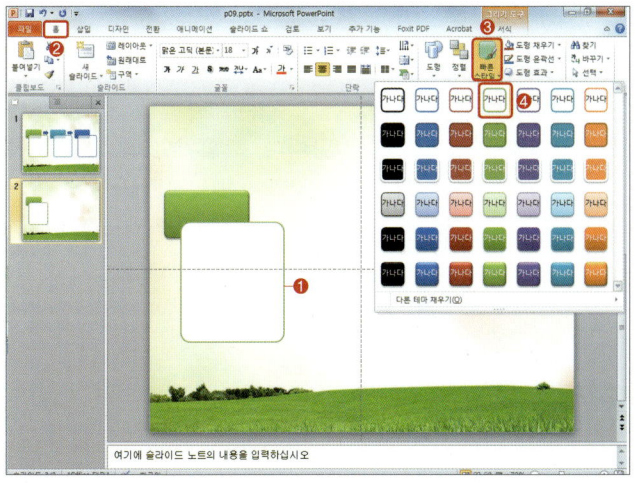

04 도형을 선택하고 [홈] 탭-[그리기] 그룹-[빠른 스타일]을 클릭한 후 갤러리에서 [색 윤곽선 - 황록색, 강조3]을 클릭합니다.

05 도형을 선택하고 마우스 오른쪽 버튼을 클릭하여 [도형 서식]을 선택한 후 [채우기] 탭을 클릭합니다. [단색 채우기]-[채우기 색]에서 투명도를 '30%'로 지정하여 배경과 자연스럽게 어울리도록 투명도를 조절합니다. [닫기] 버튼을 클릭합니다.

(2) 메인 도형 복사하고 스타일 적용하기

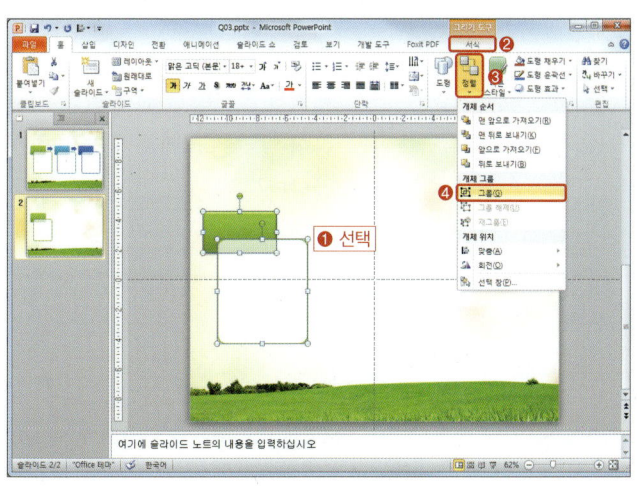

01 완성된 두 개의 도형을 그룹으로 지정하기 위해 마우스로 드래그하여 '모서리가 둥근 직사각형' 도형을 모두 선택한 후 [홈] 탭-[그리기] 그룹-[정렬]-[그룹]을 선택해 그룹을 지정합니다.

> **TIP** 복수의 도형을 선택하고 Ctrl + G 를 눌러 그룹으로 지정할 수 있습니다. 또 마우스 오른쪽 버튼을 클릭하여 [그룹]-[그룹]으로 지정할 수도 있습니다.

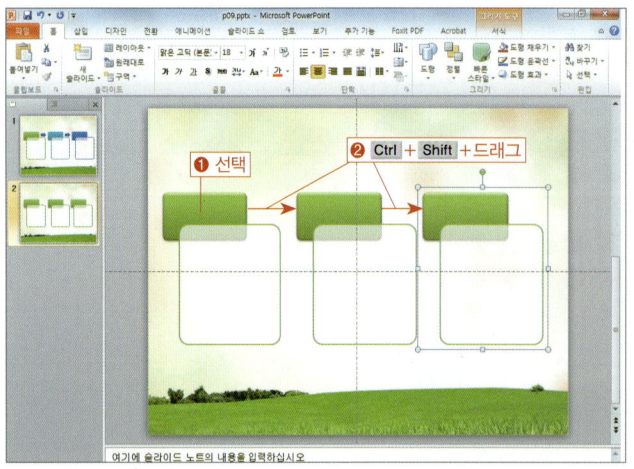

02 그룹으로 지정된 도형을 선택한 후 Ctrl + Shift 를 누른 채 오른쪽으로 드래그하여 개체를 복사합니다. 그림처럼 3개가 되도록 복사해서 배치합니다.

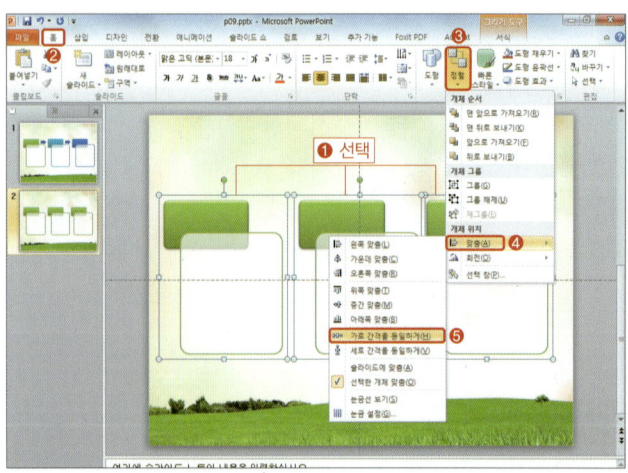

03 도형의 간격을 일정하게 맞추기 위해 3개의 개체를 모두 선택한 후 [홈] 탭-[그리기] 그룹-[정렬]-[맞춤]-[가로 간격을 동일하게]를 클릭합니다.

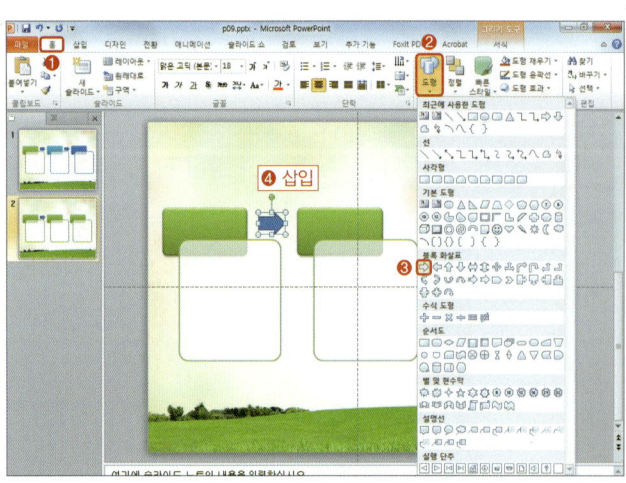

04 [홈] 탭-[그리기] 그룹-[도형]을 클릭한 후 도형 갤러리에서 [블록 화살표]-[오른쪽 화살표]를 클릭해 그림과 같이 개체 사이에 배치하고 모양 조절 핸들을 이용하여 알맞은 크기로 모양을 변경합니다.

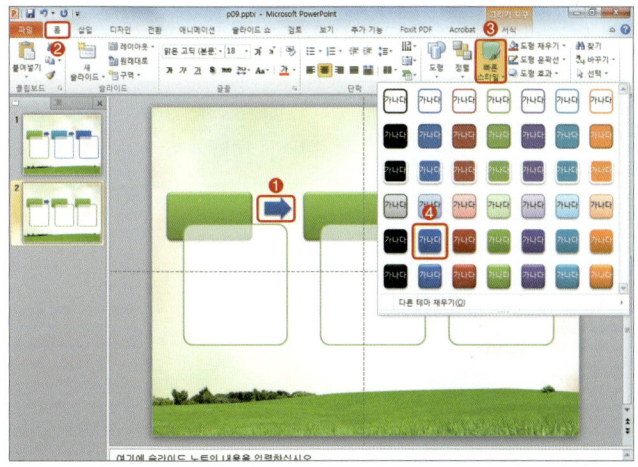

05 화살표에 스타일을 적용하기 위해 도형을 선택하고 [홈] 탭-[그리기] 그룹-[빠른 스타일]을 클릭한 후 갤러리에서 [색 윤곽선 - 황록색, 강조3]을 클릭합니다.

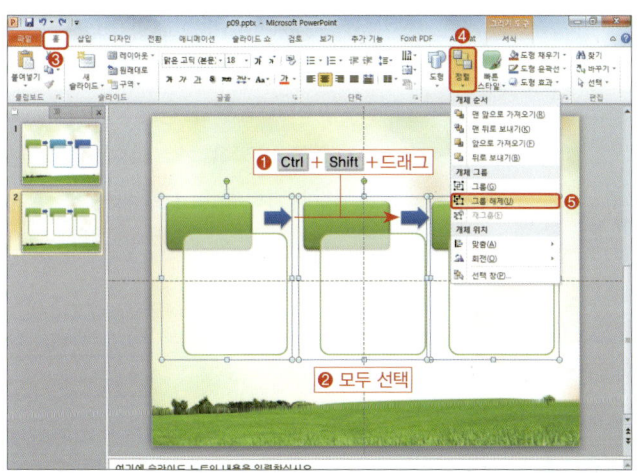

06 화살표 도형을 Ctrl + Shift 를 누른 채로 오른쪽으로 드래그하여 복사합니다. 모든 도형을 선택하여 [홈] 탭-[그리기] 그룹-[정렬]-[개체 그룹]-[그룹 해제]를 클릭하여 그룹을 해제합니다.

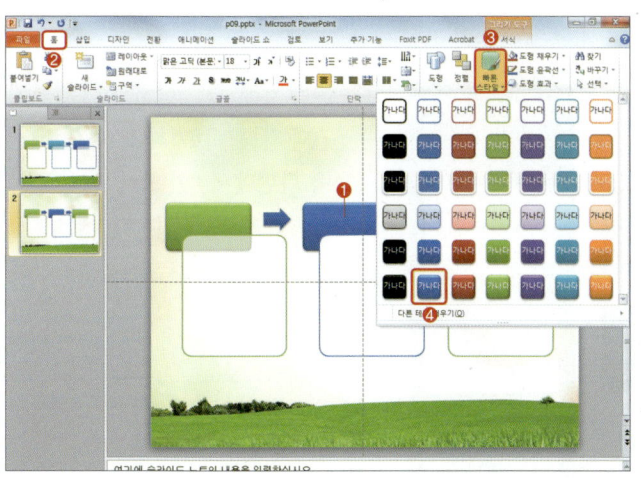

07 색상을 변경하기 위해서 복사한 첫 번째 도형을 선택한 후 [홈] 탭-[그리기] 그룹-[빠른 스타일]-[강한 효과-파랑1, 강조]를 클릭하여 색상을 변경하고, 두 번째 도형은 [강한 효과-파랑1, 강조]로 변경합니다.

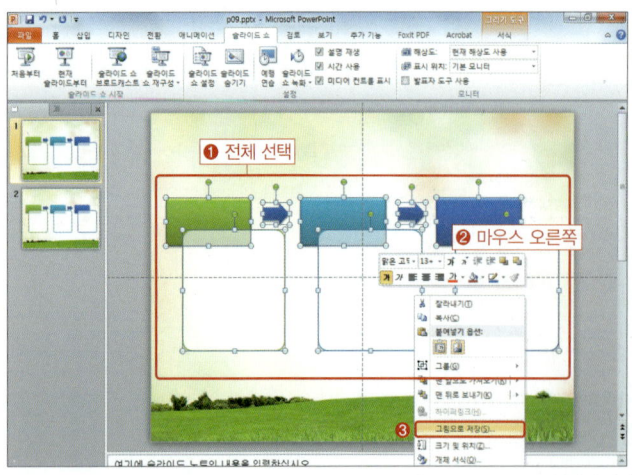

08 전체 도형을 선택하고 마우스 오른쪽 버튼을 클릭한 후 [그림으로 저장]을 선택하여 그림을 저장합니다.

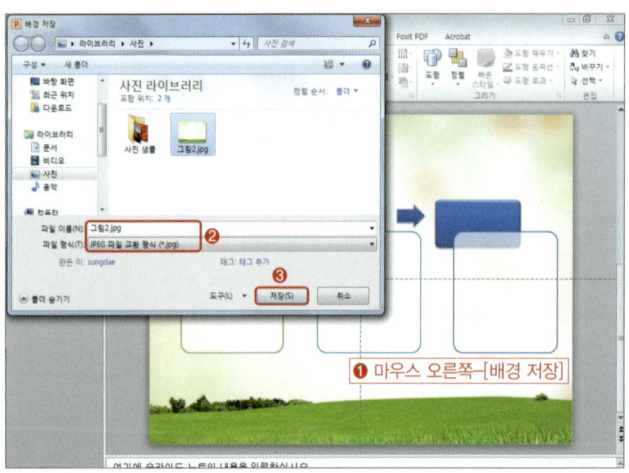

09 프레지에서 3D 배경으로 사용할 이미지를 저장하기 위해서 파워포인트의 빈 공간에서 마우스 오른쪽 버튼을 클릭하여 [배경 저장]을 선택하고 원하는 경로에 배경 이미지를 저장합니다.

(3) 프레지에서 시계열 도해 제작하기

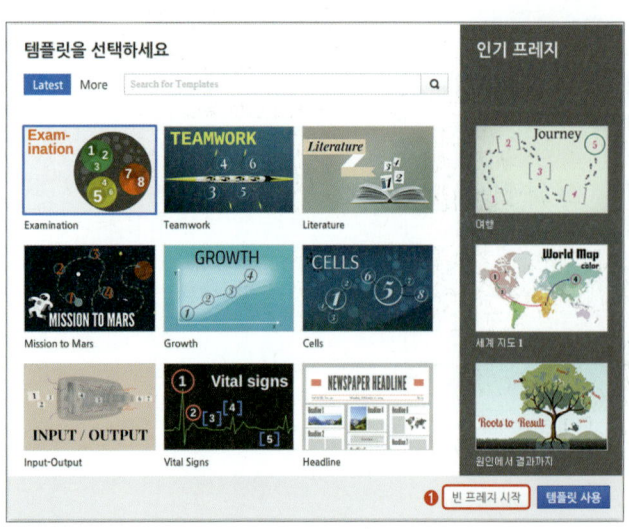

01 프레지에 로그인한 후 [새로운 프레지]를 선택하고 템플릿 선택 화면에서 [빈 프레지 시작]을 클릭하여 프레지를 시작합니다.

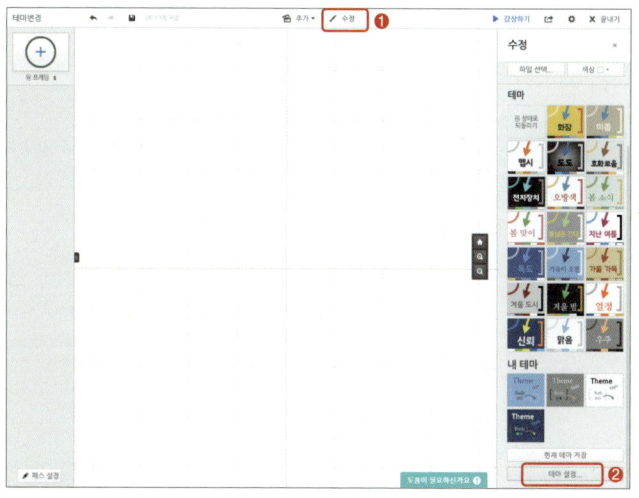

02 기존 원형 프레임을 선택하여 Delete 를 눌러 제거하고 3D 배경을 삽입하기 위해서 [수정] 메뉴에서 [현재 테마 수정하기]를 클릭합니다.

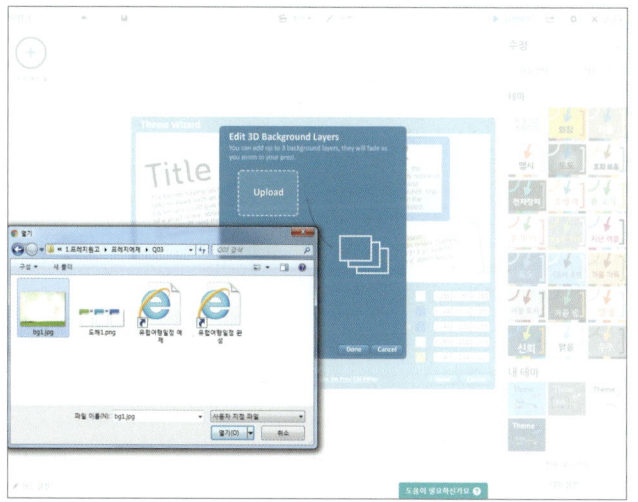

03 테마 마법사에서 [3D background]의 [Edit]를 클릭하고 'Upload'를 선택한 뒤 파워포인트에서 저장한 배경 이미지를 선택하여 추가합니다. [Done]을 클릭하여 배경 테마를 적용합니다.

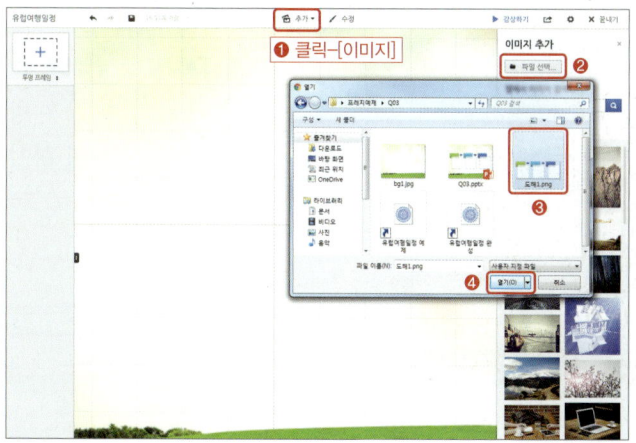

04 파워포인트로 제작한 도형 이미지를 삽입하기 위해서 [추가]-[이미지]를 선택하고 [이미지 추가] 속성창에서 [파일 선택]을 클릭하여 저장된 파워포인트 도형 이미지를 삽입합니다.

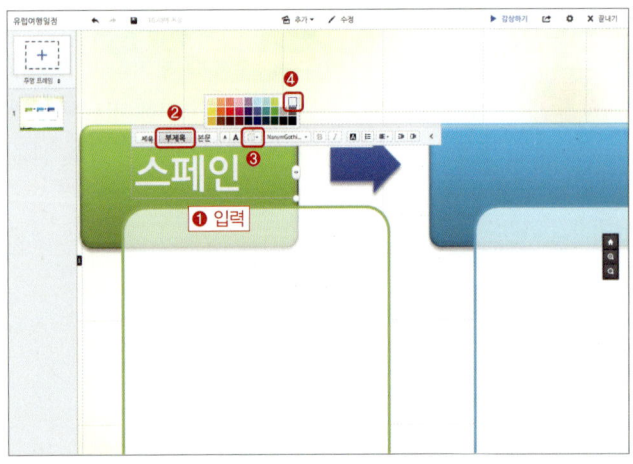

05 3D 배경 이미지에 적당한 크기로 조절하여 배치하고 캔버스를 확대합니다. '스페인'을 입력하고 스타일을 '부제목'으로, 색상을 '흰색'으로 지정합니다.

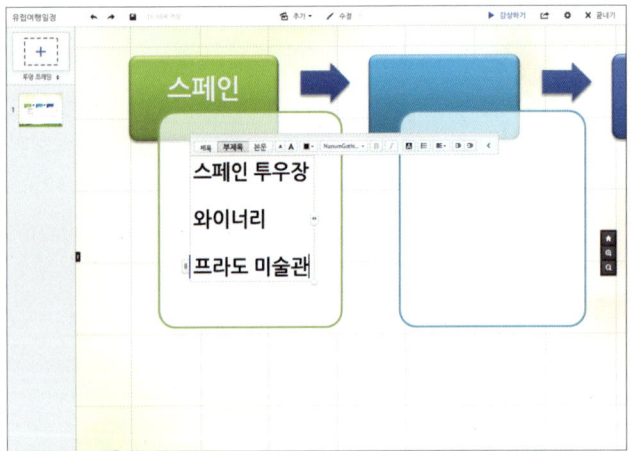

06 다음과 같이 텍스트를 삽입하고 크기를 조절합니다.

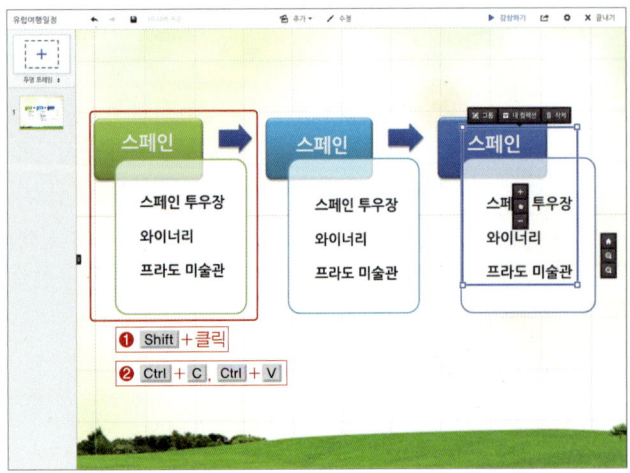

07 입력한 텍스트를 Shift 를 누른 채 클릭하여 선택하고 Ctrl + C 로 복사한 후 Ctrl + V 로 붙여넣기합니다. 다음 도형 위치로 드래그하여 이동시킨 후 같은 방법으로 텍스트를 하나 더 복사하여 배치합니다.

> **TIP** 텍스트를 이동하여 미세하게 위치를 조정할 경우 키보드의 방향키로 세부 조정을 할 수 있습니다.

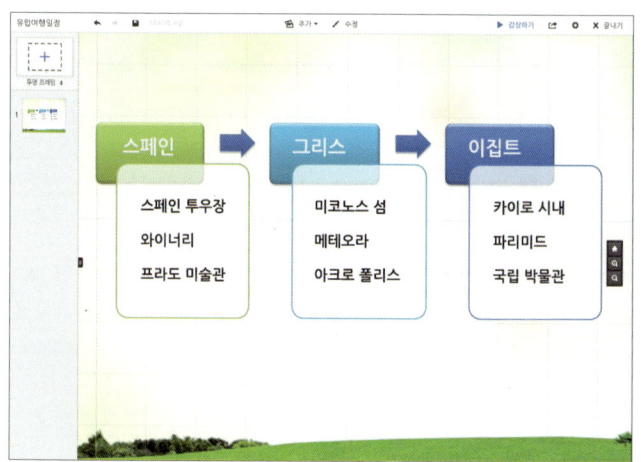

08 텍스트의 내용을 변경하고 배경 도형에 알맞게 배치합니다.

(4) 이미지 삽입하여 키워드 강조하고 패스 연결하기

01 [추가]-[이미지]를 선택하고 [이미지 추가] 속성창의 '웹 사이트에서 이미지 가져오기' 검색창에 '스페인'을 입력하고 검색합니다. 스페인을 잘 표현할 수 있는 이미지를 선택하여 프레지 편집창에 드래그하여 삽입합니다.

02 크기를 조절하여 '스페인' 단어 앞에 글머리 기호처럼 보이도록 배치합니다.

PART 04. 파워포인트와 프레지의 만남 **207**

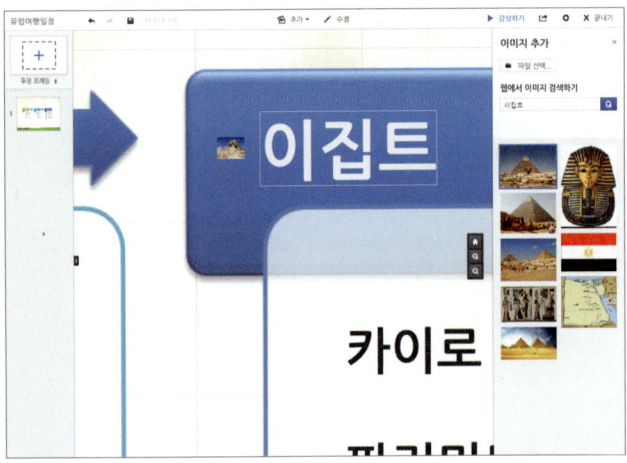

03 '그리스', '이집트' 키워드 도형 위에서도 적절한 이미지를 찾아 다음과 같이 삽입하고 배치합니다.

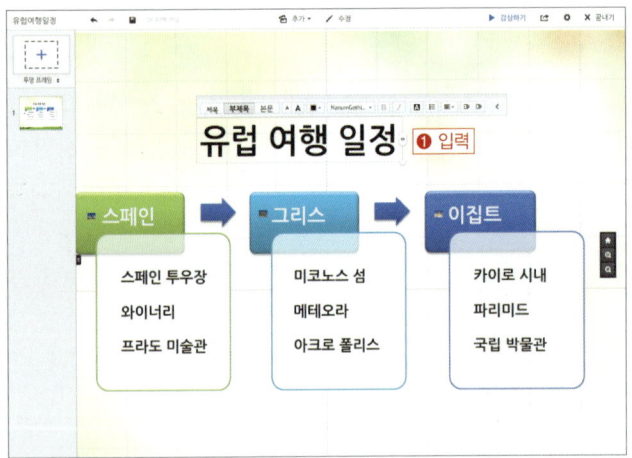

04 상단에 '유럽 여행 일정' 제목 타이틀을 입력하고 프레지의 모든 객체를 완성합니다.

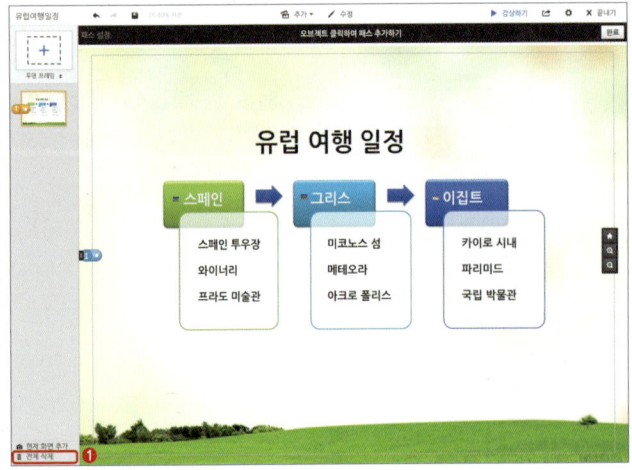

05 패스를 연결해 보겠습니다. 전제적인 내용을 확인할 수 있게 크기를 조절하고 [패스 설정]을 클릭한 후 [현재 화면 추가]를 클릭하여 첫 번째 패스를 지정합니다.

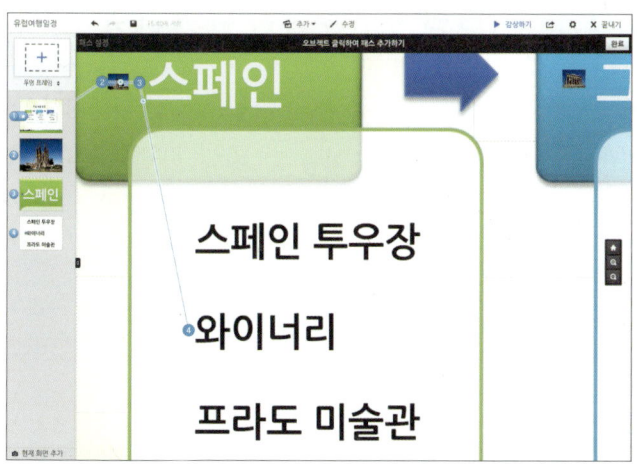

06 이미지와 키워드를 그림과 같이 차례대로 선택하여 패스를 연결합니다.

07 나머지 도해도 다음과 같이 패스를 연결하여 자연스러운 연결이 되도록 처리하고 패스 미리 보기 창에서 어색한 부분이 있다면 텍스트의 크기나 배치를 조절하여 어색하지 않도록 조절합니다. [패스 설정]에서 [완료]를 클릭하고 패스를 마무리하고 [감상하기]를 클릭해 확인해 봅니다.

> **알·고·가·자**
>
> **무료 계정의 구글 이미지 검색창 페널티**

퍼플릭 계정(무료 계정)인 경우 이미지 라이선스 문제로 프레지의 이미지 검색창이 제공되지 않으므로 구글 사이트에서 필요한 이미지를 다운받아 업로드 [추가] 메뉴-[이미지]-[파일 선택]으로 직접 이미지를 업로드해야 합니다.

04 | 파워포인트의 스마트아트로 교육용 3D 프레지 제작하기

프레지는 3D 배경을 지원하여 배경과 객체가 전환되는 공간을 3D로 연출합니다. 하지만 도해나 텍스트를 3D로 처리하는 것은 불가능합니다. 파워포인트의 기능 중 스마트아트를 활용하면 도해를 3D 형태로 제작할 수 있으며 프레지에 3D 객체의 이미지를 삽입할 수 있습니다.

- 사용 예제 : Q04\초등교육의 내용 예제
- 완성 예제 : Q04\초등교육의 내용 완성
- 예제 파일 : Q04\Q04.pptx

초등교육에 관한 스토리를 이야기하는 프레지입니다. 파워포인트로 간단히 작성된 파일을 옮겨서 제작할 경우 이처럼 간단한 형태에 패스를 연결하는 것으로 만족할 수밖에 없습니다.

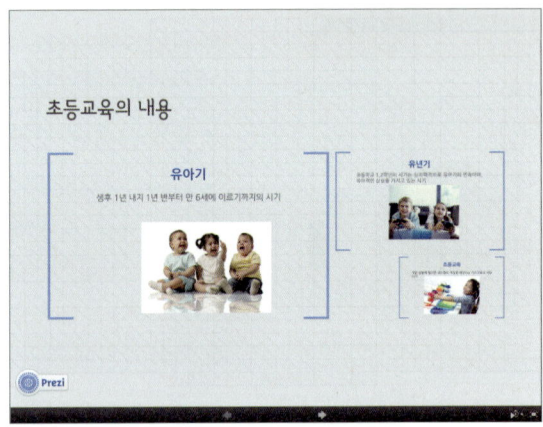

프레지는 교육을 목적으로 사용하기에 적합한 프로그램입니다. 관련된 템플릿과 도구를 제공하고 있지만 안타깝게도 3D 객체를 프레지에서 직접 제작하는 것은 불가능합니다. 파워포인트의 스마트아트를 활용하여 3D 이미지를 제작하면 더욱 멋진 프레지를 완성할 수 있습니다.

(1) 파워포인트 스마트아트 제작하기

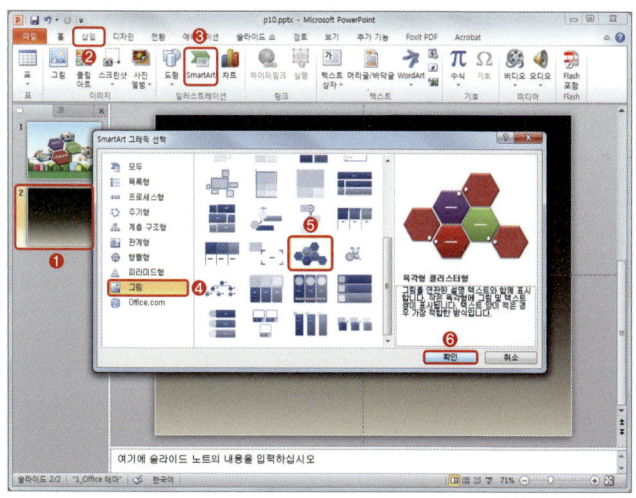

01 파워포인트 예제 'Q04.pptx' 파일을 열고 두 번째 슬라이드를 선택합니다. [삽입] 탭-[일러스트레이션] 그룹-[SmartArt]를 클릭한 후 [SmartArt 그래픽] 대화상자에서 [그림]-[육각형 클러스터형]을 선택하고 [확인] 버튼을 클릭합니다.

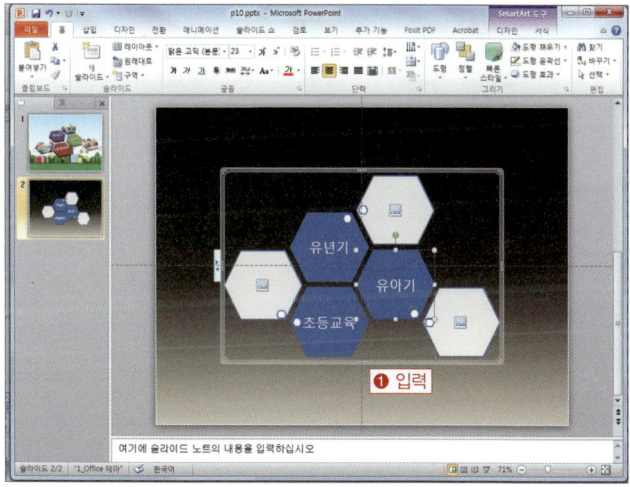

02 텍스트 입력란을 더블클릭하여 화면과 같이 텍스트를 입력합니다.

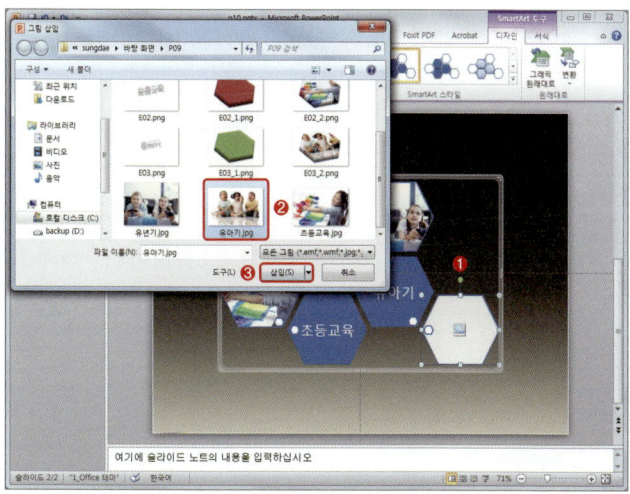

03 그림을 삽입하는 클러스터를 클릭하여 다음과 같이 그림(유년기.jpg, 초등교육.jpg, 유아기.jpg)을 삽입합니다.

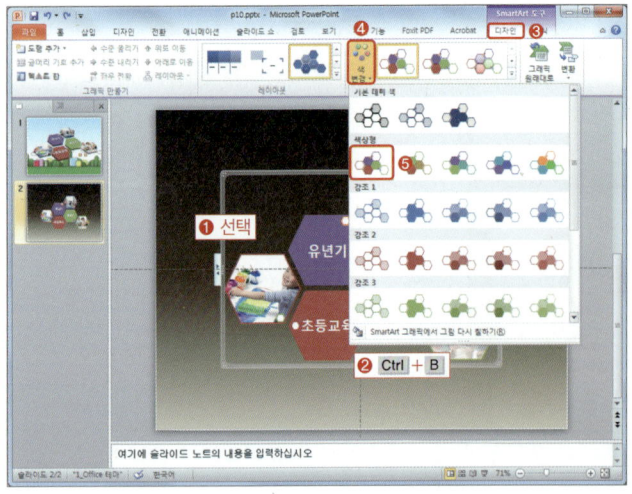

④ 스마트아트 전체를 선택하여 Ctrl + B를 눌러 텍스트를 굵게 지정합니다. [SmartArt 도구]-[디자인] 탭을 선택하고 [Smart-Art 스타일] 그룹의 [색 변경]-[색상형]-[색상형-강조색]을 선택합니다.

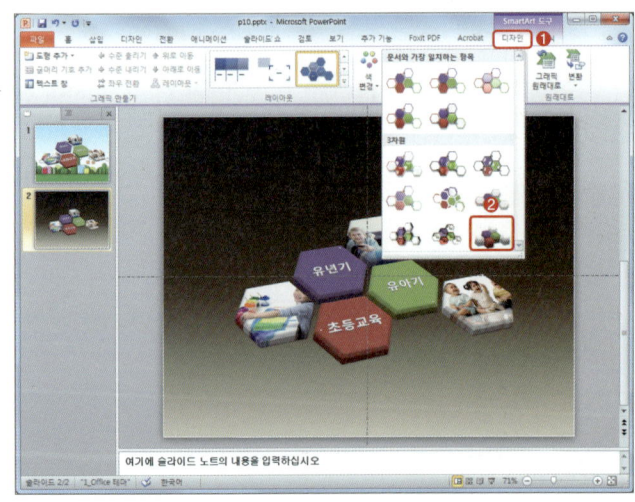

⑤ [SmartArt 도구]-[디자인] 탭을 선택하고 [SmartArt 스타일] 그룹의 자세히 버튼을 클릭한 후 [3차원]-[조감도]를 선택합니다.

(2) 스마트아트 분해하고 저장하기

① 스마트아트를 선택하여 크기를 최대한 크게 조절해야 프레지에서 이미지가 깨지는 것을 최소화 할 수 있습니다. 스마트아트를 선택하고 마우스 오른쪽 버튼을 클릭하여 [그룹]-[그룹 해제]를 선택하여 스마트아트를 분해합니다. 다시 한 번 [그룹 해제]를 해서 각각의 도형을 분리합니다.

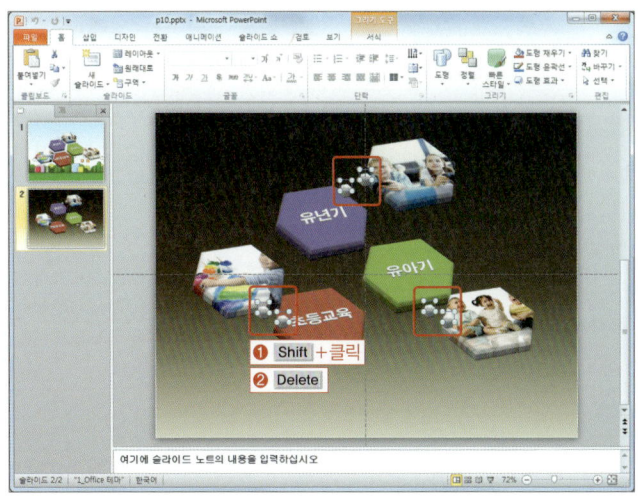

02 도형을 개별적으로 분리하고 적당하게 배치한 다음 육각형 도형들을 Shift 를 눌러 선택한 후 Delete 를 눌러 삭제합니다.

03 유년기, 초등교육, 유아기의 육각형 도형을 하나씩 선택하여 Ctrl + D 를 눌러서 복제한 후 다음과 같이 배치합니다.

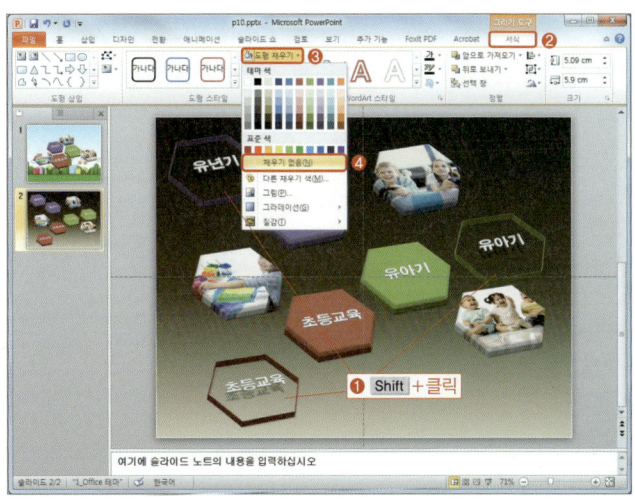

04 복사된 육각형 도형을 Shift 를 눌러서 선택한 후 [그리기 도구] – [서식] 탭 – [도형 스타일] 그룹 – [도형 채우기]에서 [채우기 없음]을 클릭합니다.

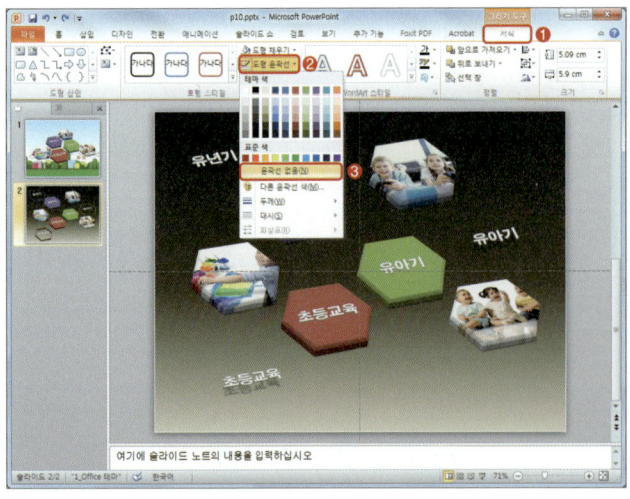

05 같은 방법으로 선을 제거하기 위해서 [그리기 도구]-[서식] 탭-[도형 스타일] 그룹-[도형 윤곽선]에서 [윤곽선 없음]을 클릭합니다.

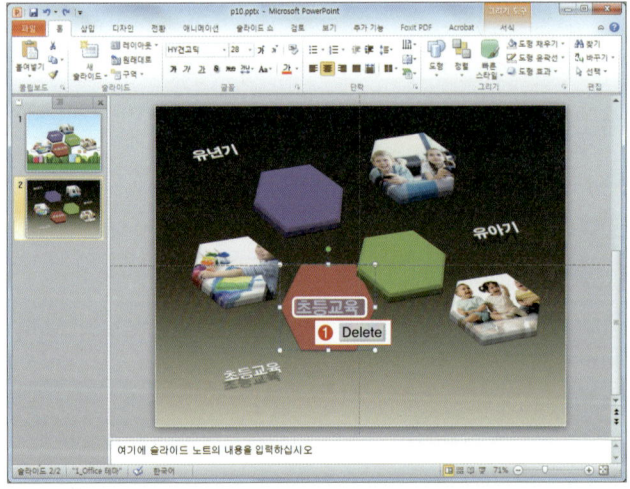

06 기존 육각형 도형에 입력된 텍스트는 Delete 를 눌러 제거합니다.

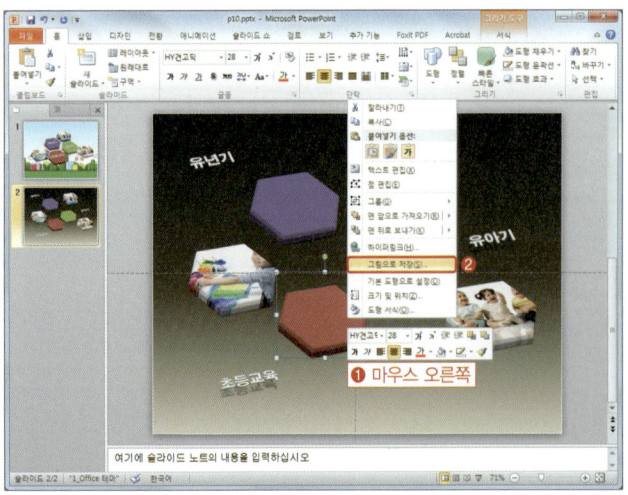

07 각각의 도형과 텍스트를 개별적으로 하나씩 선택하여 마우스 오른쪽 버튼을 클릭하고 [그림으로 저장]을 선택하여 모두 저장합니다. 각각의 이미지는 프레지에서 애니메이션 용도로 사용할 것입니다.

(3) 제작된 3D 이미지를 프레지에 삽입하고 연결하기

01 프레지에 로그인한 후 'Q04' 폴더의 예제 바로가기 아이콘을 더블클릭하고 [복사하기]를 클릭합니다. 내 프레지에서 복사된 프레지를 클릭하고 프레지 관리 화면에서 [편집하기]를 클릭하여 프레지 편집을 시작합니다.

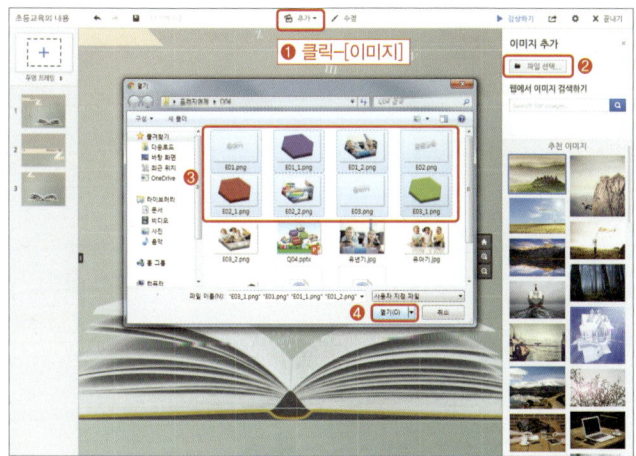

02 [추가]-[이미지]를 클릭하고 [이미지 삽입] 속성창에서 [파일 선택]을 선택한 후 이미지가 저장된 폴더에서 이미지를 선택하고 [열기] 버튼을 클릭합니다.

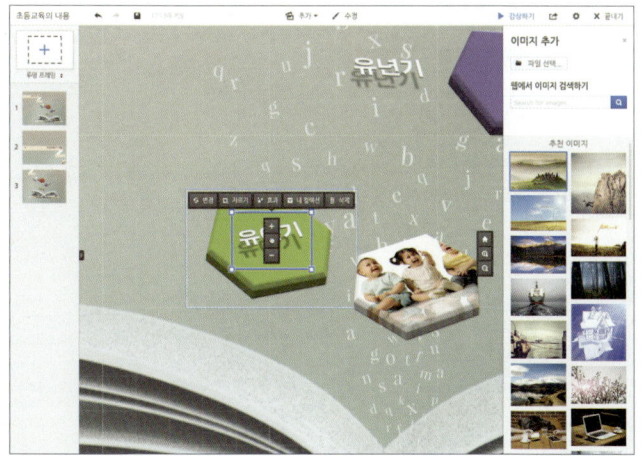

03 삽입된 이미지의 크기를 조절하고 객체 회전으로 육각형 도형에 텍스트를 배치한 후 적당한 간격을 유지합니다.

04 하단의 이미지부터 상단으로 올라갈수록 이미지가 더 크게 표현되도록 이미지의 배치와 크기를 조절합니다.

05 객체를 패스로 연결하여 애니메이션을 적용할 텍스트 이미지를 선택하고 [자르기]를 클릭하여 그림과 같이 이미지를 각각 자릅니다.

(4) 프레지에 패스 연결하고 애니메이션 지정하기

01 유아기 도형 이미지를 확대하고 보여주고 싶은 크기로 주밍한 다음 [패스 설정]을 클릭한 후 [현재 화면 추가]를 클릭하여 패스를 추가합니다.

02 4번째 패스의 [프레임 내용에 페이드인 효과 적용] 버튼을 클릭하고 애니메이션을 적용할 텍스트 객체를 클릭한 후 [Done]을 선택하여 애니메이션을 적용합니다.

03 오른쪽에 배치된 이미지를 선택하여 패스를 연결하고 [완료]를 선택하여 패스 연결을 완성합니다.

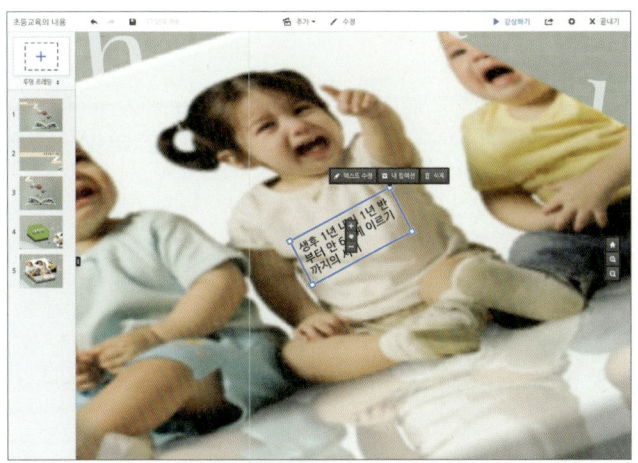

04 주밍효과가 극대화될 수 있도록 이미지를 확대하여 텍스트를 입력('생후 1년 내지 1년 반부터 만 6세에 이르기까지의 시기')하고 회전 조절점을 드래그해 회전시킵니다.

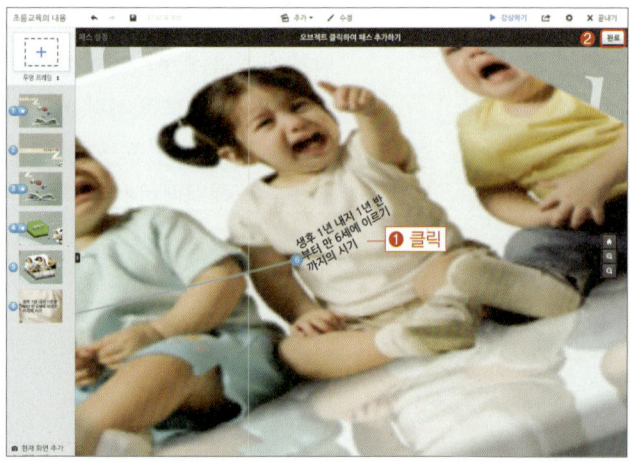

05 [패스 설정]을 클릭하고 텍스트에 패스를 연결한 후 [완료]를 클릭합니다.

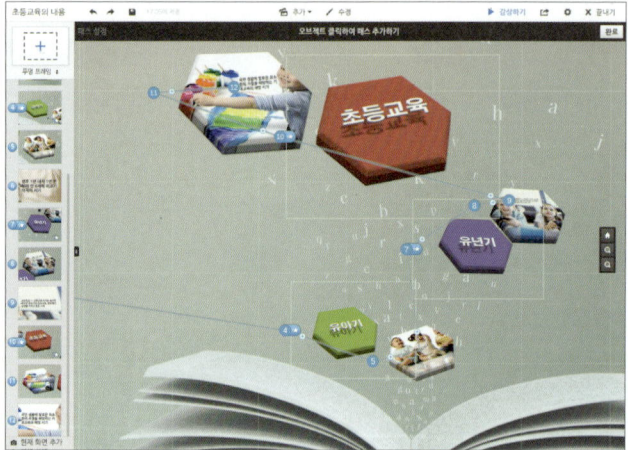

06 나머지 객체 위에도 텍스트를 입력하고 [패스 설정]을 클릭하여 같은 방법으로 패스를 연결합니다.

> **텍스트 내용**
> - 유년기 : 초등학교 1, 2학년 시기는 심리학적으로 유아기의 연속이며, 유아적인 심성을 가지고 있는 시기
> - 초등교육 : 국민 생활에 필요한 최소한의 자질을 배양하는 기초교육의 배양 시기

알·고·가·자

효과적인 패스 활용

주밍을 극대화하기 위해 이미지를 확대하고 텍스트를 입력하는 경우에는 미리 패스를 지정해 두면 한꺼번에 패스를 연결할 때보다 편리합니다. 예를 들어 중간에 텍스트를 편집할 경우 사이즈가 작아진 텍스트를 선택하는 데 어려움이 있습니다. 이때 패스가 연결되어 있다면 패스를 선택하여 텍스트를 쉽게 수정할 수 있습니다.

▲ 텍스트 선택이 용이하지 않음

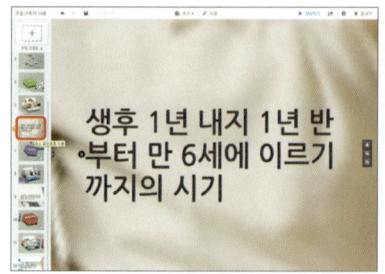

▲ 패스를 클릭하여 줌 인한 후 텍스트 내용 수정

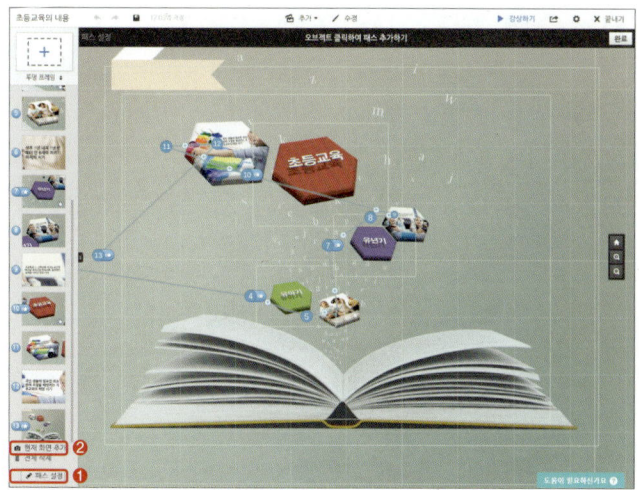

07 주밍으로 축소하여 삽입된 이미지와 배경의 책 이미지가 편집창에 꽉 차 보이도록 위치를 조정하고 [패스 설정]을 클릭한 후 [현재 화면 추가]를 클릭하여 마지막 패스 화면에는 모든 객체가 보이도록 패스를 추가합니다.

08 [완료]를 클릭해 패스가 완성되면 [감상하기]를 클릭하여 감상해봅니다.

PART 04. 파워포인트와 프레지의 만남

05 | 파워포인트의 셰이프 기능으로 제작하는 영업성과 프레지

프레젠테이션 발표 도구에서 멋진 콘텐츠를 만드는 것은 대부분 전문적인 디자인 프로그램을 통해서 작업하게 됩니다. 따라서 비전문가가 디자인을 하기는 어려운 부분이 많은 것이 사실입니다. 파워포인트의 숨겨진 기능 중 하나인 셰이프 도구와 자유형으로 도형을 작성하면 어려운 디자인 툴을 사용하지 않고도 특별한 발표 자료를 만들 수 있습니다.

- 사용 예제 : Q05\영업성과 보고서 예제
- 완성 예제 : Q05\영업성과 보고서 완성
- 예제 파일 : Q05 폴더 내

 프레지의 템플릿을 활용하여 전개하고 있으며 확대와 축소를 적극적으로 사용하고 있습니다. 하지만 국내 오렌지 판매량에 대한 설명은 직관적인 느낌이 부족해 보입니다.

파워포인트의 셰이프 기능을 활용하면 기존 이미지에서 원하는 부분만 가져와 프레지에 삽입할 수 있으며, 복잡한 이미지라도 비슷한 도형만 가지고 있다면 이미지를 추출할 수 있습니다.

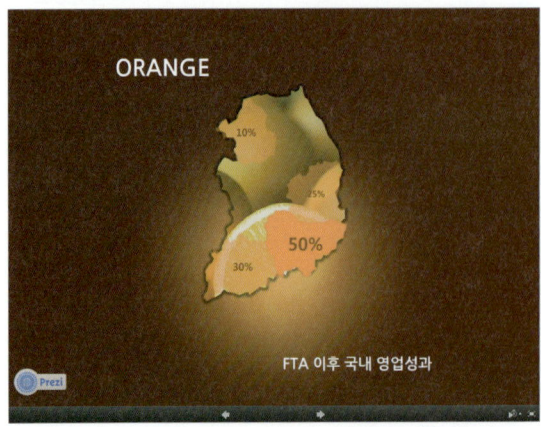

(1) 파워포인트에서 자유형 도형 제작하기

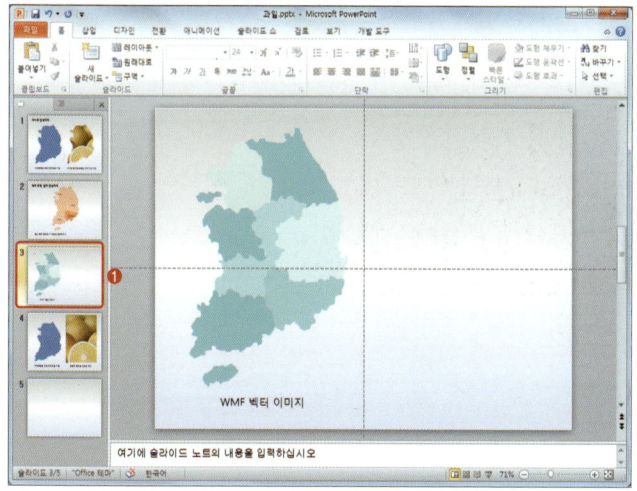

01 예제 파일을 열어 확인해보면 첫 번째와 두 번째 슬라이드는 완성된 예제이며, 세 번째 슬라이드는 벡터 이미지입니다. 자유형 도형으로 도형을 제작해 보겠습니다. 세 번째 슬라이드를 선택합니다.

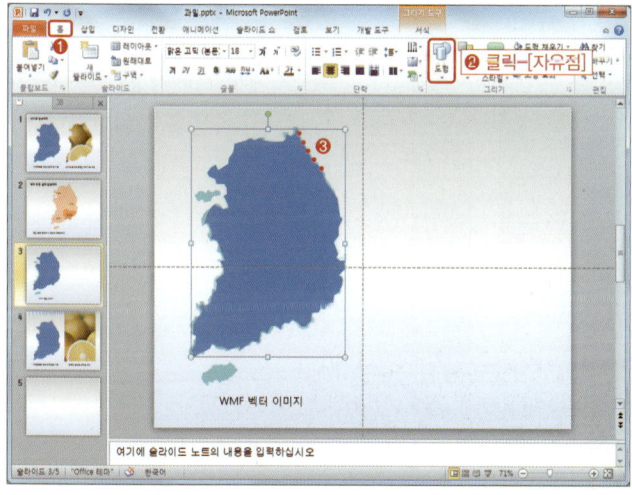

02 [홈] 탭-[그리기] 그룹-[도형]을 선택하고 [선]-[자유형]을 클릭합니다. 지도의 외곽선을 따라 클릭하고 처음 클릭한 점을 클릭하면 자유형으로 제작된 도형이 완성됩니다.

TIP 자유형 도형 제작이 어려운 사용자는 네 번째 슬라이드에서 미리 제작된 자유형과 오렌지 도형을 사용합니다.

알·고·가·자

점 편집

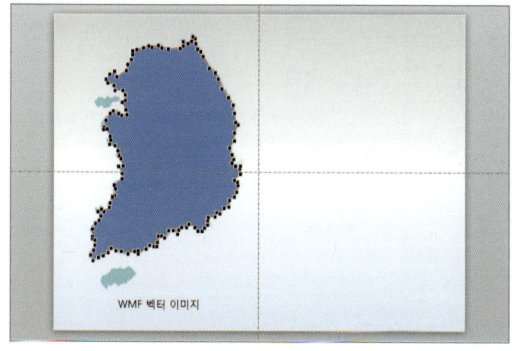

밑 그림을 뒤에 위치시키고 자유형으로 클릭하여 제작한 도형의 곡선을 표현할 경우 마우스 오른쪽 버튼을 클릭하여 [점 편집]을 선택해 곡선으로 만들 수 있습니다.

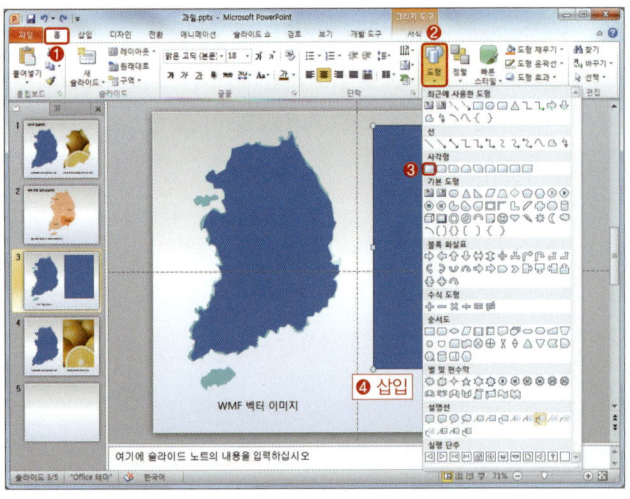

03 오렌지 이미지를 도형 안에 삽입하기 위해 [홈] 탭-[그리기] 그룹-[도형]을 선택하고 [사각형]-[직사각형]을 클릭하여 자유형 도형보다 조금 크게 직사각형을 그립니다.

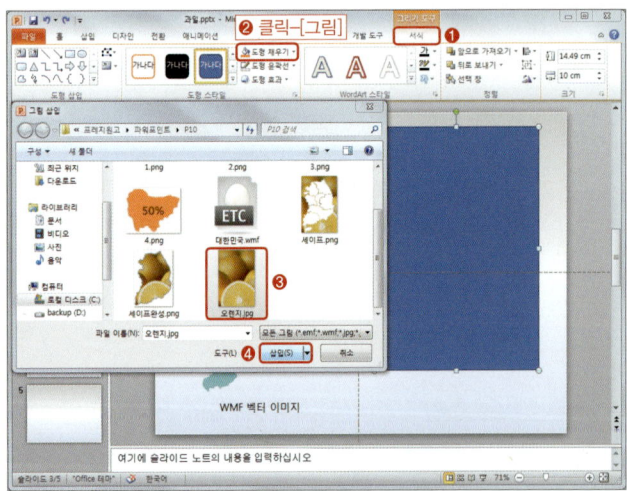

04 [그리기 도구]-[서식] 탭의 [도형 스타일] 그룹-[도형 채우기]-[그림]을 선택하고 [그림 삽입] 대화상자에서 '오렌지.JPG'를 선택한 후 [삽입] 버튼을 클릭합니다.

05 [그리기 도구]-[서식] 탭의 [도형 스타일] 그룹-[도형 윤곽선]-[윤곽선 없음]을 클릭하여 도형의 윤곽선을 제거하고 같은 방법으로 자유형의 윤곽선도 제거합니다.

(2) 셰이프 도구 추가하고 지도 이미지 병합하기

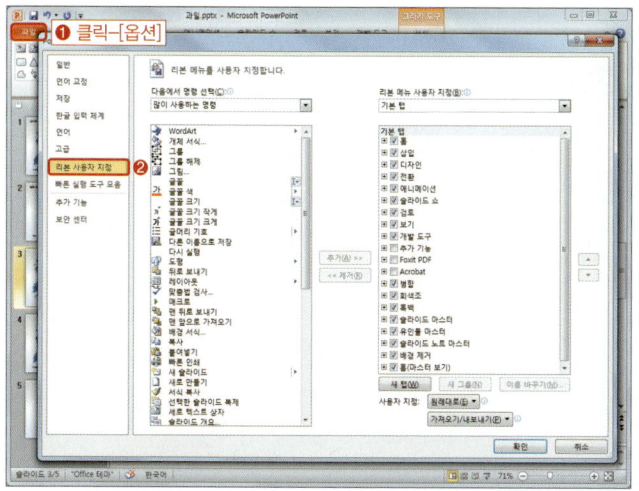

01 셰이프 도구는 파워포인트 2010에 처음 도입된 추가 기능으로 비활성화되어 있기 때문에 [리본 사용자 지정]에서 기능을 추가해야 합니다. 셰이프 도구를 추가하기 위해 [파일] 탭-[옵션]을 선택하고 대화상자가 나타나면 [리본 사용자 지정]을 클릭합니다.

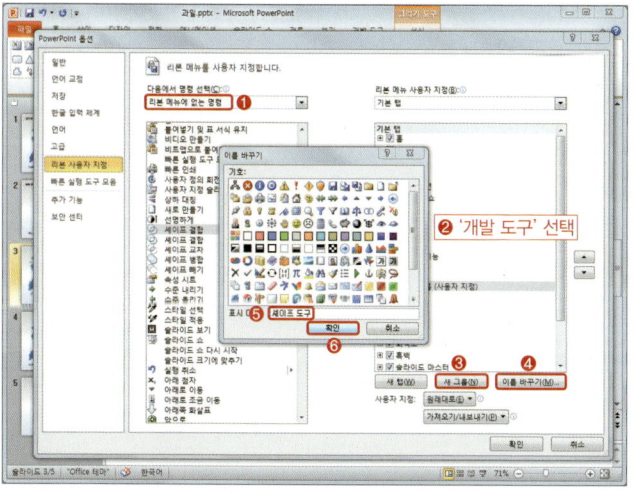

02 [다음에서 명령 선택]에서 [리본 메뉴에 없는 명령]을 선택합니다. 오른쪽 메뉴에서 [개발 도구]를 체크 표시하고 [새 그룹]을 선택합니다. [이름 바꾸기]를 클릭하고 [표시 이름] 란에 '셰이프 도구'를 입력한 후 [확인]을 클릭합니다.

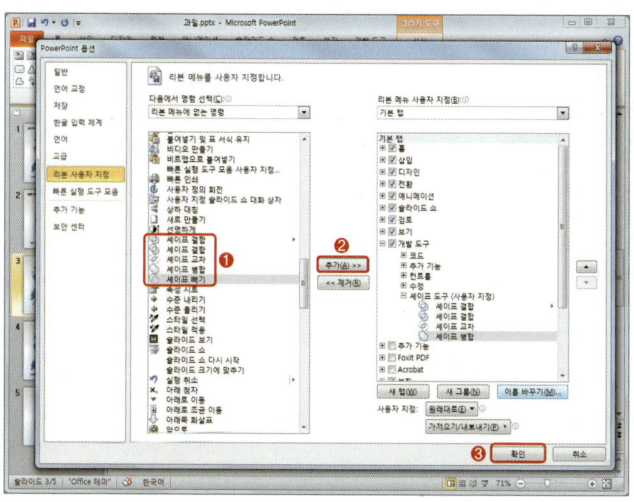

03 좌측 메뉴에서 '셰이프 결합'부터 '셰이프 빼기'까지 차례대로 선택하고 [추가]를 클릭하여 [셰이프 도구] 그룹에 추가한 후 [확인] 버튼을 클릭합니다.

04 [개발 도구] 탭에 [셰이프 도구] 그룹이 추가되었습니다.

05 세 번째 슬라이드의 오렌지 도형을 선택한 후 [홈] 탭-[그리기] 그룹-[정렬]을 선택하고 [개체 순서]-[맨 뒤로 보내기]를 클릭하여 도형의 순서를 뒤로 보냅니다.

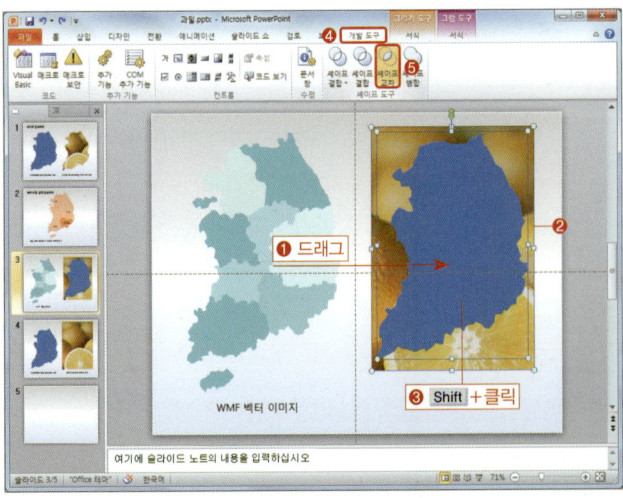

06 자유형으로 제작된 도형을 오렌지 도형 위로 이동합니다. 오렌지 도형을 먼저 선택하고 자유형 도형을 Shift +클릭하여 선택한 후 [개발 도구] 탭-[셰이프 도구] 그룹-[셰이프 교차]를 클릭하여 오렌지 도형에서 자유형이 교차된 영역만 남기고 나머지 부분을 제거합니다.

TIP 셰이프를 교차할 때 먼저 선택된 영역이 교차되어 나중에 선택된 영역의 빈 공간이 제거됩니다. 따라서 어떤 도형을 먼저 선택했느냐에 따라 병합되거나 제거되는 영역이 달라집니다.

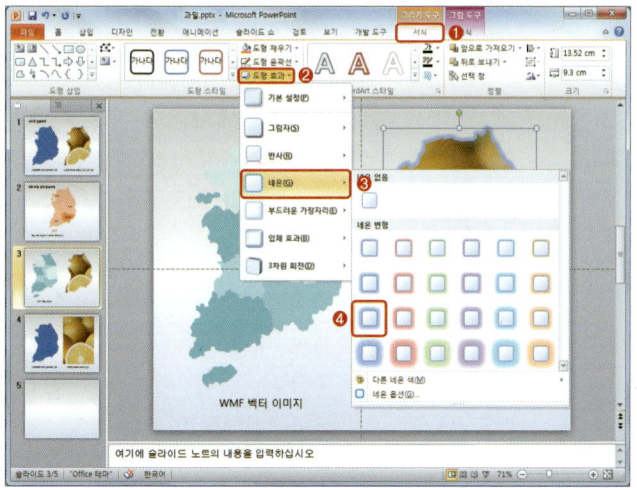

07 프레지에 삽입할 때 윤곽선을 잘 보이게 하기 위해 [그리기 도구]-[서식] 탭의 [도형 스타일] 그룹-[도형 효과]를 클릭하고 [네온]-[네온 변형]-[파랑, 11pt 네온, 강조색1]을 클릭하여 네온 효과를 적용합니다.

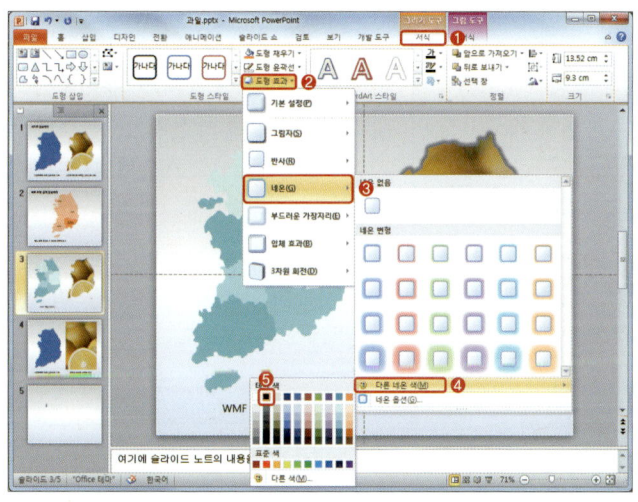

08 네온 효과는 검은색이 다른 이미지의 색상과 잘 어울리므로 [그리기 도구]-[서식] 탭의 [도형 스타일] 그룹-[도형 효과]를 클릭하고 [네온]-[네온 변형]-[다른 네온색]-[테마 색]-[검정, 텍스트1]을 클릭하여 네온 색상을 검은색으로 지정합니다.

(3) 벡터 이미지 분해하고 도형으로 제작하기

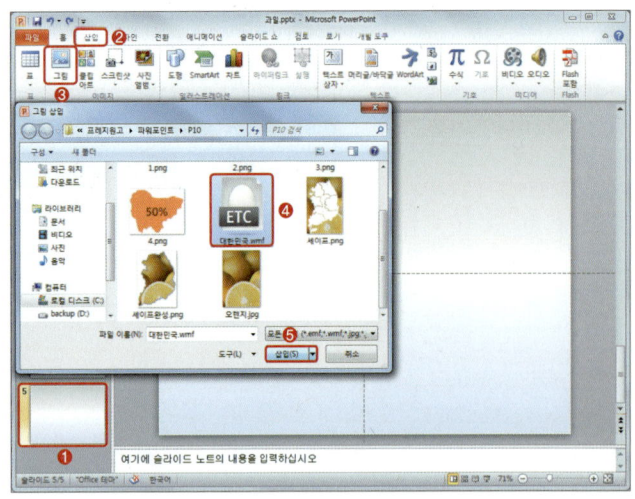

01 wmf 이미지는 벡터 이미지로 파워포인트에서는 도형으로 변환해 사용할 수 있습니다. 다섯 번째 슬라이드를 선택하고 [삽입] 탭-[이미지] 그룹-[그림]을 클릭합니다. [그림 삽입] 대화상자에서 '대한민국.wmf' 파일을 선택한 후 [삽입] 버튼을 클릭하여 이미지를 삽입합니다.

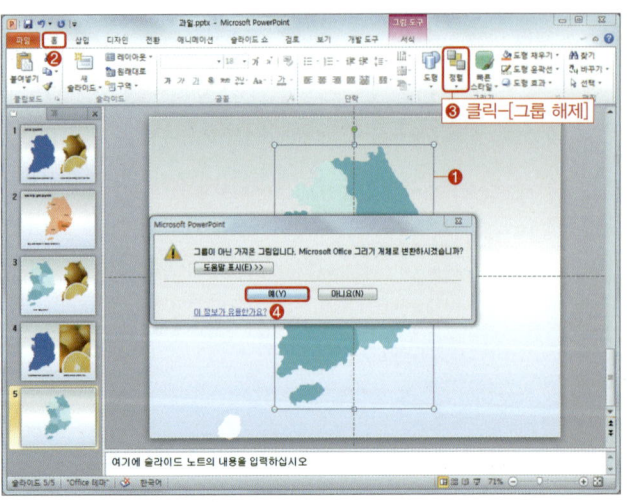

02 이미지를 선택하고 [홈] 탭-[그리기] 그룹-[정렬]을 선택하고 [개체 그룹]-[그룹 해제]를 클릭하면 경고창이 나타납니다. [예]를 클릭하여 그리기 개체로 변환합니다.

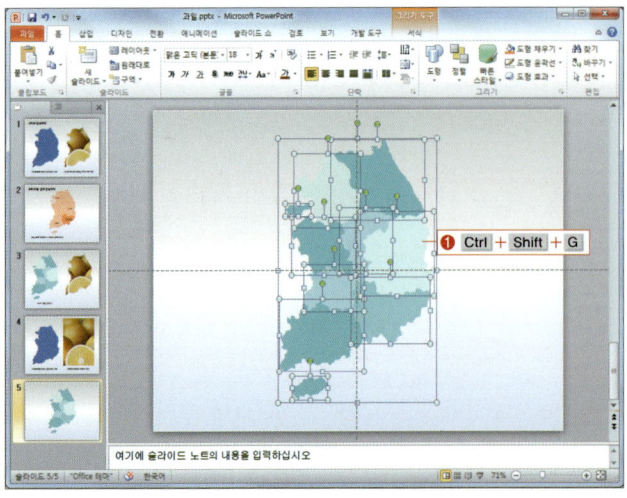

03 그림을 도형으로 변경하면 그룹으로 묶여 있기 때문에 한 번 더 [그룹 해제]를 합니다.

> **TIP** 파워포인트 2010 이상의 버전에서는 다음과 같은 바로가기 키로 그룹을 지정하거나 해제할 수 있습니다.
> - 그룹 지정 : Ctrl + G
> - 그룹 해제 : Ctrl + Shift + G

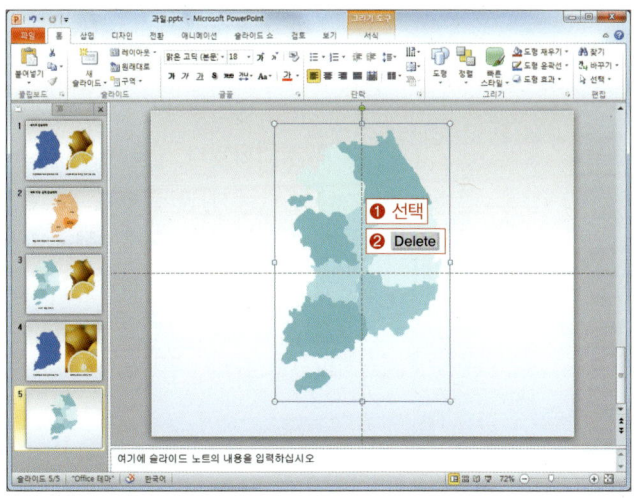

04 wmf 파일을 그리기 도형으로 변경하면 도형 전체 크기의 투명한 도형이 숨어 있으므로 선택하여 Delete 를 눌러 삭제합니다.

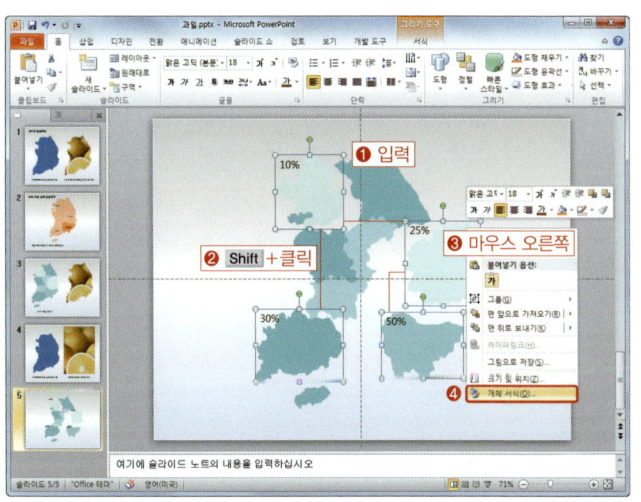

05 프레지에 사용할 각각의 지역을 선택하여 간격을 조절하고 다음과 같이 텍스트를 입력합니다. 그림처럼 개체들을 Shift +클릭하여 선택하고 마우스 오른쪽 버튼을 클릭하여 [개체 서식]을 선택합니다.

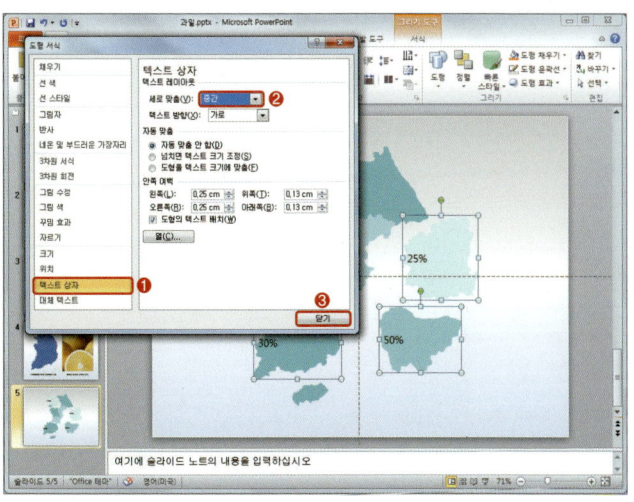

06 [도형 서식] 대화상자에서 [텍스트 상자] 탭의 [텍스트 레이아웃]-[세로 맞춤]에서 세로 방향의 정렬을 '중간'으로 변경하여 도형 가운데에 텍스트가 위치하도록 정렬한 후 [닫기] 버튼을 클릭합니다.

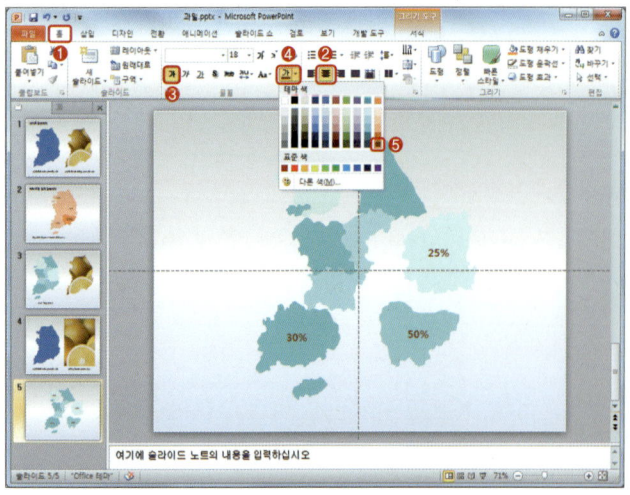

07 전체 도형을 선택하고 [홈] 탭-[단락] 그룹-[가운데 맞춤]을 클릭하여 텍스트가 중앙으로 오도록 정렬합니다. [홈] 탭-[글꼴] 그룹-[굵게]를 클릭한 후 [홈] 탭-[글꼴] 그룹-[글자 색]-[테마 색]-[주황, 강조6, 50% 더 어둡게]를 클릭하여 텍스트의 색상을 변경합니다.

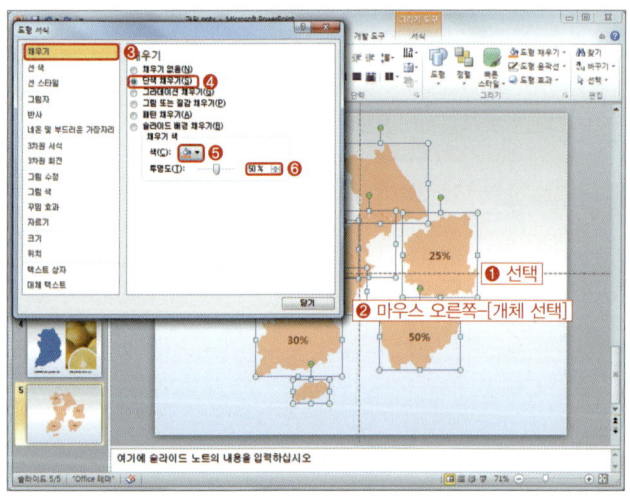

08 전체 도형을 선택하고 마우스 오른쪽 버튼을 클릭한 후 [개체 서식]을 클릭합니다. [도형 서식] 대화상자에서 [채우기] 탭의 [단색 채우기]를 클릭하고 [채우기 색]-[색]을 클릭하여 [주황, 강조6]을 선택합니다. 투명도는 '50%'로 변경합니다.

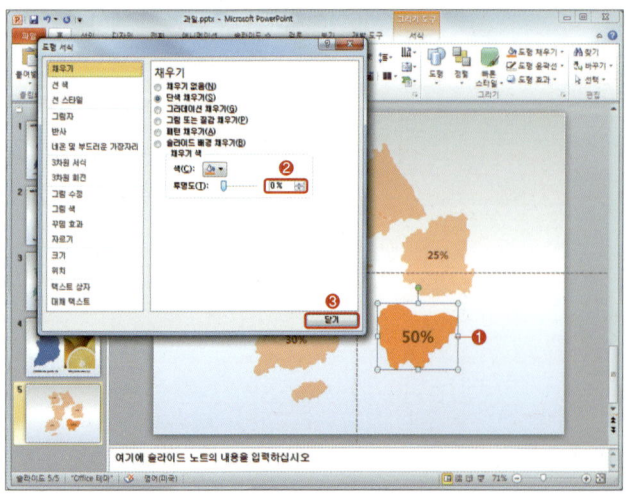

09 대화상자가 열려 있는 상태로 경남 지역의 도형을 선택하고 투명도를 '0%'로 다시 변경한 후 [닫기]를 클릭합니다. 텍스트의 크기도 '28pt'로 다른 텍스트보다 크게 변경합니다.

⑩ 세 번째 슬라이드의 셰이프로 결합한 오렌지 이미지의 도형과 다섯 번째 슬라이드의 텍스트가 입력된 도형을 각각 선택하여 [그림으로 저장]을 이용해 그림 파일로 하나씩 저장합니다.

(4) 프레지에 이미지 삽입하고 애니메이션 지정하기

① 프레지에 로그인한 후 'Q05' 폴더의 예제 바로가기 아이콘을 더블클릭하고 [복사하기]를 클릭합니다. 내 프레지에서 복사된 프레지를 클릭하고 프레지 관리 화면에서 [편집하기]를 클릭하여 프레지 편집을 시작합니다.

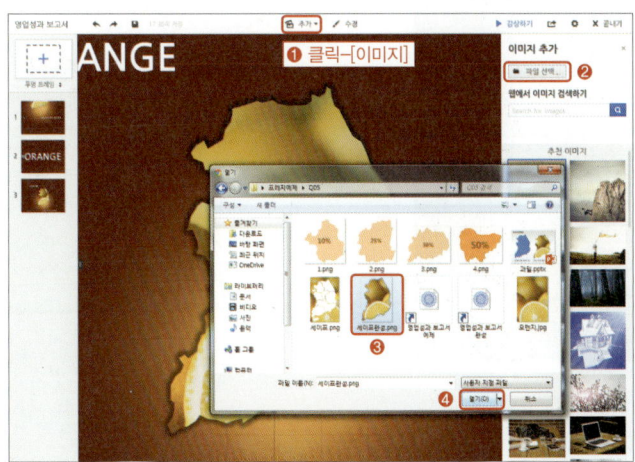

② 프레지에서 그림과 같이 확대하고 [추가]-[이미지]를 클릭합니다. [이미지 추가] 속성창의 [파일 선택]을 선택하고 이미지가 저장된 폴더에서 '셰이프완성.png'를 선택한 후 [열기]를 클릭합니다.

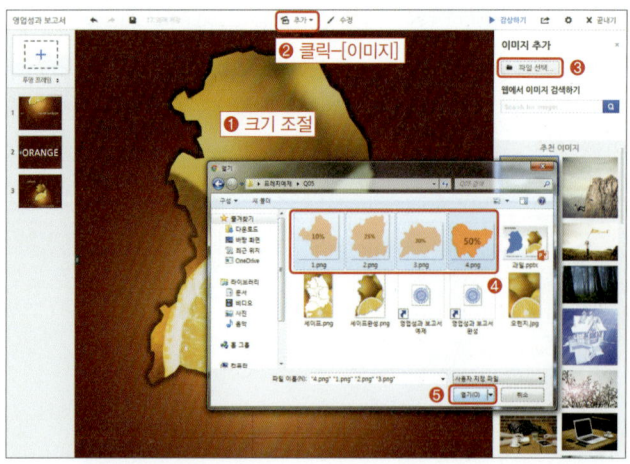

03 삽입된 이미지 크기를 조절하고 다음과 같이 배치합니다. [추가]-[이미지]를 선택하고 파워포인트에서 저장한 각 지역 이미지를 모두 선택한 후 [열기]를 클릭합니다.

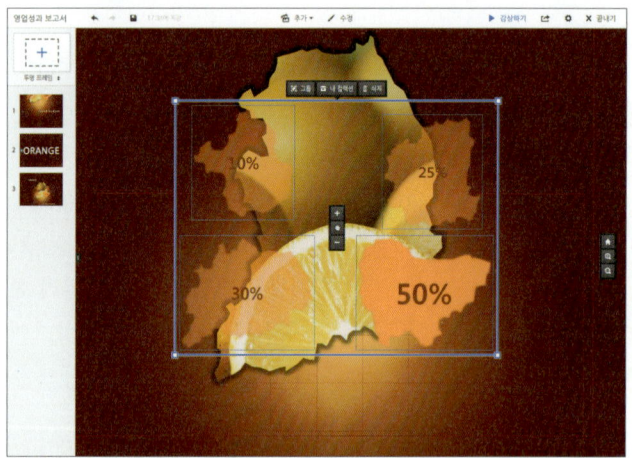

04 삽입된 이미지를 Ctrl +클릭하여 선택하고 드래그하여 다음과 같이 크기를 조절합니다. 배경으로 사용될 지도 위에 적당한 크기로 조절합니다.

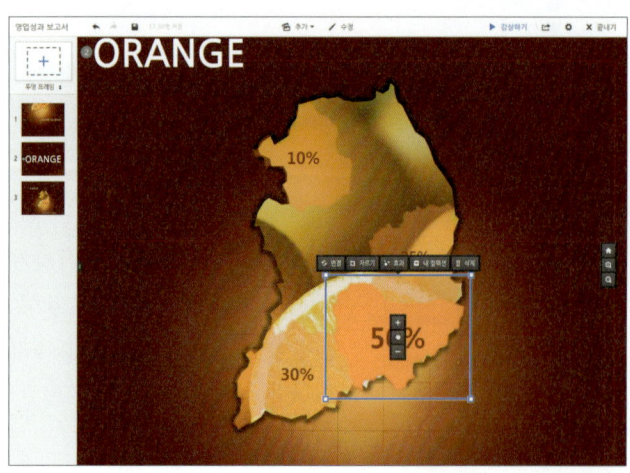

05 애니메이션을 적용하기 위해서는 프레임 안에 객체가 포함되어 있어야 합니다. 따라서 왼쪽 상단의 'ORANGE' 텍스트에 걸쳐 있는 투명 프레임 안에 전체 이미지를 배치합니다.

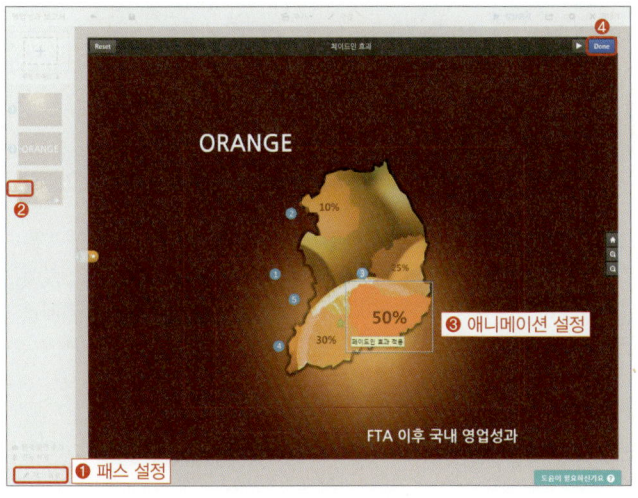

06 [패스 설정]을 클릭하고 3번째 패스 경로의 [프레임 내용에 페이드 인 효과 적용]을 클릭합니다. 다음 효과 적용과 같은 순서로 [페이드 인 효과]를 적용한 후 [Done]을 클릭합니다.

TIP 잘못 지정된 애니메이션은 애니메이션 창의 [Reset]으로 초기화할 수 있으며, [▶] 버튼으로 애니메이션을 미리 확인할 수 있습니다.

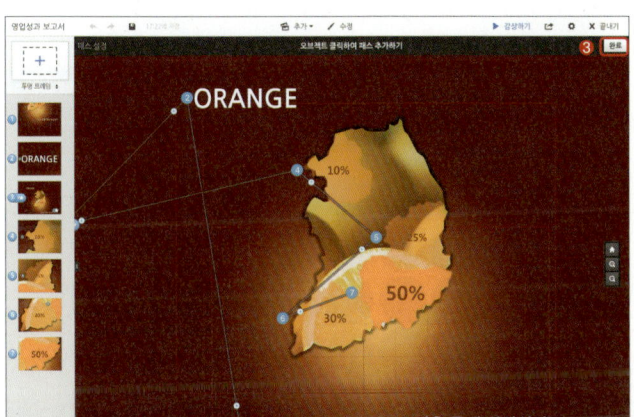

07 애니메이션을 완료한 후 [패스 설정]을 선택하여 지도 전체 이미지를 클릭해 세 번째 패스를 지정합니다. 다음의 순서대로 각 지역의 패스를 지정한 후 [완료]를 클릭하여 패스를 마무리합니다.

- 패스 경로 4번째 : 10% 서울, 경기 지역
- 패스 경로 5번째 : 25% 대구, 경북 지역
- 패스 경로 6번째 : 30% 전라남도 지역
- 패스 경로 7번째 : 50% 부산, 경남 지역

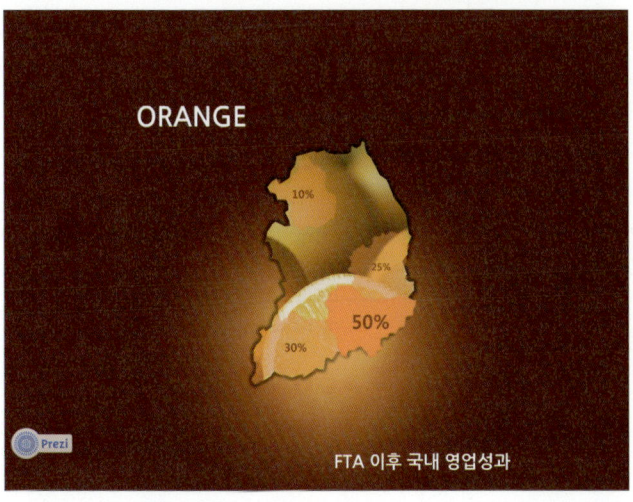

08 [감상하기]를 클릭하여 패스 연결과 애니메이션에 문제가 없는지 확인합니다.

파워포인트 도형으로 꾸미는 나만의 프로필

훌륭한 디자이너와 기획자라면 프레지 하나만으로도 멋진 디자인과 스토리를 만들어 낼 수 있지만 일반인은 잘 만들어진 템플릿을 벤치마킹하는 것만으로도 벅찬 것이 프레지입니다. 파워포인트에 더 익숙한 사용자라면 파워포인트에서 객체를 제작하고 프레지에 응용하는 것만으로도 간단하게 스토리를 만들어 낼 수 있습니다. 파워포인트 도형 패턴과 프레지를 활용해 역동적인 나만의 프로필을 제작해 보겠습니다.

- 예제 경로 : Q06\나만의 프로필 예제
- 완성 예제 : Q06\나만의 프로필 완성
- 예제 파일 : Q06 폴더

(1) 파워포인트에서 도형 패턴 제작하기

01 예제 파일의 첫 번째와 두 번째 슬라이드는 Part 03의 파워포인트 기본 기능 익히기에서 학습한 도형의 복사와 정렬로 제작한 패턴입니다. 패턴을 배경으로 하여 프레지에 삽입할 도형을 제작해 보겠습니다.

02 세 번째 슬라이드를 선택한 후 [홈] 탭-[그리기] 그룹-[도형]을 선택하고 [기본 도형]-[타원]을 클릭하여 슬라이드에 도형을 그립니다.

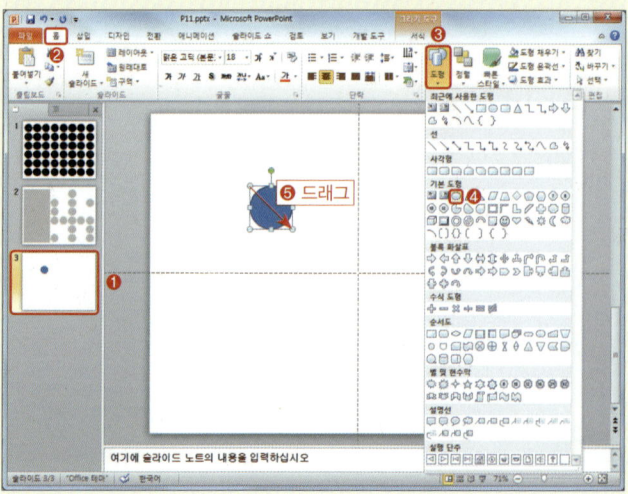

03 도형을 선택하고 [그리기 도구]-[서식] 탭의 [크기] 그룹에서 가로와 세로폭을 '5cm'로 입력한 후 Enter 를 눌러 가로세로가 동일한 원으로 크기를 변경합니다.

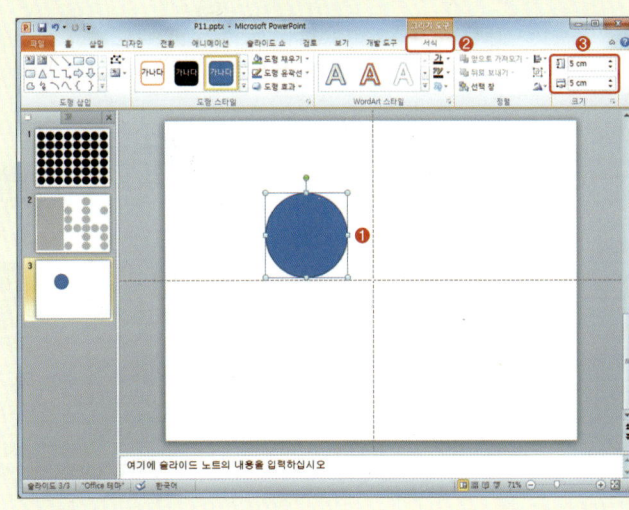

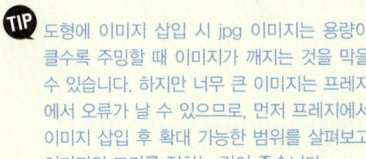 도형에 이미지 삽입 시 jpg 이미지는 용량이 클수록 주밍할 때 이미지가 깨지는 것을 막을 수 있습니다. 하지만 너무 큰 이미지는 프레지에서 오류가 날 수 있으므로, 먼저 프레지에서 이미지 삽입 후 확대 가능한 범위를 살펴보고 이미지의 크기를 정하는 것이 좋습니다.

04 도형을 선택하고 [그리기 도구]-[서식] 탭의 [도형 스타일] 그룹-[도형 윤곽선]-[윤곽선 없음]을 선택하여 테두리를 없앱니다. [그리기 도구]-[서식] 탭의 [도형 스타일] 그룹-[도형 채우기]-[그림]을 선택하고 '1.jpg'를 선택하여 도형에 그림을 채웁니다.

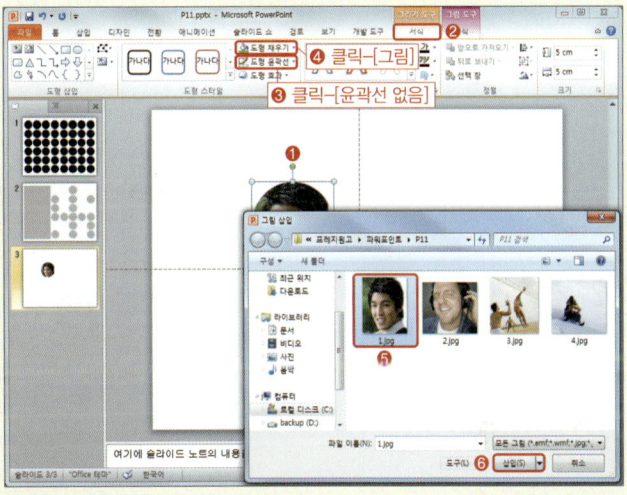

05 [그리기 도구]-[서식] 탭의 [도형 스타일] 그룹-[도형 효과]-[네온]-[네온 변형]-[파랑, 5pt 네온, 강조색1]을 선택하여 네온 효과를 적용합니다.

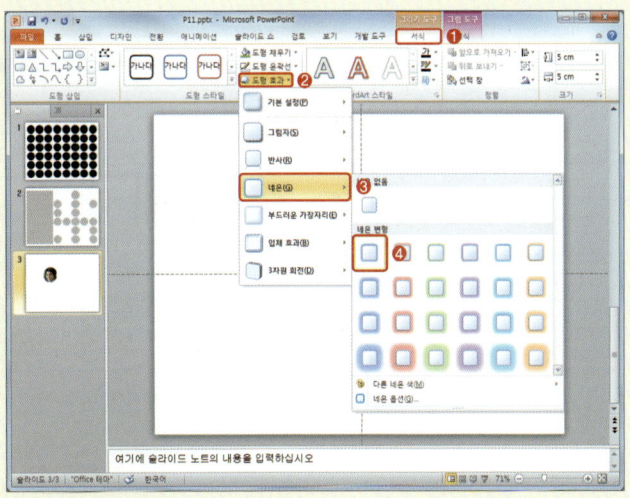

PART 04. 파워포인트와 프레지의 만남 **233**

06 하나의 원형 도형이 완성되면 Ctrl + Shift + 드래그하여 6개의 이미지로 복사합니다.

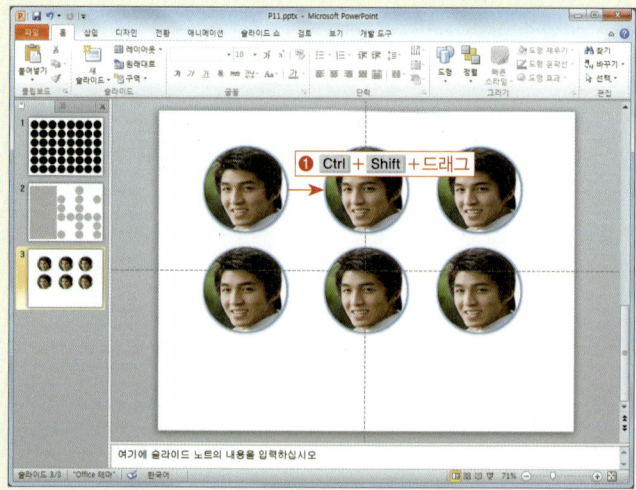

07 [그리기 도구]-[서식] 탭의 [도형 스타일] 그룹-[도형 채우기]-[그림]을 선택하여 각각의 원형 도형 3개에 이미지를 채워 넣습니다.

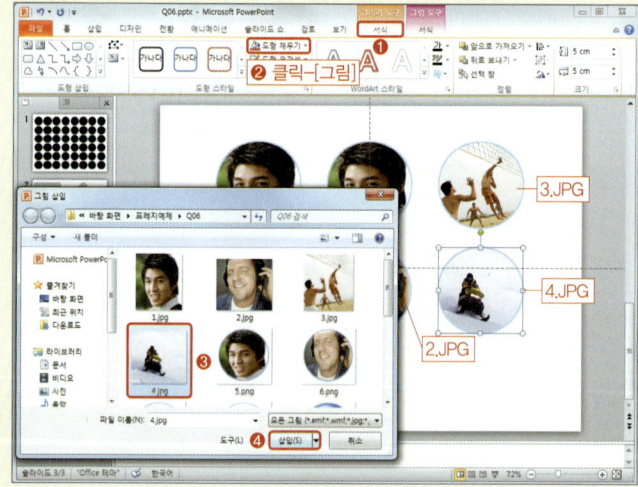

08 남은 두 개의 도형은 각각 [도형 채우기]로 다음과 같은 색상을 지정하여 색을 변경합니다.

- [도형 채우기]-[테마 색]-[파랑, 강조1]
- [도형 채우기]-[테마 색]-[황록색, 강조3]

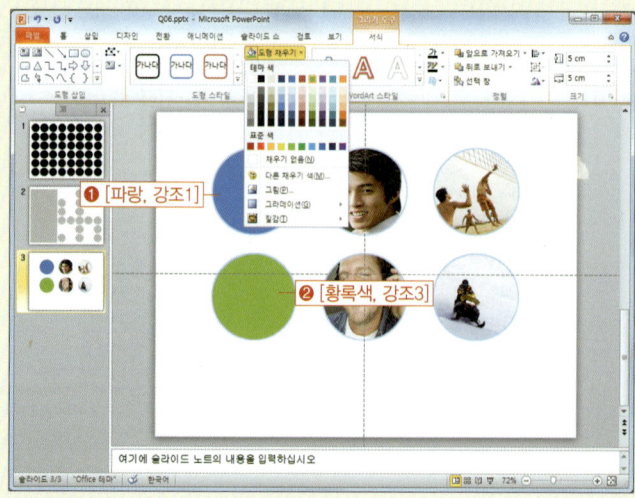

09 도형에 입체 효과를 주기 위해서 도형을 모두 선택하고 마우스 오른쪽 버튼을 클릭하여 [객체 서식]을 클릭합니다.

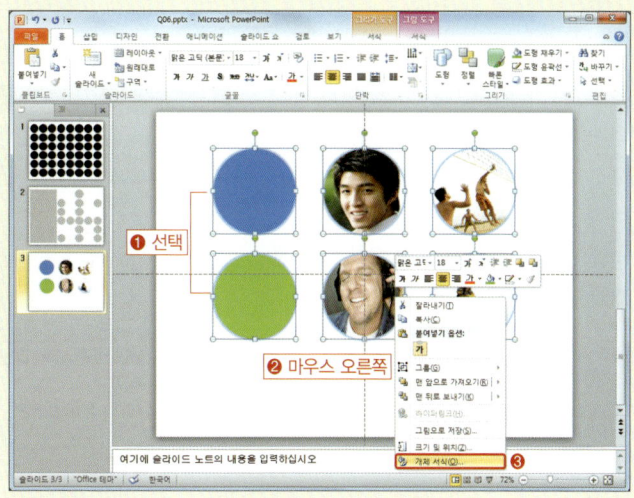

10 [도형 서식] 대화상자에서 [3차원 서식]-[입체 효과]-[위쪽]의 너비와 높이에 각각 '50pt', '20pt'를 입력한 후 [닫기]를 클릭합니다.

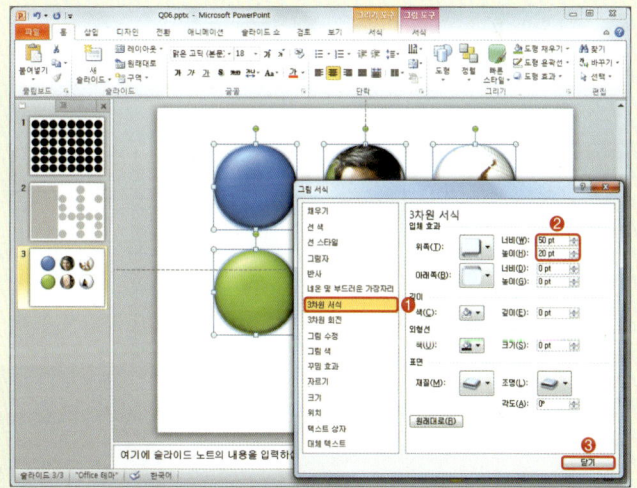

11 첫 번째 슬라이드의 모든 개체를 선택하여 하나의 그림으로 저장하고, 두 번째 슬라이드의 사각형 도형을 하나의 이미지로, 원형을 모두 선택해 하나의 이미지로 저장합니다. 세 번째 슬라이드의 원형 도형들은 각각 하나의 이미지 파일로 저장합니다.

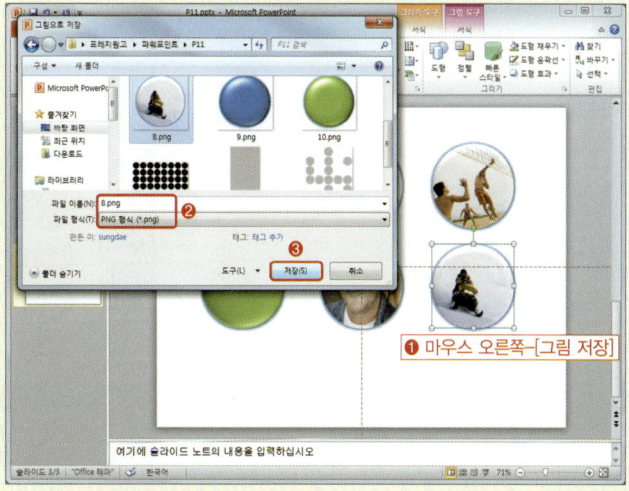

(2) 역동적인 프로필 프레지 제작하기

01 프레지에 로그인한 후 'Q06' 폴더의 예제 바로가기 아이콘을 더블클릭하고 [복사하기]를 클릭합니다. 내 프레지에서 복사된 프레지를 클릭하고 프레지 관리 화면에서 [편집하기]를 클릭하여 프레지 편집을 시작합니다.

02 [추가]-[이미지]를 클릭하고 [이미지 추가] 속성창의 [파일 선택]을 선택한 후 예제 폴더의 'bbg.png', 'line.png', 'pet.png' 파일을 선택하고 [열기]를 클릭합니다.

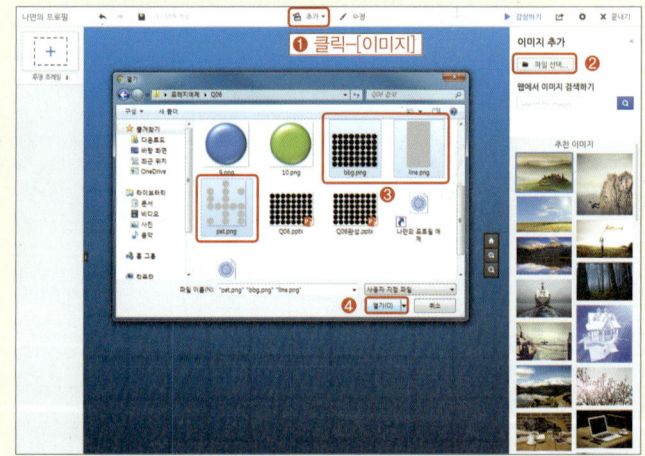

03 'pet.png' 이미지가 뒤쪽에 있다면 이미지를 선택하고 마우스 오른쪽 버튼을 클릭하여 [맨 앞으로 가져오기]를 선택한 후 다음과 같이 이미지를 겹쳐 놓습니다.

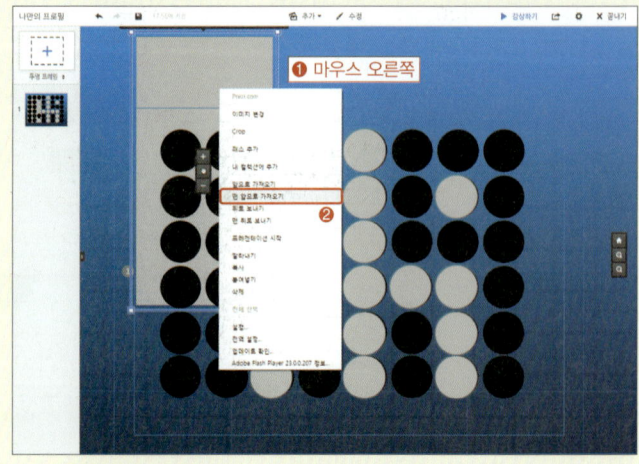

04 파워포인트에서 원형 이미지로 저장했던 6개의 이미지를 가져와 크기를 조절하여 다음과 같이 배치합니다.

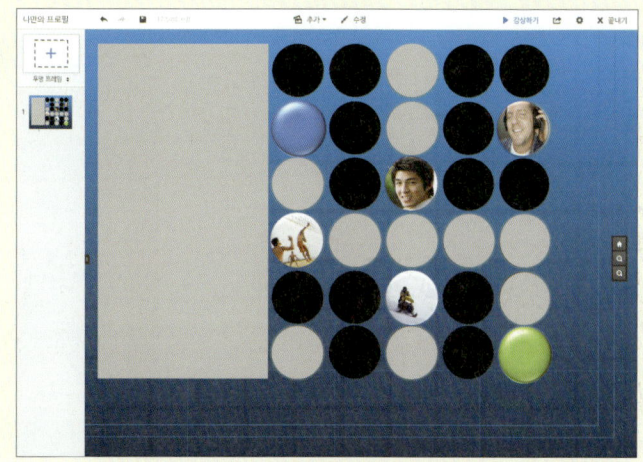

05 회색 이미지에 다음과 같이 "PRO-FILE"이라는 텍스트를 입력한 후 '부제목'을 선택하고 색상은 '검은색'으로 변경합니다.

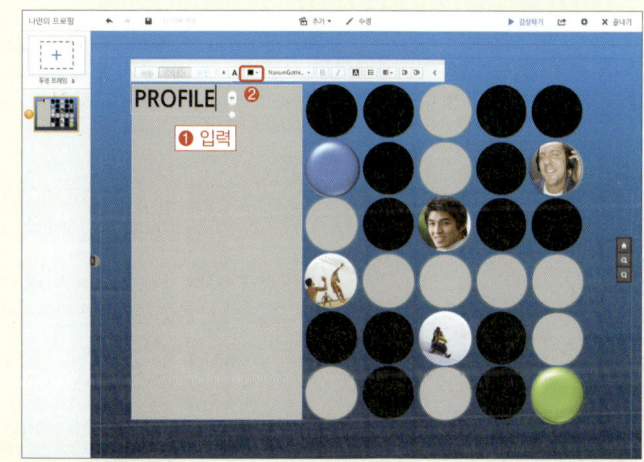

06 세부적인 텍스트를 입력하기 전에 애니메이션을 지정하기 위해 [패스 설정]을 클릭합니다. 전체 크기를 다음과 같이 조절하고 [현재 화면 추가]를 클릭하여 첫 번째 패스를 추가합니다.

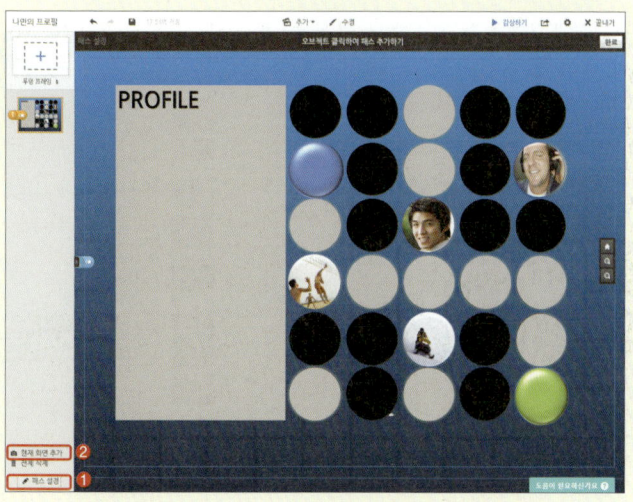

07 첫 번째 패스의 [프레임 내용에 페이드인 효과 적용] 버튼을 클릭하고 다음과 같이 애니메이션을 추가한 후 [Done]을 눌러서 완료합니다.

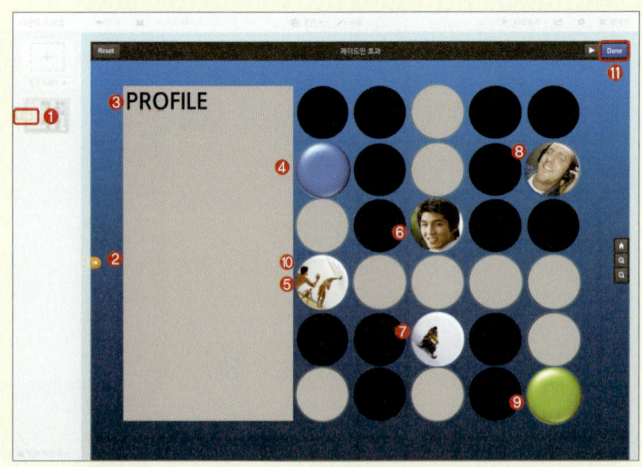

08 두 번째 패스는 'PROFILE' 텍스트와 연결하고 나머지는 그림과 같은 순서로 연결한 후 [완료]를 클릭합니다.

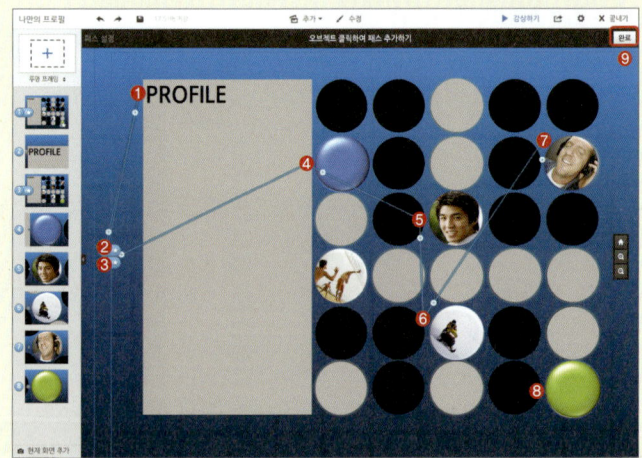

09 청색원형 이미지를 확대하여 '서울에서 태어난 건강한 청년입니다.'라는 텍스트를 입력합니다. Shift 를 누른 채로 원형 이미지와 텍스트를 선택한 후 [그룹]을 클릭합니다.

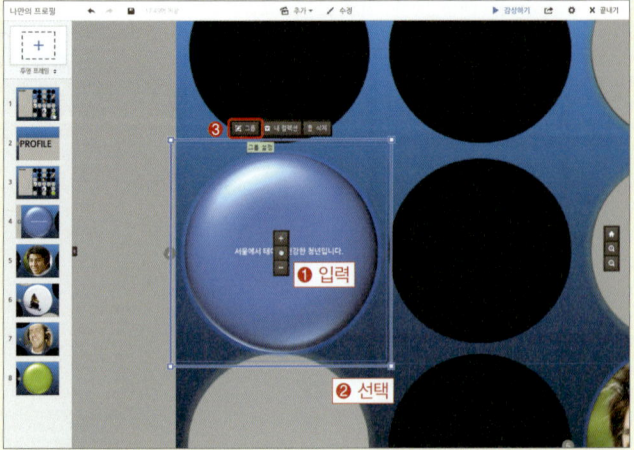

10 사진이 삽입된 원형 객체에는 각각의 문장을 입력합니다. '항상 웃는 얼굴', '음악', '활동적', '스포츠', '최선성실'과 같이 텍스트를 입력하고 회전 핸들로 조금씩 각도를 변경합니다.

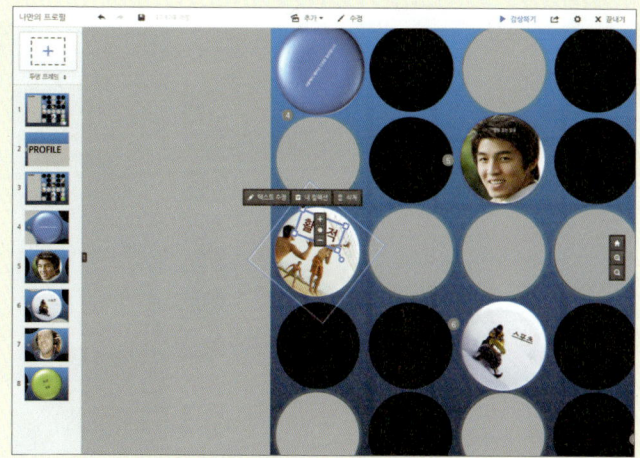

11 입력한 텍스트를 패스로 연결하기 위해 [패스 설정]을 클릭하고 +를 드래그하여 이미지 다음에 텍스트가 패스로 연결되도록 다음과 같이 추가합니다.

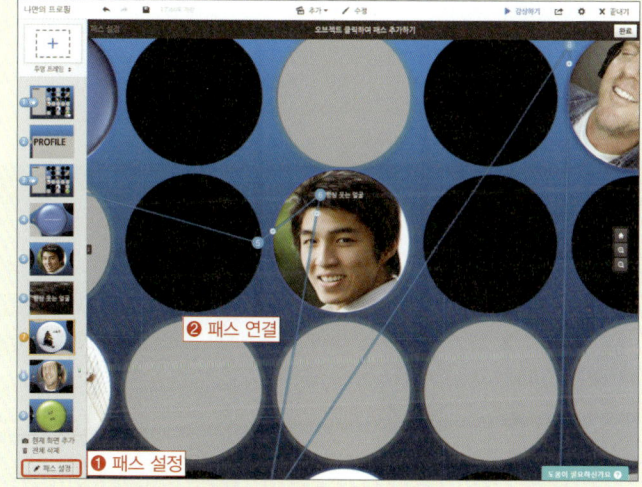

12 나머지 색이 들어 있는 원형 이미지들도 같은 방법으로 +를 드래그하여 패스로 연결하고 [완료]를 클릭합니다.

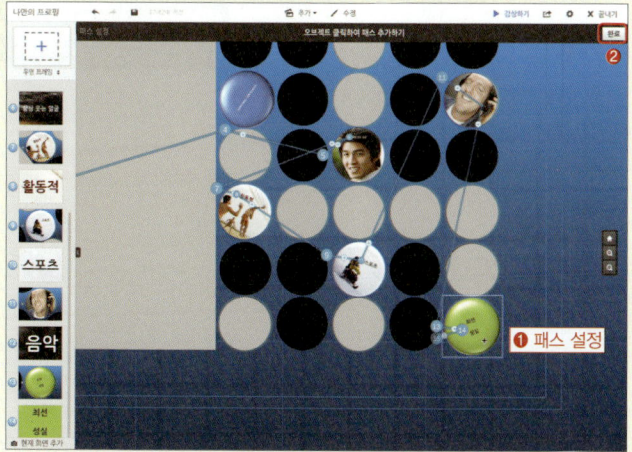

13 좀 더 역동적인 움직임을 나타내고 싶다면 원형 이미지 객체를 선택하여 회전합니다.

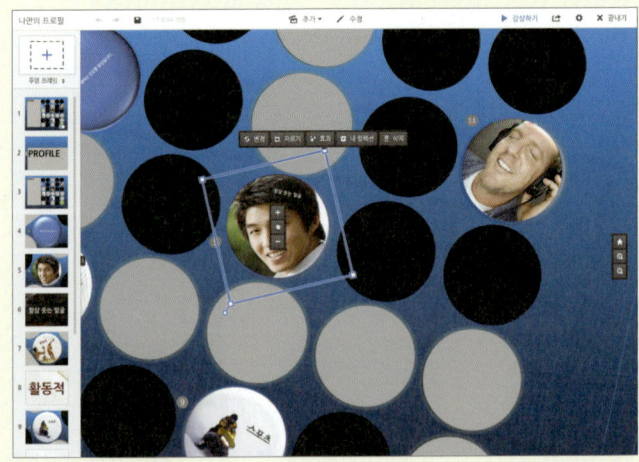

TIP
- 사각형 이미지와 다르게 원형 이미지는 회전하더라도 편집 상태에서 변화되는 느낌은 없습니다. 하지만 감상하기를 했을 때는 매우 역동적으로 회전하게 됩니다.
- 이미지 객체를 회전할 때 그룹으로 지정된 객체는 함께 회전되지만 개별적인 객체는 따로 움직이기 때문에 회전 후 이미지 객체의 텍스트 배치를 다시 한 번 확인해야 합니다.

14 [감상하기]를 클릭하여 프레지를 확인합니다. 원형 패턴을 배경으로 원형 이미지와 사각 이미지를 추가하여 다양한 연출을 활용할 수 있으며 누구나 쉽게 제작할 수 있습니다. 또한 회전 핸들로 회전한 동작은 원형 이미지와 잘 어울리며 역동적입니다. 히지만 빠른 패스 전환은 청중으로 하여금 눈에 피로감을 줄 수 있으므로 과도한 회전은 삼가는 것이 좋습니다.

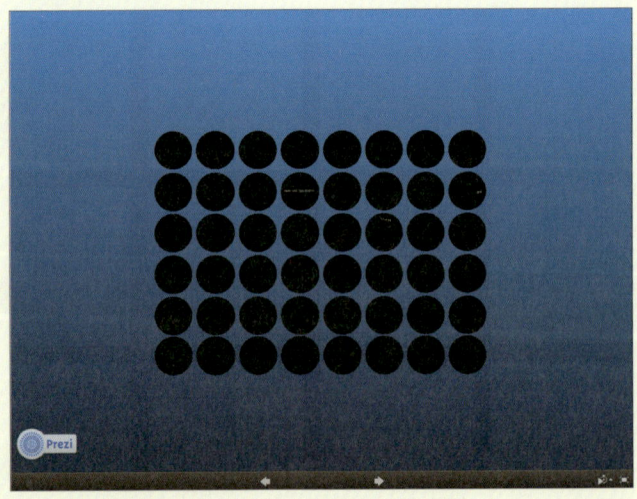

02 CHAPTER
파워포인트로 이미지 편집하고 프레지로 발표하기

프레지는 객체(오브젝트) 기반으로 다양한 이미지를 활용할 수 있지만 이미지에 효과를 적용하고 다듬는 기능은 파워포인트에 비해 많이 제공되지 않습니다. 파워포인트의 이미지 서식과 다양한 응용 기법을 파악하면 높은 수준의 이미지 제작이 가능합니다. 이번 장에서는 파워포인트에서 이미지를 편집하여 프레지에 적용하는 방법에 대해 알아보겠습니다.

01 | 그림 서식으로 꾸미는 프레지 디지털 성장 앨범

프레지는 스토리 전개는 탁월하나 이미지를 다듬는 기능은 파워포인트에 비해 부족합니다. 파워포인트에서는 간단한 서식 변경만으로도 이미지를 다듬고 깔끔하게 처리할 수 있습니다.

- 사용 예제 : Q07\성장 앨범 예제
- 완성 예제 : Q07\성장 앨범 완성
- 예제 파일 : Q07 폴더

 프레지로 제작한 성장 앨범입니다. 기본적인 이미지 위에 작은 이미지를 더 넣어서 완성할 수 있는 예제입니다. 프레지는 사진을 자르는 기능만 있기 때문에 리터칭 프로그램이 없다면 다양한 느낌의 이미지를 보여줄 수 없습니다.

파워포인트는 포토샵처럼 다양한 합성과 필터 기능을 지원하지는 않지만 깔끔하게 이미지를 다듬을 수 있는 서식과 편집 기능을 제공하고 있습니다. 파워포인트의 그림 서식을 이용해 이미지를 편집하고 프레지에 삽입해 프레젠테이션을 완성해 봅니다.

(1) 사진 앨범으로 이미지 한 번에 배치하고 스타일 적용하기

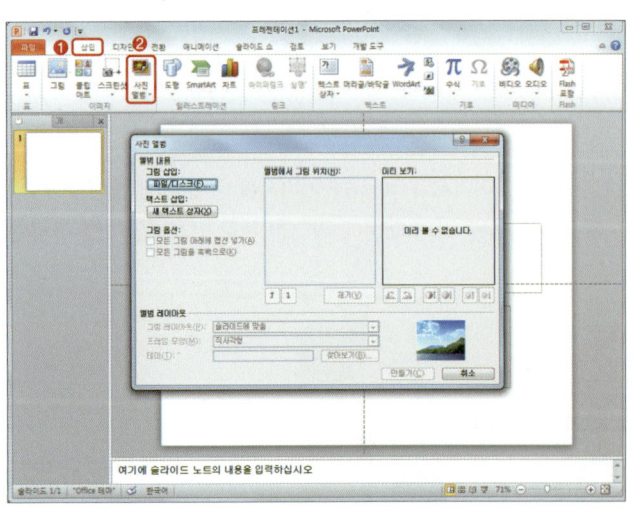

01 각각의 이미지가 한 장의 슬라이드에 삽입되도록 사진 앨범으로 이미지를 배치해 보겠습니다. 파워포인트를 실행하고 [삽입] 탭-[이미지] 그룹-[사진 앨범]을 클릭하여 [사진 앨범] 대화상자를 엽니다.

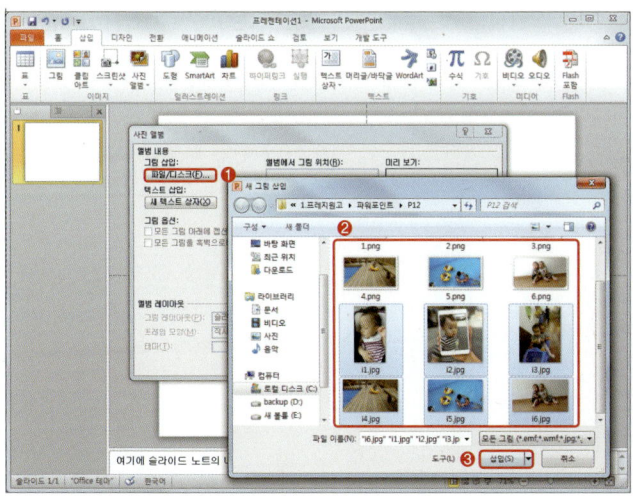

02 [사진 앨범] 대화상자에서 [파일/디스크]를 클릭하고 예제 파일 중 'i1.jpg~i6.jpg' 파일을 선택한 후 [삽입] 버튼을 클릭합니다.

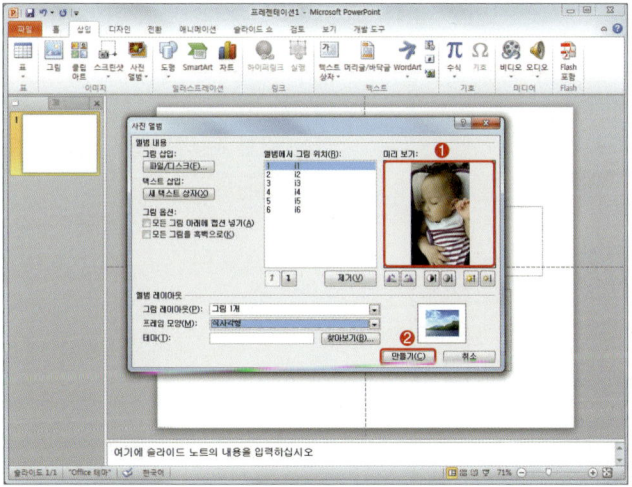

03 앨범에서의 그림 위치가 잘 지정되었는지 [미리 보기]를 통해서 확인하고 [만들기] 버튼을 클릭합니다.

- 이미지의 양이 많다면 [사진 앨범] 대화상자의 [그림 레이아웃]에서 '그림 2개' 또는 '그림 4개'를 선택하여 하나의 슬라이드에 여러 개의 그림을 삽입할 수도 있습니다.
- 고해상도로 촬영된 이미지는 용량이 크기 때문에 그래픽 프로그램을 사용하여 미리 사진의 크기를 줄이는 경우가 많습니다. 파워포인트의 사진 앨범을 이용하면 간단하게 리사이즈도 가능합니다.
- [사진 앨범] 대화상자에서 [프레임 모양]을 변경하여 직사각형 이외의 다양한 형태로 한 번에 이미지를 변경할 수 있습니다.

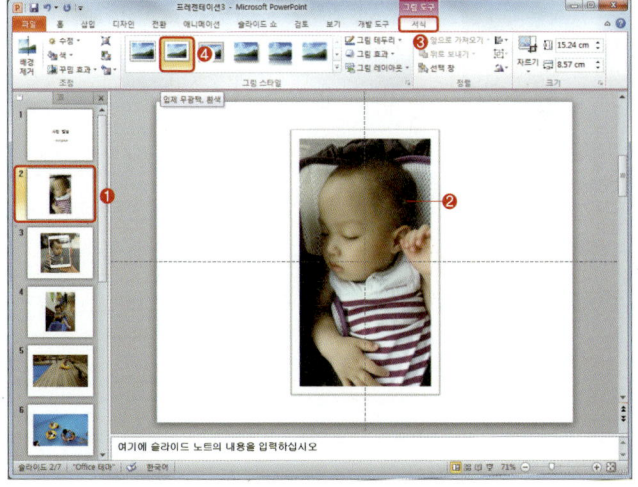

04 제작된 사진 앨범 파일에서 두 번째 슬라이드의 이미지를 선택하고 [그림 도구]-[서식] 탭의 [그림 스타일] 그룹에서 [입체 무광택, 흰색]을 클릭합니다.

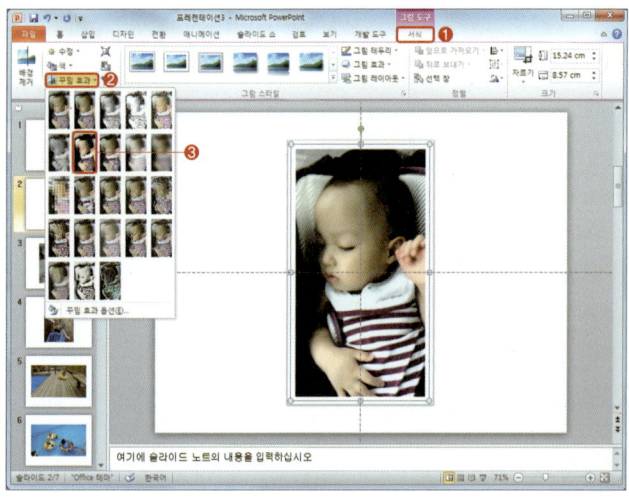

05 [그림 도구]-[서식] 탭의 [조정] 그룹에서 [꾸밈 효과]를 선택하고 [페인트 스트로크]를 클릭하여 이미지에 효과를 적용합니다.

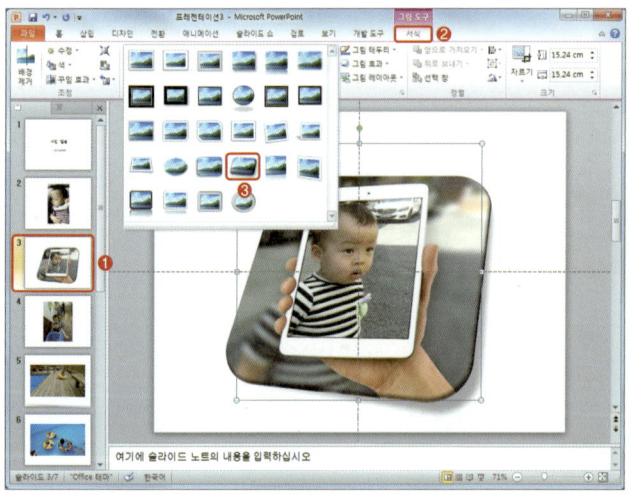

06 세 번째 슬라이드의 이미지를 선택하고 [그림 도구]-[서식] 탭의 [그림 스타일] 그룹에서 [자세히]를 클릭한 후 [입체 원근감]을 클릭합니다.

07 나머지 이미지들도 [그림 스타일] 그룹의 스타일 효과를 다음과 같이 선택하여 적용합니다.

- 네 번째 슬라이드 : [둥근 대각선 모서리, 흰색]
- 다섯 번째 슬라이드 : [금속 프레임]
- 여섯 번째 슬라이드 : [금속 프레임]
- 일곱 번째 슬라이드 : [모서리가 둥근 금속 직사각형]

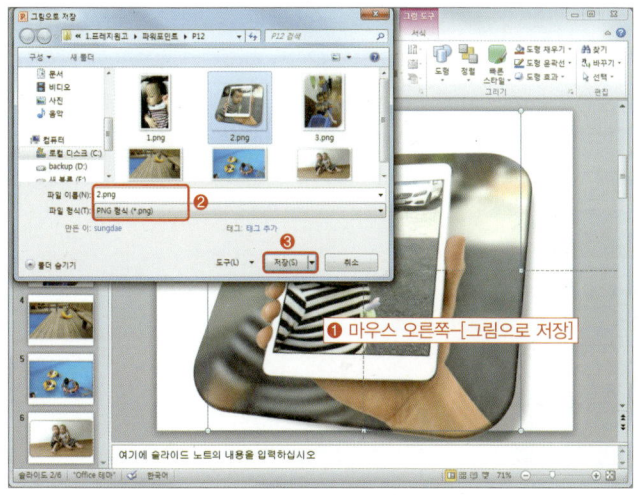

08 각 슬라이드의 이미지를 선택하고 마우스 오른쪽 버튼을 클릭하여 [그림으로 저장]을 선택한 후 png 형식으로 이미지를 저장합니다.

(2) 프레지에서 이미지 교체하고 패스 연결하기

01 프레지에 로그인한 후 'Q07' 폴더의 예제 바로가기 아이콘을 더블클릭하고 [복사하기]를 클릭합니다. 내 프레지에서 복사된 프레지를 클릭하고 프레지 관리 화면에서 [편집하기]를 클릭하여 프레지 편집을 시작합니다.

02 이미지를 선택하여 [바꾸기]를 클릭하고 [이미지 변경] 속성창에서 [파일 선택]을 클릭합니다. 대화상자가 나타나면 저장된 파일을 선택하고 [열기]를 클릭하여 이미지를 교체합니다.

알·고·가·자

이미지 바꾸기 오류

이미지를 바꿀 때 이미지 사이즈가 다를 경우 종종 오류가 발생해 이미지가 잘려 있는 경우도 있습니다. 이때는 해당 이미지를 선택하여 [이미지 자르기]를 클릭한 후 크기를 조절하고 재배치합니다.

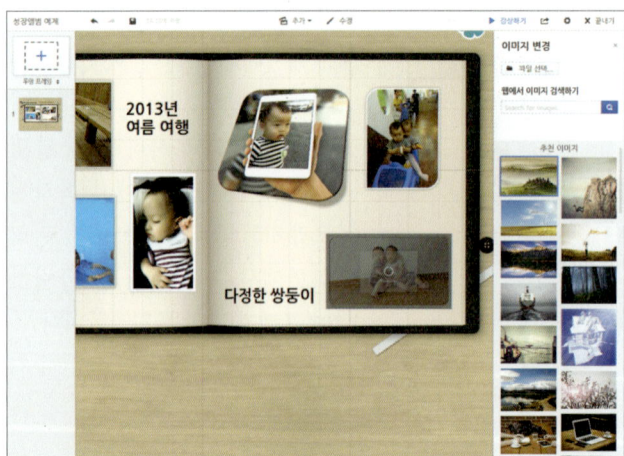

03 나머지 이미지는 제거하고 파워포인트에서 저장한 이미지로 교체한 후 배치합니다.

04 제목 타이틀 부분을 확대합니다. [패스 설정]을 클릭하고 [현재 화면 추가]를 클릭합니다. 제목 텍스트를 2개로 분할한 만큼 오른쪽으로 화면을 이동합니다. 이동후 한 번 더 [현재 화면 추가]를 클릭하여 패스를 지정합니다.

 텍스트의 단어 단위로 패스를 연결하면 옆으로 이동하는 애니메이션 효과를 줄 수 있습니다.

05 텍스트 객체와 이미지에 그림과 같이 패스를 연결하고 [완료]를 클릭합니다.

06 [감상하기]를 클릭하여 변경된 이미지와 패스를 확인합니다.

02 | 배경 제거하여 깔끔한 이미지로 만드는 스마트러닝 제안서

프레지에서 사용할 이미지를 찾는 것이 어려운 이유 중 하나는 불필요한 부분을 효과적으로 제거하지 못하기 때문인 경우가 많습니다. 파워포인트의 배경 제거 기능을 이용하면 리터칭 프로그램처럼 훌륭하게 이미지를 재단해 프레지에서 활용할 수 있습니다. 파워포인트에서 이미지의 배경을 제거하여 스마트러닝 제안서를 만들어 보겠습니다.

- 사용 예제 : Q08\스마트러닝 제안 예제
- 완성 예제 : Q08\스마트러닝 제안 완성
- 예제 파일 : Q08 폴더

Before 프레지의 강력한 주밍으로 이미지를 최소화하여 축소한다면 좋겠지만 어쩔 수 없이 큰 이미지로 이미지를 삽입한 경우입니다. 스티브 잡스의 녹색 배경이 전체적인 색감을 부자연스럽게 만듭니다.

After 파워포인트의 배경 제거 기능을 활용하면 원하는 이미지만 남겨두고 나머지 영역은 투명한 부분으로 교체할 수 있어 깔끔하게 처리된 프레지를 확인할 수 있습니다.

(1) 파워포인트로 배경 제거하기

01 파워포인트를 실행하여 예제 파일 'Q08.pptx'를 열고 두 번째 슬라이드를 선택합니다. [삽입] 탭-[이미지] 그룹-[그림]을 클릭하고 [그림 삽입] 대화상자에서 'jobs.jpg'를 선택한 후 [삽입]을 클릭합니다.

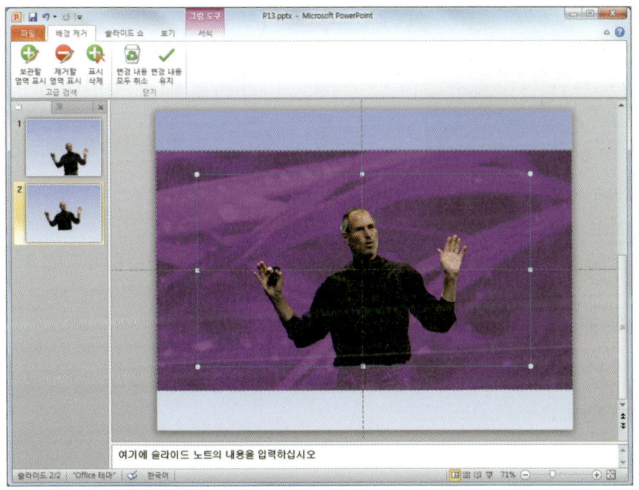

02 배경을 제거하기 위해 삽입한 그림을 선택하고 [그림 도구]-[서식] 탭-[조정] 그룹-[배경 제거]를 클릭합니다. 분홍색 반투명으로 처리되는 부분이 투명해지는 영역입니다.

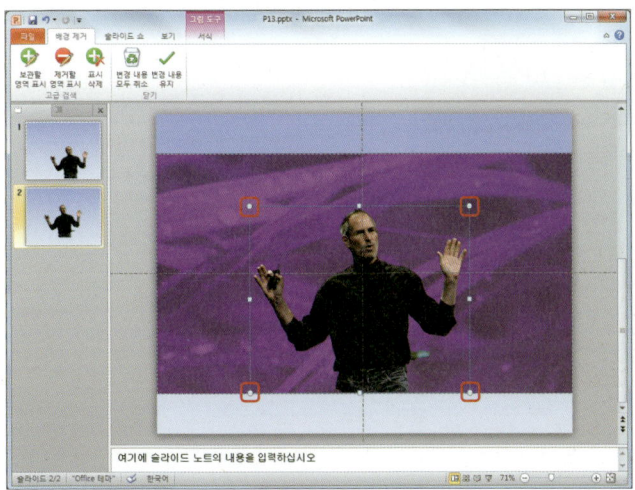

03 보관할 영역을 크기 조정 핸들을 드래그하여 조정합니다.

TIP 마우스로 드래그하여 영역을 지정할 때 남겨질 부분과 제거될 반투명 분홍색 영역을 자동으로 식별하게 되므로 최대한 정확한 영역을 지정하는 것이 좋습니다.

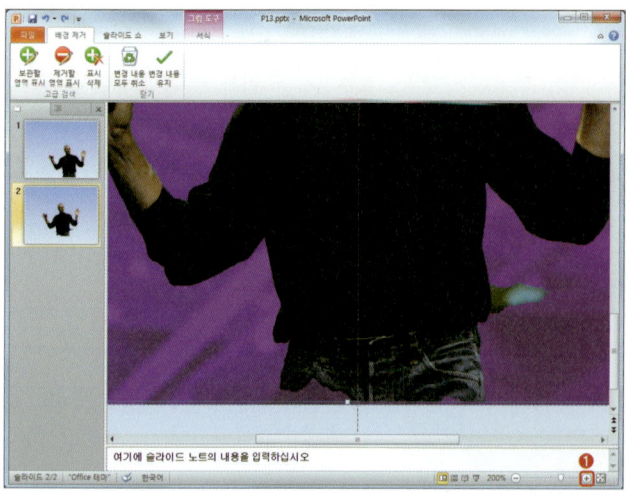

04 슬라이드 확대 버튼을 눌러서 200%로 확대합니다.

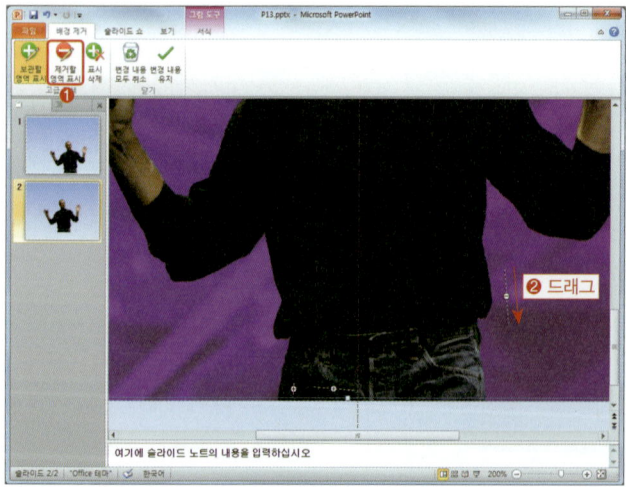

05 그림의 아래쪽 부분으로 이동하여 [배경 제거] 탭-[고급 검색] 그룹의 [제거할 영역 표시]를 클릭하고 제거될 배경 이미지를 마우스로 드래그합니다.

06 제거할 영역과 남겨야 할 영역을 확인하고 [배경 제거] 탭-[변경 내용 유지]를 클릭하면 모든 변경 내용이 유지되고 분홍색 영역이 투명하게 변경됩니다.

> **TIP** 배경 제거를 잘못한 경우에는 [배경 제거] 탭에서 [변경 내용 모두 취소]를 선택해 원래대로 되돌릴 수 있습니다.

07 파워포인트 우측 하단의 [슬라이드를 현재 창 크기에 맞춥니다]를 클릭하여 슬라이드 창을 원래대로 복귀하고 배경이 잘 제거되었는지 확인합니다.

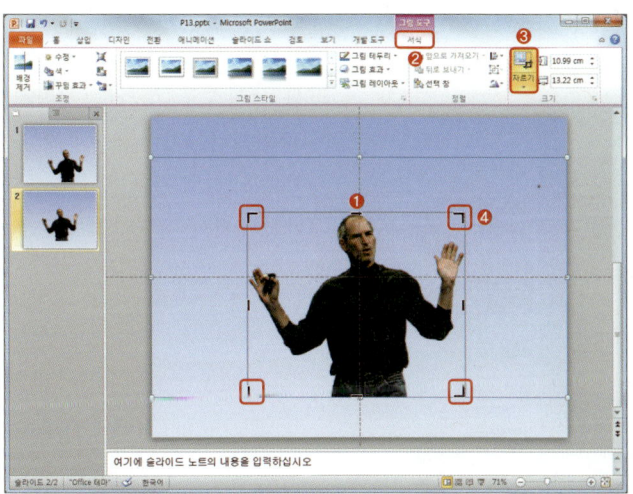

08 이미지를 선택하고 [그림 도구]-[서식] 탭의 [크기] 그룹에서 [자르기]를 클릭합니다. 조절점을 드래그하여 사용할 이미지만 남도록 조절한 후 Enter 를 눌러 투명 영역을 제거합니다.

09 재단된 이미지를 선택하고 마우스 오른쪽 버튼을 눌러 [그림으로 저장]을 선택하여 저장합니다.

(2) 프레지에서 이미지 교체하기

01 프레지에 로그인한 후 'Q08' 폴더의 예제 바로가기 아이콘을 더블클릭하고 [복사하기]를 클릭합니다. 내 프레지에서 복사된 프레지를 클릭하고 프레지 관리 화면에서 [편집하기]를 클릭하여 프레지 편집을 시작합니다.

02 이미지를 선택하여 Delete 를 눌러서 삭제하고 [추가]-[이미지]를 클릭합니다. [이미지 추가] 속성창에서 [파일 선택]을 클릭하고 대화상자에서 저장된 파일을 선택한 후 [열기]를 클릭합니다.

03 이미지를 선택하여 크기를 적당하게 조절하고 위치를 지정합니다.

04 [패스 설정]을 클릭하여 내용 전개에 필요한 패스를 연결한 후 [완료]를 클릭합니다.

05 [감상하기]를 클릭하여 변경된 이미지와 패스 전개를 확인합니다.

03 | 꾸밈 효과로 만드는 페이드 인 애니메이션 신차 론칭 발표회

파워포인트의 꾸밈 효과는 포토샵의 필터와 같은 느낌을 전달합니다. 단순히 꾸밈 효과로 끝나는 것이 아닌 프레지의 애니메이션인 페이드 인 효과를 적용하여 이미지를 겹치면 흑백에서 컬러로 변하거나 스케치한 이미지에서 사진으로 변화하는 새로운 느낌을 청중에게 전달할 수 있습니다. 그럼 파워포인트의 꾸밈 효과로 이미지를 변경하여 애니메이션을 적용한 신차 론칭 발표 프레젠테이션을 제작해 보겠습니다.

- 사용 예제 : Q09\신차 론칭 발표 예제
- 완성 예제 : Q09\신차 론칭 발표 완성
- 예제 파일 : Q09 폴더

 뒤쪽 이미지는 파워포인트의 꾸밈 효과를 적용하여 실루엣으로 보이도록 만들어 청중의 호기심을 자극합니다.

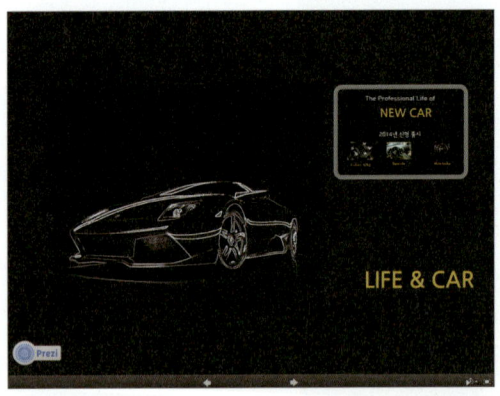

 꾸밈 효과를 뒤쪽 이미지 위에 겹쳐서 원본 이미지를 넣은 후 애니메이션 처리를 하면 마치 새롭게 변한 디자인처럼 착시 현상을 일으키게 됩니다. 흑백에서 컬러 또는 서로 다른 이미지를 겹쳐서 새로운 느낌의 프레지를 경험할 수 있습니다.

(1) 파워포인트로 이미지 꾸미기

01 파워포인트를 실행하여 예제 'Q09.pptx'를 열고 두 번째 슬라이드를 선택합니다.

TIP 첫 번째 슬라이드는 파워포인트 애니메이션 효과 중 밝기 변화를 표현한 것으로 F5 를 눌러 애니메이션 효과를 확인할 수 있습니다.

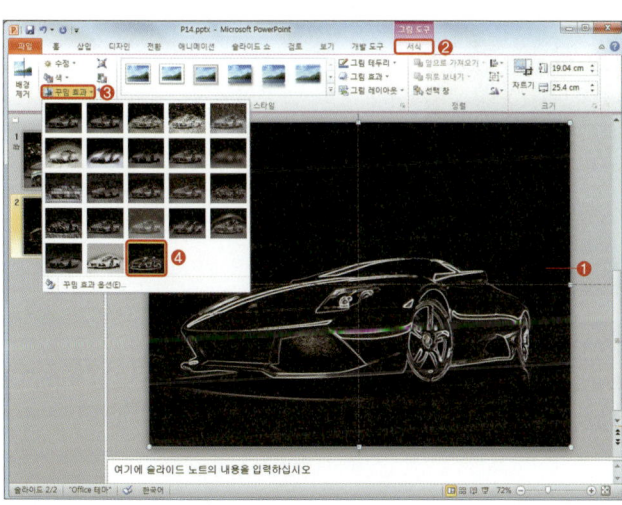

02 그림을 선택하고 [그림 도구]-[서식] 탭-[조정] 그룹-[꾸밈 효과]를 클릭한 후 [네온 가장자리]를 선택합니다.

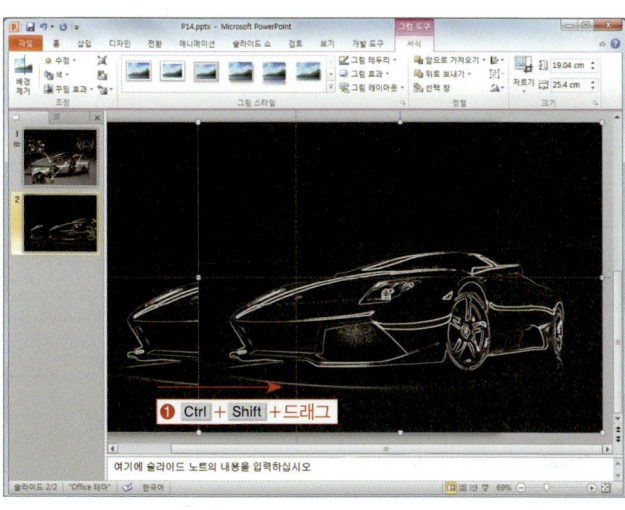

03 Ctrl + Shift 를 누른 상태로 마우스를 오른쪽으로 드래그하여 이미지를 복사합니다.

04 복사된 이미지를 선택한 후 [그림 도구]-[서식] 탭-[조정] 그룹-[꾸밈 효과]를 클릭하고 [없음]을 클릭하여 원본 이미지로 변경합니다.

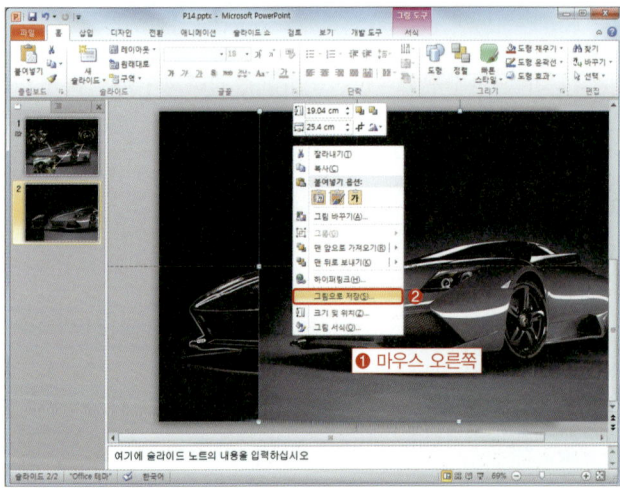

05 두 개의 이미지를 각각 선택해서 마우스 오른쪽 버튼을 클릭한 후 [그림으로 저장]을 선택하여 저장합니다.

(2) 프레지에 이미지 삽입하고 애니메이션 적용하기

01 프레지에 로그인한 후 'Q09' 폴더의 예제 바로가기 아이콘을 더블클릭하고 [복사하기]를 클릭합니다. 내 프레지에서 복사된 프레지를 클릭하고 프레지 관리 화면에서 [편집하기]를 클릭하여 프레지 편집을 시작합니다.

02 전체 내용을 확인하기 위해 2번 패스를 클릭합니다.

03 [추가]-[이미지]를 선택하고 [이미지 추가] 속성창에서 [파일 선택]을 클릭한 후 파워포인트에서 저장한 파일을 모두 선택하고 [열기]를 클릭합니다.

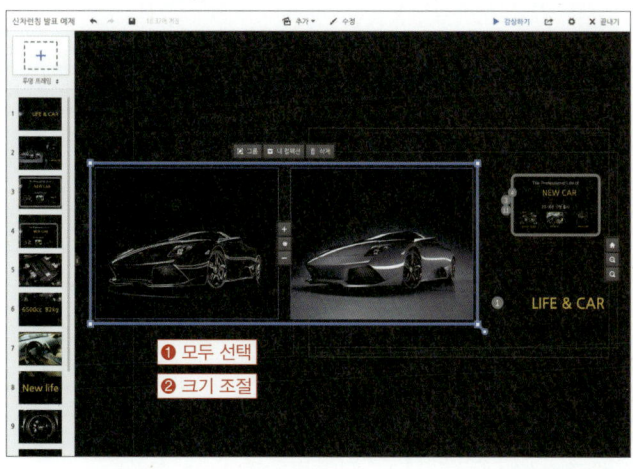

04 삽입된 두 개의 이미지를 모두 선택하고 투명 프레임 안에 이미지가 모두 들어갈 수 있도록 크기를 한꺼번에 조절합니다.

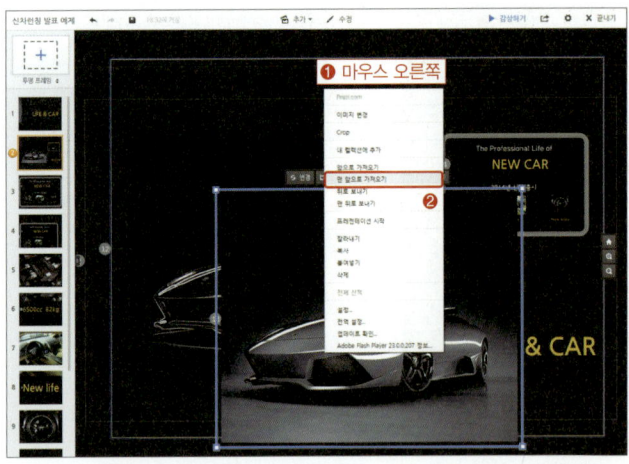

05 이미지를 서로 겹쳐서 배치합니다. 원본 이미지가 뒤쪽에 있을 경우 마우스 오른쪽 버튼을 클릭하고 [맨 앞으로 가져오기]를 선택한 후 이미지를 서로 겹칩니다.

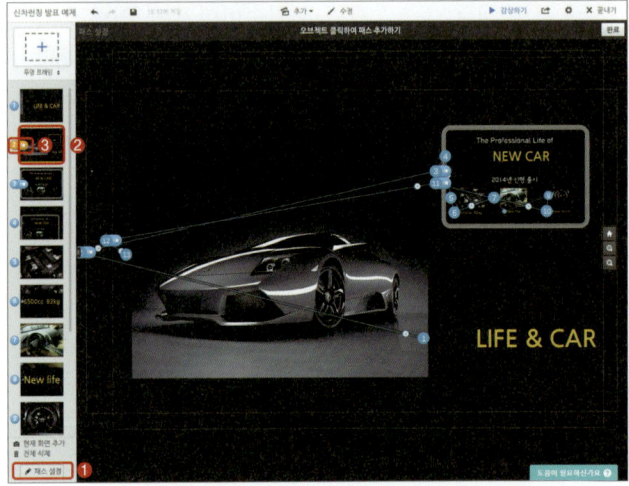

06 [패스 설정]을 클릭하고 두 번째 패스 경로를 클릭한 후 [프레임 내용에 페이드인 효과 적용]을 누릅니다.

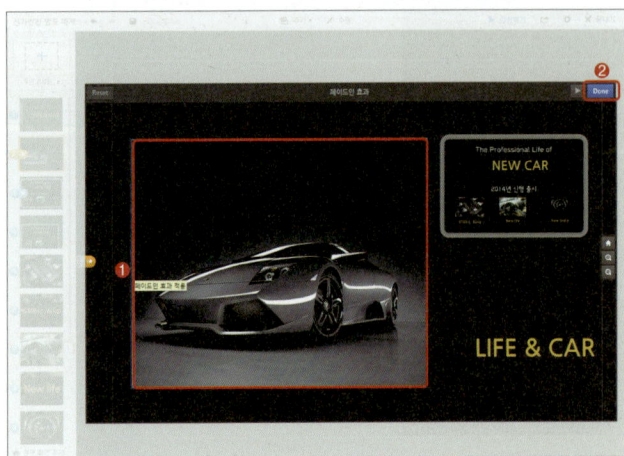

07 원본 이미지를 클릭하여 페이드인 효과를 적용하고 [Done]을 클릭합니다.

TIP 애니메이션 편집창은 마우스 오른쪽 버튼을 클릭하여 [애니메이션 편집 마침]을 선택하면 종료됩니다.

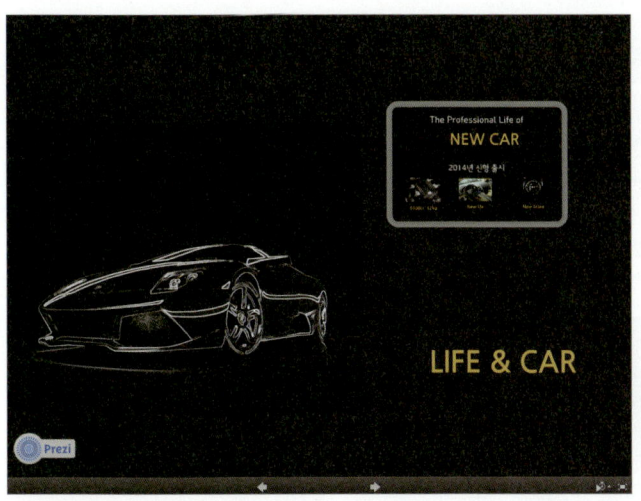

08 [감상하기]를 클릭하여 패스와 프레임에 삽입된 애니메이션을 확인하고 완성합니다.

알·고·가·자

꾸밈 효과 살펴보기

꾸밈 효과는 파워포인트 2010부터 새롭게 추가된 기능으로 23가지의 꾸밈 효과로 그림에 다이내믹한 연출이 가능해졌습니다. 각각의 효과는 개별적인 옵션으로 투명도, 농도, 크기, 강도, 밀도 등을 조절할 수 있습니다.

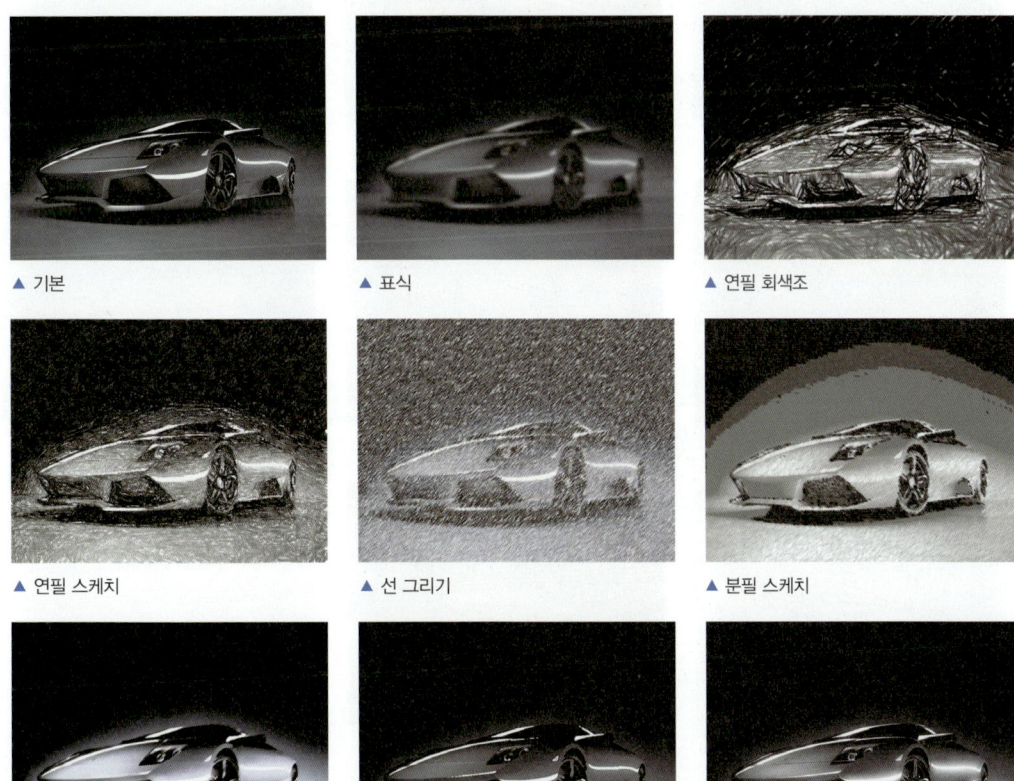

▲ 기본   ▲ 표식   ▲ 연필 회색조

▲ 연필 스케치   ▲ 선 그리기   ▲ 분필 스케치

▲ 페인트 스트로크   ▲ 페인트 브러시   ▲ 확산 네온

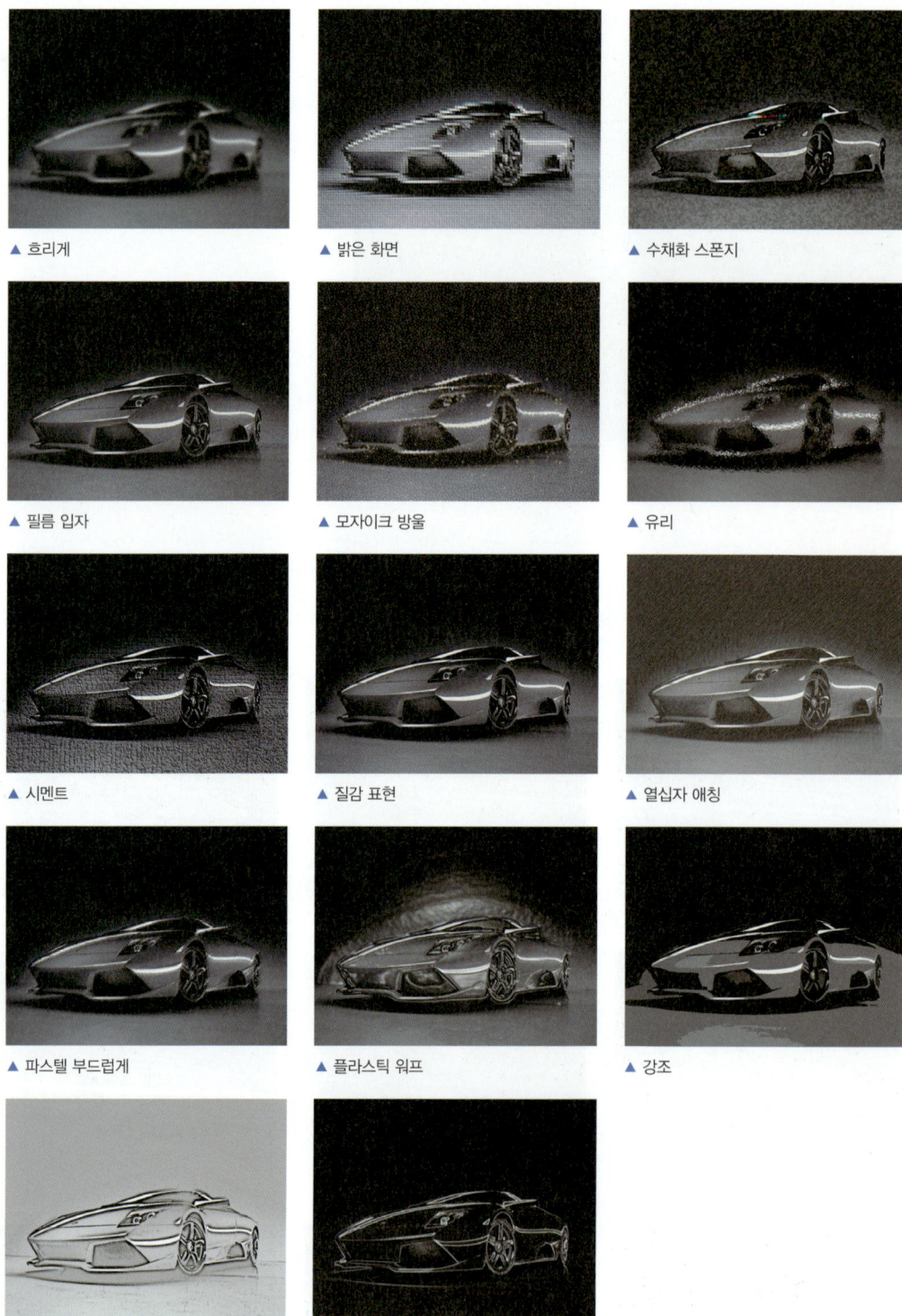

04 | 파워포인트 동영상으로 꾸미는 주밍의 극대화

프레지에 파워포인트 슬라이드를 삽입할 수 있지만, 실제로 파워포인트 파일을 삽입하다 보면 깨지거나 누락되는 부분이 많아 다시 작업을 해야 하는 경우가 많습니다. 파워포인트 슬라이드를 동영상으로 제작하여 프레지에 삽입하면 파워포인트를 다시 작업할 필요 없이 프레젠테이션이 가능합니다.

- 사용 예제 : Q10\지구 살리기 프로젝트 예제
- 완성 예제 : Q10\지구 살리기 프로젝트 완성
- 예제 파일 : Q10 폴더

Before 프레지에서 동영상을 눈 이미지의 왼쪽에 배치하여 패스 연결이 된 평범한 형태의 프레지는 일반적으로 사용하는 동영상 삽입의 한 예입니다.

After 파워포인트로 제작한 동영상을 프레지의 눈 이미지 속에 작은 크기로 삽입하면 주밍의 극대화를 통해 더욱 강력하고 인터렉티브한 연출이 가능해집니다.

(1) 파워포인트로 동영상 제작하기

01 파워포인트를 실행하여 예제 파일 '녹색연구보고서.pptx'를 열고 첫 번째 슬라이드를 선택합니다.

02 [전환] 탭-[슬라이드 화면 전환] 그룹에서 [밝기 변화]를 클릭하고 [전환] 탭-[타이밍] 그룹에서 [다음 시간 후] 앞에 체크 표시를 합니다. 시간은 '5초'로 지정한 후 [모두 적용]을 클릭합니다.

> **TIP** [전환] 탭-[슬라이드 화면 전환]에서 슬라이드마다 다양한 전환 효과를 적용할 수 있습니다.

03 모든 슬라이드가 동일한 [밝기 변화] 효과가 적용되었는지 F5 를 슬라이드 쇼를 진행하여 확인합니다.

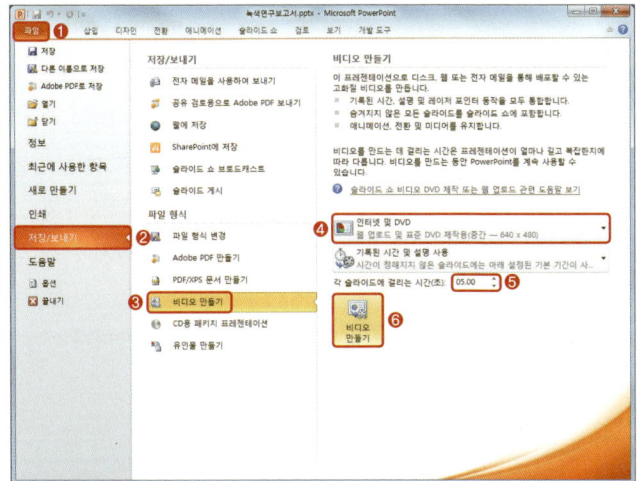

04 [파일] 탭-[저장/보내기]를 선택한 후 [비디오 만들기]를 클릭합니다. 오른쪽 선택창에서 '인터넷 및 DVD'를 선택하고 각 슬라이드에 걸리는 시간을 '5초'로 지정한 다음 [비디오 만들기]를 클릭합니다.

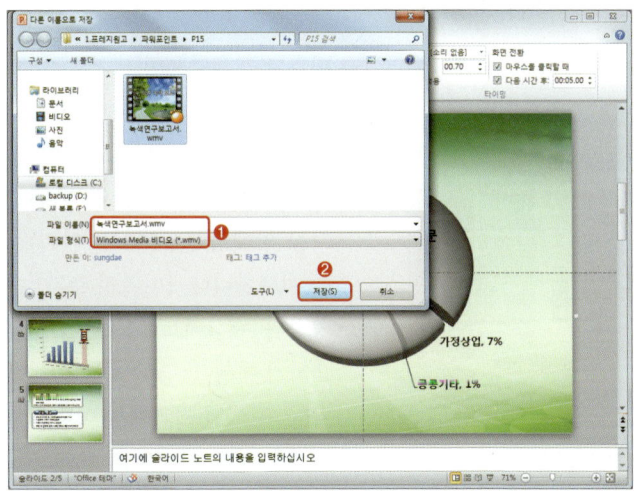

05 경로를 지정한 후 파일 이름을 입력하고 [저장] 버튼을 클릭하면 해당 경로에 비디오 파일이 저장됩니다.

TIP 슬라이드의 분량에 따라 동영상을 제작하는 시간이 짧게는 몇 분에서 길게는 한 시간 이상 소요될 수 있습니다. 파워포인트 슬라이드 편집화면 하단에 제작 시간이 표시됩니다.

(2) 프레지에 파워포인트 동영상 삽입하기

01 프레지에 로그인한 후 'Q10' 폴더의 예제 바로가기 아이콘을 더블클릭하고 [복사하기]를 클릭합니다. 내 프레지에서 복사된 프레지를 클릭하고 프레지 관리 화면에서 [편집하기]를 클릭하여 프레지 편집을 시작합니다.

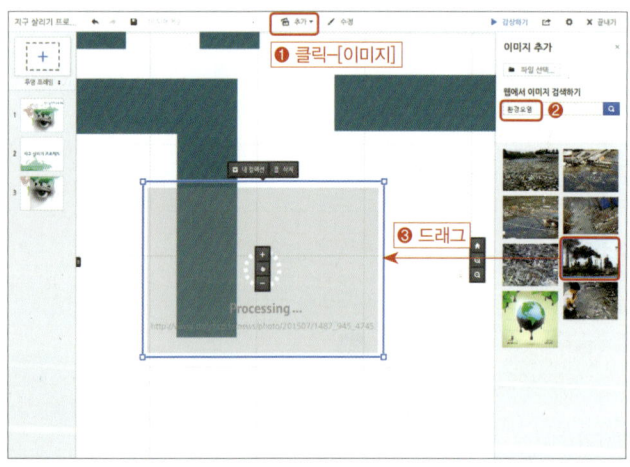

02 텍스트 객체와 이미지 객체의 크기를 극단적으로 조절하면 더욱 강렬한 주밍 효과를 표현할 수 있습니다. 오른쪽 상단의 텍스트를 확대하고 [추가]-[이미지]를 선택합니다. [이미지 추가] 속성창의 '웹사이트에서 이미지 검색하기'에서 '환경오염'을 검색합니다. 검색된 결과에서 이미지를 프레지 편집 화면으로 드래그하여 삽입합니다.

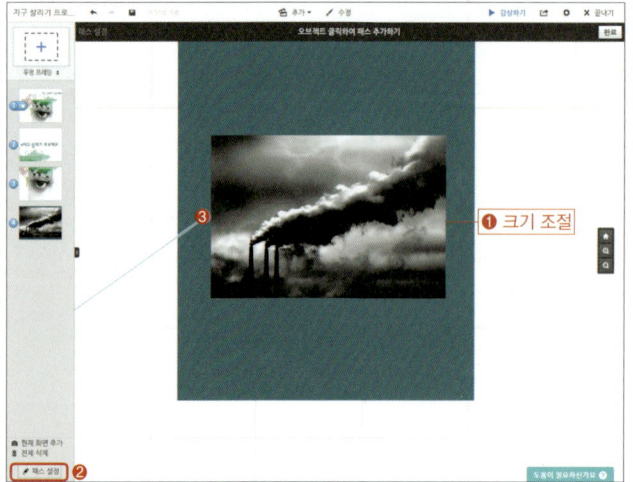

03 삽입한 이미지의 크기를 조절하여 텍스트 안쪽에 배치하고 [패스 설정]을 클릭하여 패스를 연결합니다.

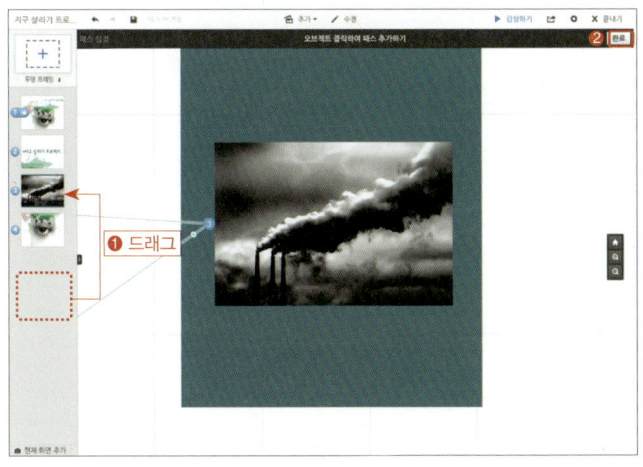

04 4번째 패스 경로를 드래그하여 3번째로 이동하고 [완료]를 클릭합니다.

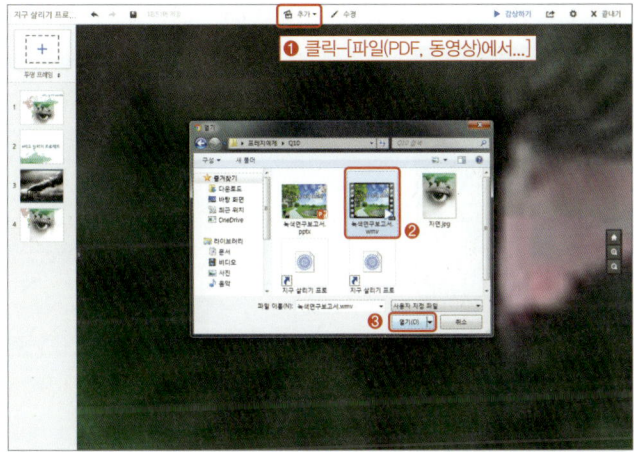

05 눈 안쪽을 확대하고 [추가]-[파일(PDF, 동영상)에서...]를 클릭한 후 대화상자에서 파워포인트로 제작한 동영상을 선택하고 [열기]를 클릭합니다.

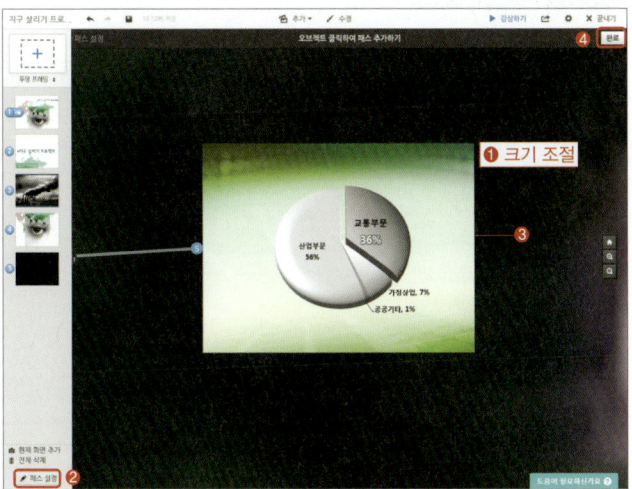

06 삽입된 동영상의 크기를 조절하고 이미지의 눈 안쪽에 배치합니다. [패스 설정]을 클릭하여 패스를 연결하고 [완료]를 클릭합니다.

07 프레지의 전체 화면이 다 보이도록 화면을 축소하고 [패스 설정]을 선택합니다. [현재 화면 추가]를 클릭하고 [완료]를 선택합니다.

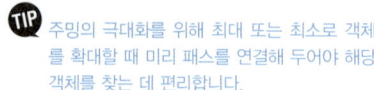 주밍의 극대화를 위해 최대 또는 최소로 객체를 확대할 때 미리 패스를 연결해 두어야 해당 객체를 찾는 데 편리합니다.

08 [감상하기]를 클릭하여 패스와 동영상이 잘 재생되는지 확인합니다.

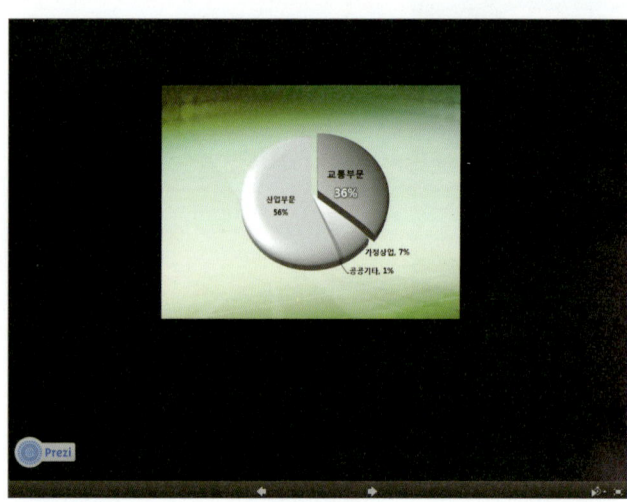

파워포인트 이미지로 꾸미는 세계의 유명인사

프레지는 세계 지도를 활용하여 다양한 프레젠테이션을 구현할 수 있어 전 세계의 문화, 역사, 사회 전반에 걸쳐 다양한 결과물이 만들어지고 있습니다. 특히 패턴 형태의 지도에서 패턴 사이를 이동할 때 프레지의 주밍 효과는 더욱 극적으로 표현됩니다. 역동적인 프레지와 파워포인트의 이미지가 결합된 세계의 유명인사 프로젝트를 직접 제작해 보겠습니다.

- 사용 예제 : Q11\세계의 유명인사 예제
- 완성 예제 : Q11\세계의 유명인사 완성
- 예제 파일 : Q11 폴더

(1) 파워포인트에서 배경 제거하기

01 파워포인트를 실행하여 예제 파일 'Q11.pptx'를 열고, 두 번째 슬라이드를 선택합니다. [삽입] 탭-[이미지] 그룹-[그림]을 클릭하고 [그림 삽입] 대화상자에서 '반기문.jpg'를 선택하여 삽입합니다.

02 배경을 제거하기 위해 삽입한 그림을 선택하고 [그림 도구]-[서식] 탭-[조정] 그룹-[배경 제거]를 클릭합니다.

03 남겨 놓을 영역을 크기 조정 핸들로 드래그하여 조정하고 [보관할 영역 표시]와 [제거할 영역 표시]를 선택하여 필요한 부분만 남겨둡니다. [변경 내용 유지]를 클릭하여 투명한 이미지를 제작합니다.

04 [그림 도구]-[서식] 탭의 [크기] 그룹에서 [자르기]을 클릭하여 사용할 이미지만 남겨두고 영역을 지정한 후 Enter 를 눌러서 투명 영역을 제거합니다.

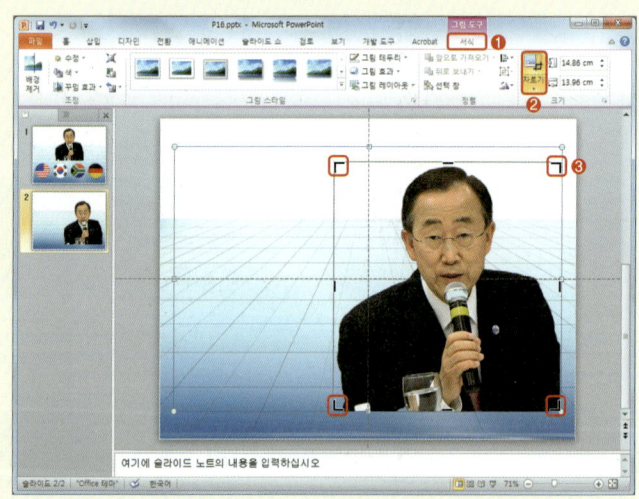

05 이미지를 선택하고 마우스 오른쪽 버튼을 눌러 [그림으로 저장]을 선택하여 저장합니다.

06 [홈] 탭-[슬라이드] 그룹-[새 슬라이드]를 클릭하여 새로운 슬라이드를 추가한 후 같은 방법으로 '넬슨만델라.jpg', '빌게이츠.jpg', '스티브잡스.jpg', '알젤라메르켈.jpg' 이미지들의 배경을 제거합니다.

TIP 새 슬라이드를 추가하는 바로가기 키는 Ctrl + M 입니다.

07 두 번째 슬라이드부터 여섯 번째 슬라이드의 이미지들을 마우스 오른쪽 버튼을 클릭하여 [그림으로 저장]을 선택해 각각 저장합니다.

(2) 파워포인트에서 원형 국기 제작하기

01 파워포인트 예제 파일을 다시 열고 두 번째 슬라이드를 선택합니다. [홈] 탭-[그리기] 그룹-[도형]을 선택하고 [기본 도형]-[타원]을 클릭한 후 슬라이드에 도형을 추가합니다.

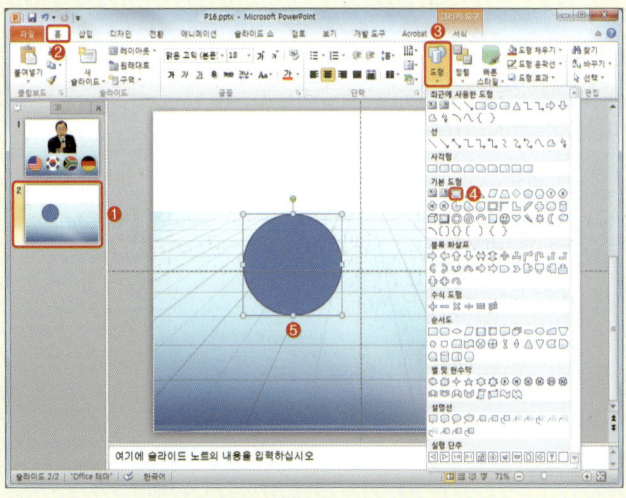

02 도형을 선택하고 [그리기 도구]-[서식] 탭의 [크기] 그룹에서 가로와 세로폭을 '5cm'로 입력한 후 Enter 를 눌러 크기를 가로세로가 동일한 원으로 크기를 변경합니다.

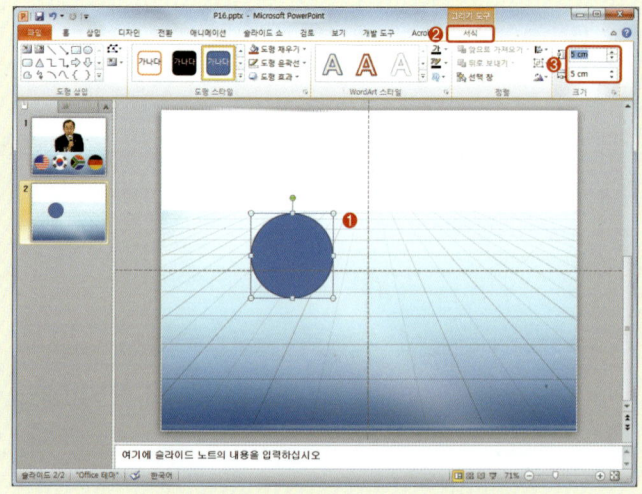

03 도형을 선택하고 [그리기 도구]-[서식] 탭의 [도형 스타일] 그룹-[도형 채우기]-[그림]을 선택합니다. [그림 삽입] 대화상자에서 예제 파일의 '한국.jpg'를 선택하고 [삽입] 버튼을 클릭하여 도형에 그림을 채웁니다.

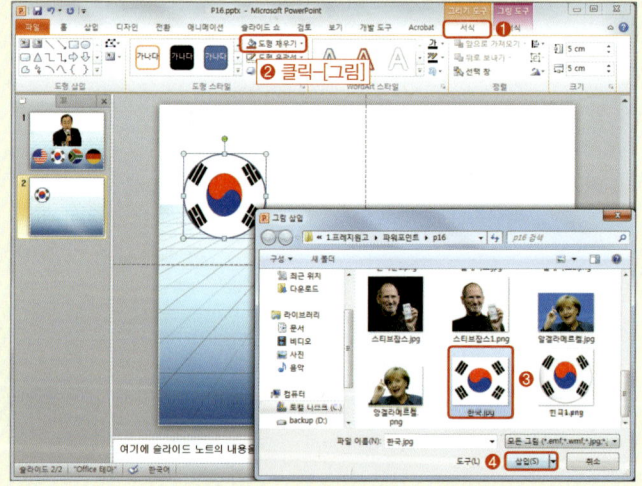

04 도형을 선택하고 [그리기 도구]-[서식] 탭의 [도형 스타일] 그룹-[도형 효과]-[기본 설정]-[미리 설정]-[기본 설정2]를 선택하여 효과를 적용합니다.

05 도형을 선택하고 Ctrl + Shift 를 누른 채로 드래그하여 오른쪽에 그림과 같이 복사합니다.

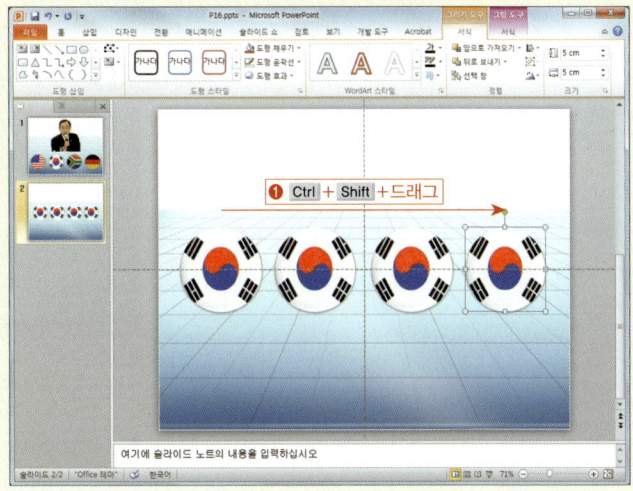

06 같은 방법으로 도형을 각각 선택하여 [그리기 도구]-[서식] 탭의 [도형 스타일] 그룹-[도형 채우기]-[그림]을 선택하여 각 나라별 국가 이미지를 도형에 삽입합니다.

07 그림을 선택하고 마우스 오른쪽 버튼을 눌러 [그림으로 저장]을 클릭하여 각각의 이미지로 저장합니다.

(3) 세계 지도를 활용한 프레지 제작하기

01 프레지에 로그인한 후 'Q11' 폴더의 예제 바로가기 아이콘을 더블클릭하고 [복사하기]를 클릭합니다. 내 프레지에서 복사된 프레지를 클릭하고 프레지 관리 화면에서 [편집하기]를 클릭하여 프레지 편집을 시작합니다.

02 [추가]-[이미지]를 클릭하고 [이미지 추가] 속성창의 [파일 선택]을 선택합니다. 대화상자에서 저장해 놓은 '한국1.png', '미국1.png', '독일1.png', '남아프리카공화국1.png'를 선택하고 [열기]를 클릭합니다.

03 4개의 이미지가 삽입되면 모두 선택하여 한 번에 크기를 조절한 후 다음과 같이 배치합니다.

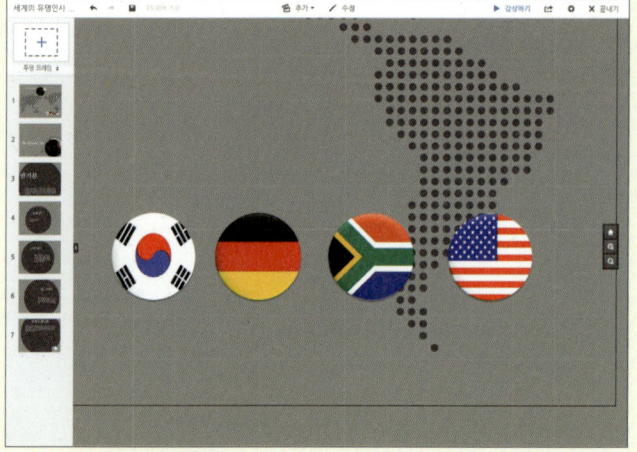

04 3번째 패스 경로를 선택하고 [추가]-[이미지]를 클릭한 후 [이미지 추가] 속성창의 [파일 선택]을 선택합니다. 대화상자가 나타나면 파워포인트로 배경을 제거한 '반기문1.png' 파일을 선택하여 삽입한 후 그림처럼 배치합니다.

05 [패스 설정]을 선택하고 [프레임 컨텐츠에 애니메이션 추가]를 선택하여 기존 텍스트의 애니메이션은 제거합니다.

06 삽입한 이미지를 먼저 클릭하여 페이드인 효과를 적용하고 텍스트는 두 번째로 페이드 인 효과를 지정한 후 [Done]을 클릭하여 애니메이션을 완료합니다.

07 같은 방법으로 '빌게이츠1.png', '스티브잡스1.png', '넬슨만델라1.png', '앙겔라메르켈1.png' 이미지를 각각 삽입한 후 크기를 조정하고 페이드 인 효과를 적용합니다

08 그림과 같이 화면을 확대하고 삽입한 원형 국가 이미지를 7번 패스와 8번 패스 사이에 ⊕를 드래그해서 순서대로 패스를 연결합니다.

09 패스 경로 창에서 패스를 드래그하여 원형 국기 패스 순서 다음에 대표 인물의 패스가 나오도록 패스 순서를 조정합니다.

10 스토리에 알맞게 애니메이션을 변경하기 위해 [패스 설정]을 클릭하고 [프레임 내용에 페이드인 효과 적용]을 클릭한 후 [Reset]을 클릭하여 발표 내용과 맞게 애니메이션을 수정합니다.

11 전체적인 패스를 확인하고 수정한 후 [감상하기]를 클릭하여 확인합니다

PREZI & PRESENTATION

PART

05

프레지
실무 프로젝트

💬 프레지와 파워포인트의 기능은 쉽게 익히고 따라할 수 있지만 문제가 주어졌을 때 주제를 선정하고 그에 알맞은 내용을 어떻게 전개해 나갈지에 대한 고민과 관련된 자료를 찾아 내용을 전개하는 것은 개인의 창의력과 아이디어에 따라 좌우됩니다. 이번 파트는 이전 파트에서 학습한 내용을 토대로 어떤 의도로 프레지를 전개하여 함축적인 발표를 할 것인지 그리고 전반적인 기획을 직접 스케치하고 프레지에 표현하는지에 대한 방법을 직접 따라해 보겠습니다.

CHAPTER 01
프레지 실무 프로젝트 제작

자신의 생각을 프레지에 담는 것은 컴퓨터 앞에서 바로 시작하기 어렵습니다. 종이나 화이트보드에 생각을 정리하여 전체적인 진행 프로세스를 그려보고 프레지에 표현하는 것이 내용을 전달할 발표자나 이해하는 청중의 입장에서 바람직합니다. 그럼 주어진 주제에 알맞게 그림을 그려보고 프레지로 표현하는 방법에 대해 알아보며 예제를 통해 직접 프로젝트를 수행해보도록 하겠습니다.

01 | 글로벌 전략 프로젝트 기획과정

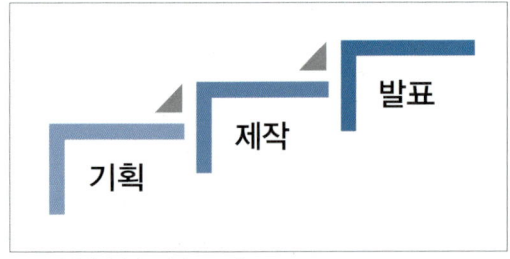
▲ 프레젠테이션의 3단계 프로세스

파트 01에서 설명한 것처럼 발표를 준비하고 진행하는 단계는 크게 '기획 → 제작 → 발표'입니다. 모든 프레젠테이션은 기획 단계에서 주제를 어떻게 표현할지 고민해야 합니다. 흰 종이나 화이트보드에 프로젝트 제목을 적고 전개될 내용을 직접 작성한 후 프레지에서 표현하고 발표하는 것입니다.

예로 근무하는 회사에서 글로벌 기업으로 발전하기 위한 기초 전략을 수립하는 프레젠테이션을 요구하였다면 어디서부터 내용을 시작할지 어떻게 전개해야 할지 막막할 것입니다. 파워포인트나 프레지로 바로 내용을 작성하는 것은 잘못된 전개가 되거나 방향을 읽고 표류하는 배처럼 중심을 잡지 못하는 경우가 많습니다. 따라서 주제가 정해지면 그에 알맞은 스토리와 아이디어를 구상하는 것이 먼저입니다.

자신의 생각을 어떻게 표현할지 아이디어를 생각해내는 것은 마인드맵이나 브레인스토밍 기법을 통해 복잡한 생각을 정리하고 스토리를 찾아내야 합니다. 마인드맵 프로그램을 활용하거나 큰 도화지나 화이트보드에 주제와 연관성 있는 키워드를 나열하여 순서를 정리하고 구조화합니다.

(1) 마인드맵으로 키워드 선별

구체적인 방법은 먼저 화이트보드에 제목을 작성하고 연관된 단어를 나열합니다. 생각을 정리할 때 주제의 순서에 연연하지 말고 생각나는 대로 단어를 나열하고 연관성 있는 부분을 서로 그룹화하여 그중에서 중요한 단어를 찾아냅니다. 이때 여러 사람과 함께 토의하여 키워드를 찾아낸다면 더 효과적입니다.

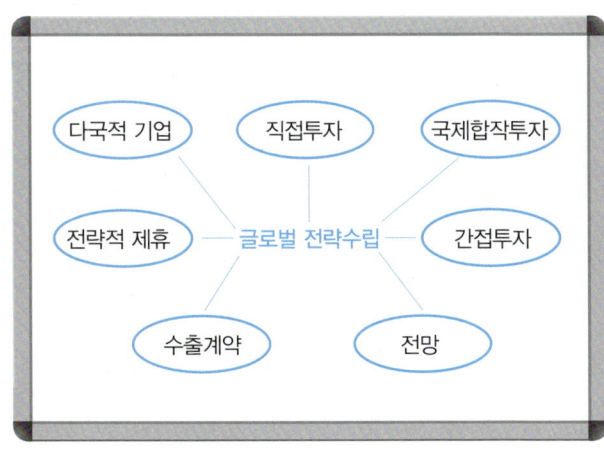

▲ 마인드맵으로 정리된 주제의 핵심 키워드 분류

(2) 키워드 구조화

핵심 키워드를 정리하였다면 해당 키워드의 순서를 정해서 어떻게 전개할지 결정합니다. 기-승-전-결의 구조로 서로 비교하여 내용이 전개될 때 무리가 없는지, 다른 키워드와 연관성이 떨어지지 않는지 파악하고 스토리를 순서대로 표시합니다. 숫자로 표시된 것이 바로 목차가 됩니다.

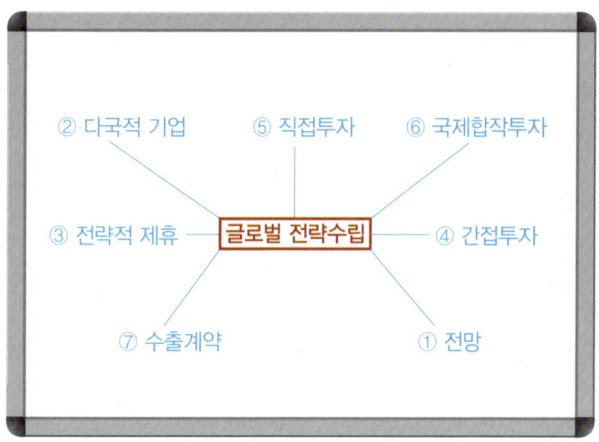

(3) 콘텐츠 수집

목차가 완성되면 표시된 순서에서 표현할 콘텐츠를 인터넷으로 찾거나 관련된 자료를 통해서 입력하고 내용 전개가 적합하고 무리가 없는지 파악하면서 콘텐츠를 작성합니다. 필요한 이미지나 도해, 표도 수집합니다. 마인드맵에서 핵심 키워드로 제외된 다른 키워드를 참고하는 것도 또 다른 방법입니다.

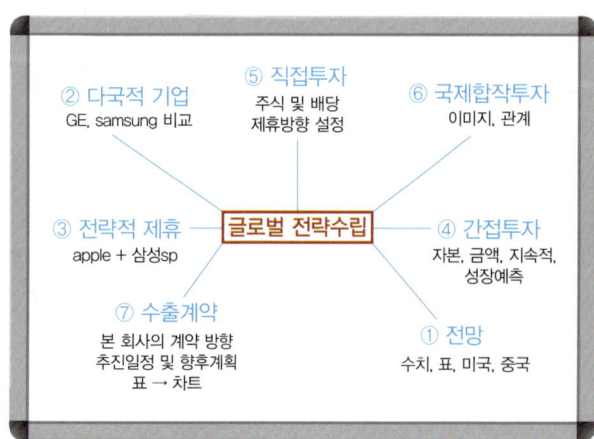

▲ 핵심 키워드에 포함될 콘텐츠 내용의 작성

(4) 목차 초안 작성

구조화하여 정리된 내용을 종이에 작성하여 프레지에서 텍스트로 표현하는 것이 좋을지 또는 파워포인트의 도해나 이미지로 표현할지를 구상하고 몇 가지 다른 대안도 작성하여 입력해 기초적인 목차의 초안을 완성합니다.

① 전망 → 차트, 텍스트
② 다국적 기업 → 이미지
③ 전략적 제휴 → A/P
글로벌 비즈니스
④ 간접투자 → 영상
⑤ 직접투자 → 표, 콘텐츠
⑥ 국제합작투자 → 이미지, 관계
⑦ 수출계약 → 클립아트, 도해

(5) 주제를 표현할 디자인 스타일 선택

목차가 완성되면 프레지에 어떻게 표현할지 그림으로 그려보고 목차를 어떻게 전개할지 결정합니다. 전개하는 방법은 프레지의 템플릿과 다른 프레지를 검색해서 벤치마킹하는 것이 초보자에게 유리합니다. 위로 상승하는 상승형, 이미지 하나에서 전개하는 이미지형, 하나의 키워드나 슬로건에서 전개하는 텍스트형 등의 스타일에서 주제와 적합한 형태와 색상의 프레지 스타일을 정합니다. 또는 상승형, 이미지형, 텍스트형이 모두 포함된 스타일도 고려해 볼 수 있습니다.

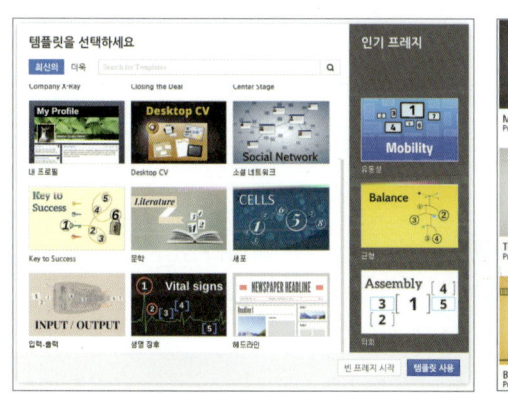 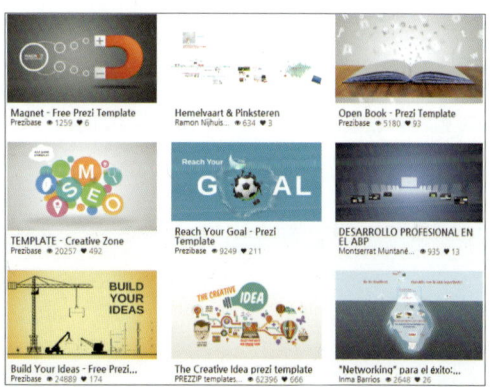

▲ 주제와 적합한 템플릿을 선택하거나 프레지의 검색 메뉴에서 탐색

▲ 상승 스타일의 프레지

▲ 이미지 스타일의 프레지

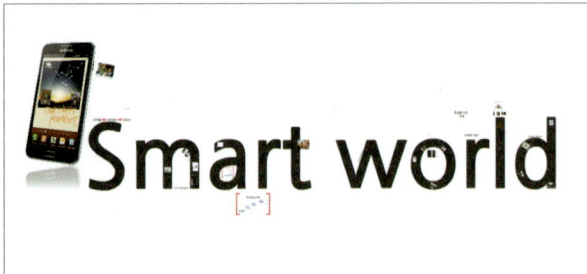

▲ 텍스트 스타일의 프레지

(6) 스토리보드 작성

프레지의 스타일을 정했다면 도화지에 밑그림을 그려서 목차의 트리 구조를 어떻게 전개할 것인지 고민하고 프레지 패스 전개 방향은 어떻게 할 것인지 전체적인 스토리를 직접 그림으로 나타내 화이트보드에 작성해봅니다.

(7) 자료 정리와 프레지 기본 틀 작성

작성된 목차와 콘텐츠는 파워포인트에 정리하고, 관련된 이미지와 콘텐츠를 수집하여 파워포인트 자료에 포함시킵니다.

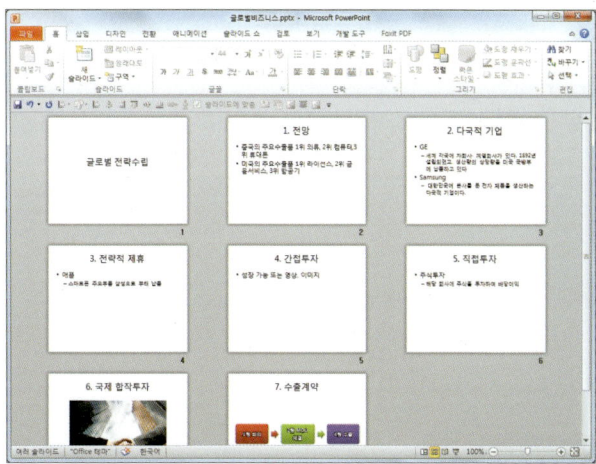

주제에 알맞게 벤치마킹된 프레지라면 불필요한 콘텐츠와 패스를 제거하고 배경과 필요한 키워드를 작성하고 배치합니다. 주제에 적합한 이미지나 텍스트를 입력하여 미리 기초 작업을 해둔다면 전체적인 콘텐츠를 배치하기 위한 계획을 잡기에 유리합니다.

02 | 글로벌 전략 프로젝트 제작과정

기획단계는 주제에 적합한 핵심 키워드를 찾기 위해 마인드맵을 활용하여 키워드를 추출하고, 키워드를 분석한 다음 구조화하여 목차로 표현합니다. 그림으로 그려진 목차와 제목에 적합한 프레지의 스타일을 벤치마킹하여 정리하고 전체적인 스토리를 완성한 후 프레지의 제작과정으로 넘어가는 것이 순서입니다. 모든 프레젠테이션 프로젝트에서 기획단계 없이 바로 제작단계에 들어가는 것은 기초 없이 건물을 짓는 것과 같습니다. 이번 단계는 제작된 파워포인트와 기초 작업된 프레지에서 스토리를 전개하는 효과적인 방법을 자세하게 알아보겠습니다.

- 사용 예제 : Q12\글로벌 전략 프로젝트 예제
- 완성 예제 : Q12\글로벌 전략 프로젝트 완성
- 예제 파일 : Q12 폴더

(1) 프레지에서 목차 키워드 입력하기

01 프레지에 로그인한 후 'Q12' 폴더의 예제 바로가기 아이콘을 더블클릭하고 [복사하기]를 클릭합니다. 내 프레지에서 복사된 프레지를 클릭하고 프레지 관리 화면에서 [편집하기]를 클릭하여 프레지 편집을 시작합니다.

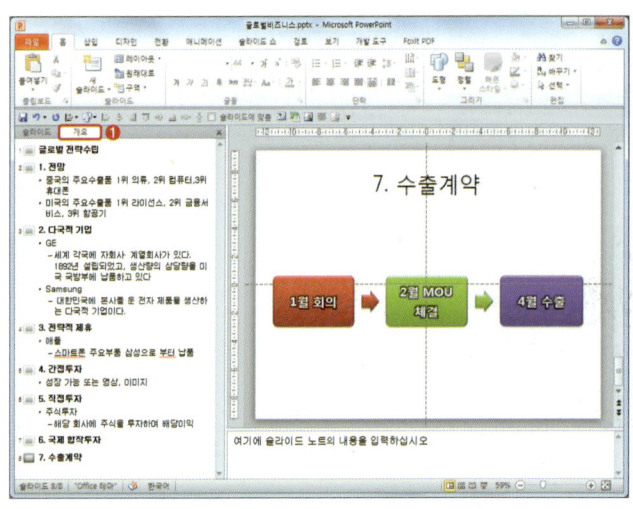

02 파워 포인트에서 예제 파일 '비즈니스.pptx' 파일을 열고 개요 창을 선택하여 프레지에 내용을 입력할 준비를 합니다.

03 프레지에서 각각의 영어 단어 하나에 목차 하나씩을 배치하여 모션을 극대화한 프레지를 제작해 보겠습니다. 프레지의 'KEY POINT' 문장의 'K' 알파벳을 확대하여 '전망'을 입력합니다. 텍스트 스타일은 '제목', 글자색은 '흰색', 텍스트 정렬은 '가운데'로 지정합니다.

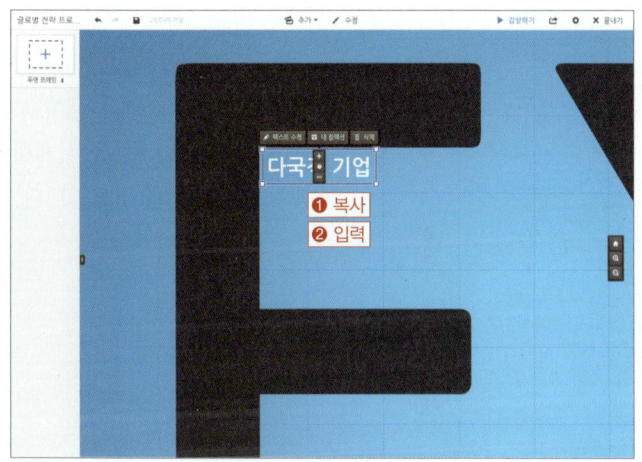

04 동일한 크기의 텍스트를 다른 알파벳에 입력하기 위해 텍스트를 선택하고 Ctrl + C , Ctrl + V 를 누른 후 'E' 알파벳에 배치하고 '다국적 기업'을 입력합니다.

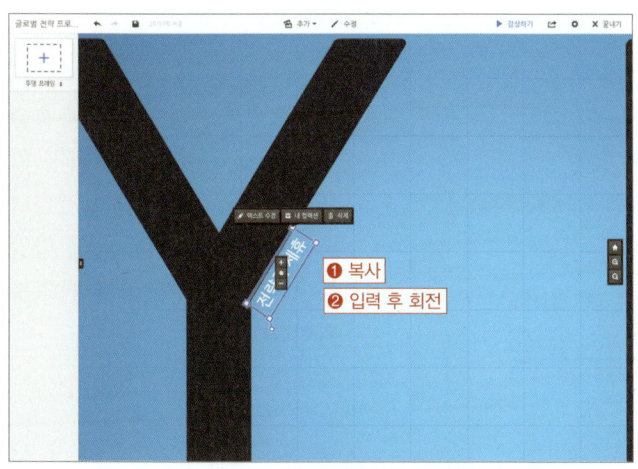

05 위와 동일한 방법으로 주제를 복사하여 '전략적 제휴'를 입력하고 'Y' 알파벳에 배치한 후 회전 핸들을 이용하여 다음과 같이 텍스트를 회전합니다.

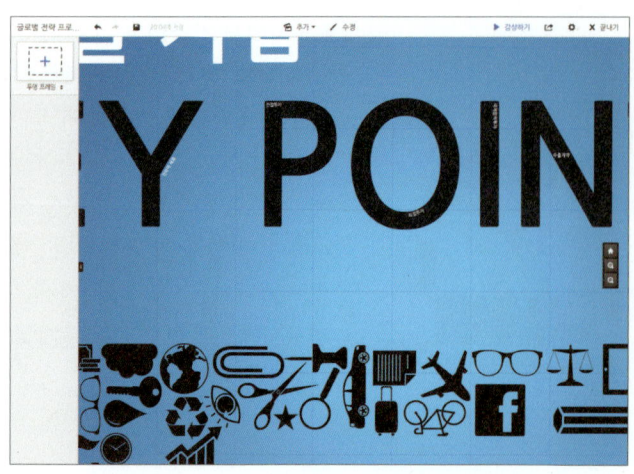

06 나머지 키워드도 위와 같은 방법으로 알파벳 'N'까지 입력합니다.

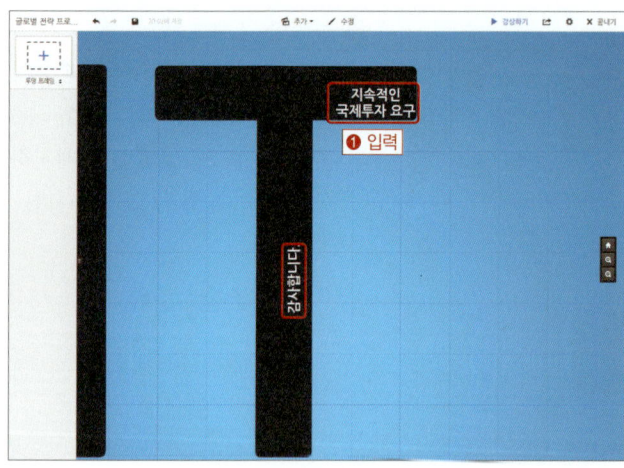

07 마지막 결론 부분은 '지속적인 국제투자 요구'와 '감사합니다.'를 입력합니다. 그림과 같이 복사하여 배치하고 내용을 전개할 목차의 주제 입력을 완성합니다.

(2) 콘텐츠 작성하고 패스 연결하기 1

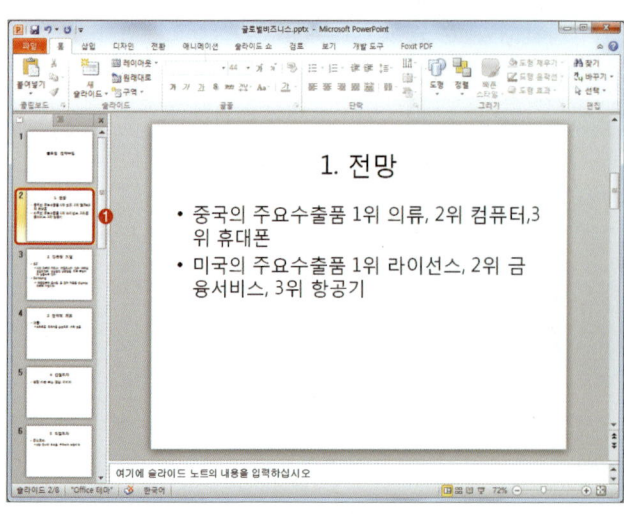

01 콘텐츠에서 핵심인 주요 수출품의 순위를 1위부터 3위까지 입력하고 패스를 연결해 보겠습니다. 먼저 파워포인트 예제 파일 두 번째 슬라이드의 콘텐츠를 확인합니다.

02 프레지의 비행기 이미지 위에 '중국의 주요수출품'을 입력하고 색상을 노란색으로 변경한 후 회전 핸들을 조절하여 다음과 같이 배치합니다.

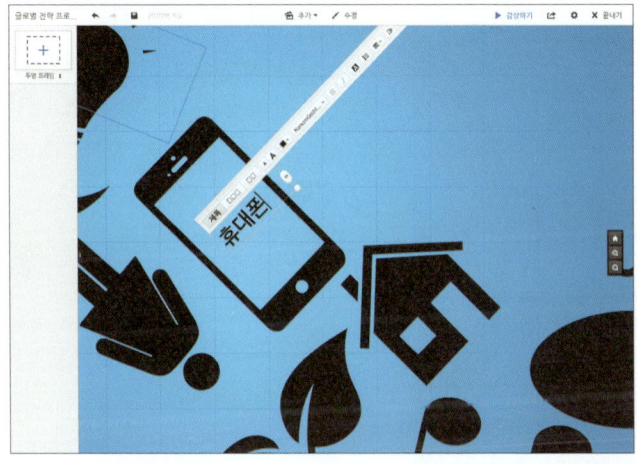

03 같은 방법으로 프레지의 휴대폰, 컴퓨터, 사람 이미지에 파워포인트에서 작성한 중국의 주요 수출품목의 1위부터 3위까지 텍스트를 입력하고 다음과 같이 배치합니다.

TIP '전망'이라는 핵심 키워드에서 내용을 전달할 콘텐츠와 이미지는 중국과 미국의 주요 수출품으로 선정하였으며, 자료는 통계청이나 삼성경제연구소에서 검색을 통해 찾아볼 수 있습니다.

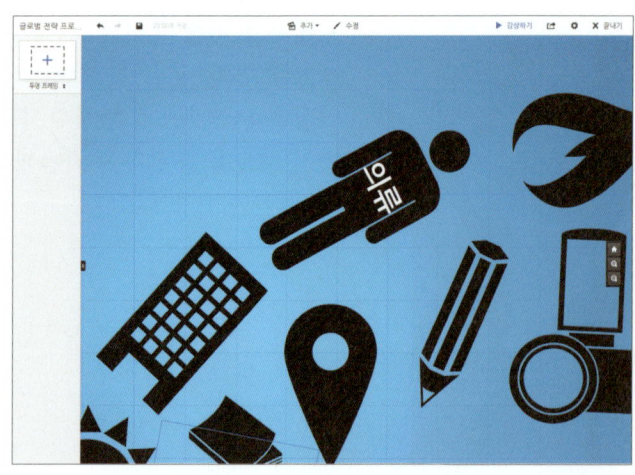

04 프레지의 [패스 설정]을 클릭하고 [현재 화면 추가]를 클릭합니다. '글로벌 기업', 'KEY POINT'를 순서대로 클릭하여 패스를 지정합니다.

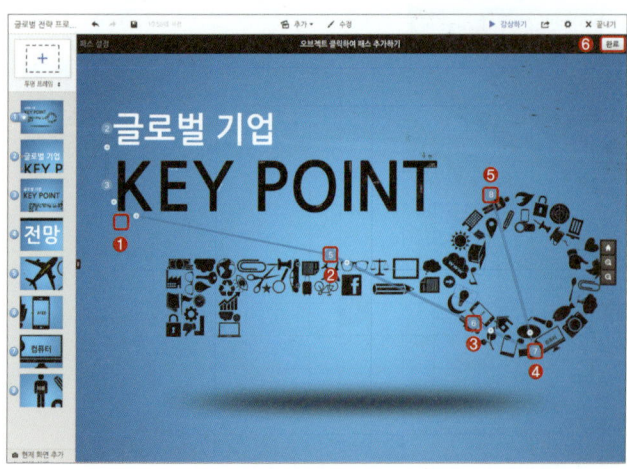

05 첫 번째 키워드인 '전망'을 패스로 연결한 뒤 중국의 주력 수출품목 중 3위 휴대폰, 2위 컴퓨터, 1위 의류를 주밍하여 순서대로 패스를 연결한 후 [완료]를 클릭하여 첫 번째 '전망' 키워드와 콘텐츠를 완성합니다.

(3) 콘텐츠 작성하고 패스 연결하기 2

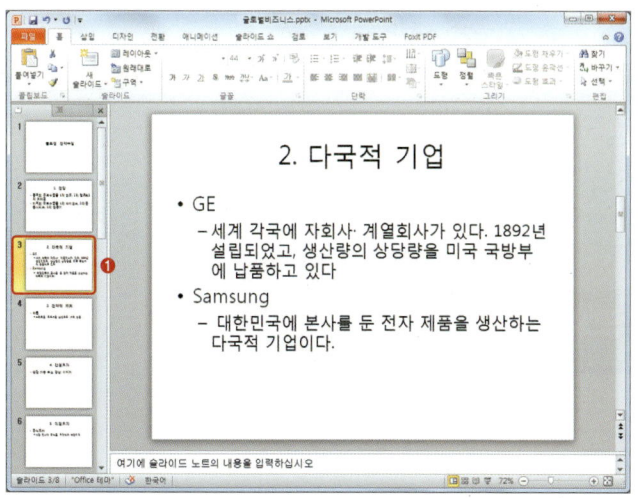

01 두 번째 핵심 키워드는 '다국적 기업'입니다. 인터넷을 통해 다국적 기업인 GE와 SAMSUNG 두 회사에 대해 검색하면 관련된 콘텐츠 또는 이미지를 수집할 수 있습니다. 파워포인트 예제의 세 번째 슬라이드를 확인합니다.

02 프레지의 지구본 이미지 위에 'GE'를 입력하고 다음과 같이 배치합니다.

03 파워포인트의 'GE'의 콘텐츠 내용을 복사하고 프레지의 지구본 이미지 위에 붙여넣기한 후 다음과 같이 배치합니다.

알·고·가·자

긴 글 복사하기

장문의 텍스트를 복사하여 붙여넣기하면 아래의 그림과 같이 텍스트의 길이가 길어져 조절하기 어렵습니다. 따라서 텍스트 상자의 길이 조절 핸들을 통해 크기를 미리 지정해 두면 지정된 길이 안에 텍스트가 자동 줄 바꿈되므로 편리합니다.

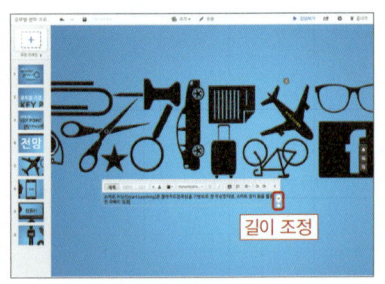

▲ 길이 조절 핸들로 길이 조절

04 프레지의 돋보기 이미지 위에 '삼성'을 입력하고 회전 핸들로 방향을 조절합니다.

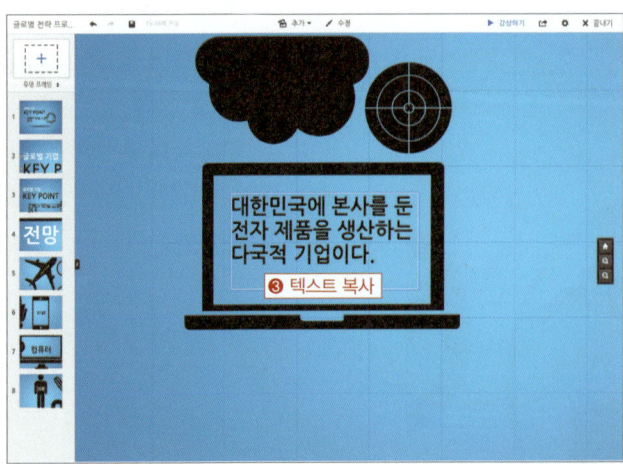

05 파워포인트 예제 두 번째 슬라이드의 콘텐츠를 복사하여 노트북 이미지 위에 그림과 같이 배치합니다.

06 프레지의 [패스 설정]을 클릭하고 '다국적 기업'과 'GE'를 순서대로 클릭하여 패스를 지정합니다.

07 지구본 이미지를 패스로 연결하고 콘텐츠와 돋보기, 노트북 이미지의 패스를 차례로 연결한 후 [완료]를 클릭합니다.

(4) 콘텐츠 작성하고 패스 연결하기 3

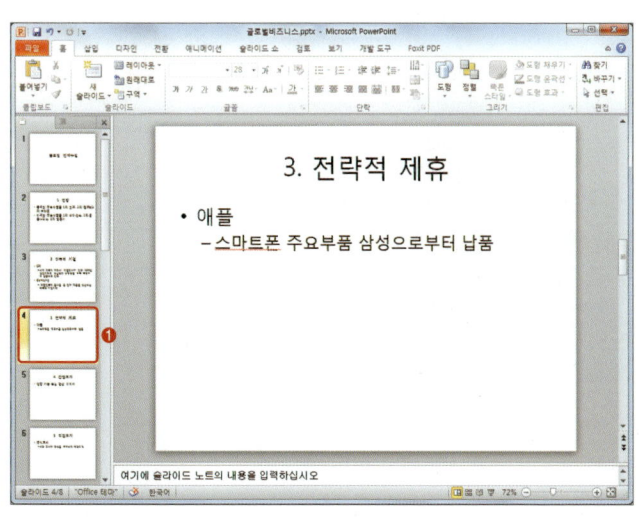

01 세 번째 핵심 키워드는 '전략적 제휴'입니다. 위와 동일한 방법으로 인터넷을 통해 콘텐츠를 수집할 수 있습니다. 파워포인트 예제 네 번째 슬라이드를 확인합니다.

02 프레지의 저울계 이미지 위에 '스마트폰 주요 부품 삼성으로부터 납품'을 입력하고 다음과 같이 배치합니다.

03 그림과 같이 '애플', '삼성'의 텍스트를 입력하고 배치합니다.

04 프레지의 [패스 설정]을 클릭하고 '다국적 기업' 텍스트를 선택하여 패스를 연결한 후 저울계 이미지를 그림과 같이 한 화면에 들어오도록 주밍한 후 [현재 화면 추가]를 클릭합니다.

05 패스 경로 창의 [프레임 내용에 페이드인 효과 적용]을 클릭하고 [애니메이션 효과] 창에서 '애플'과 '삼성' 텍스트를 차례로 클릭하여 애니메이션을 추가한 후 [Done]을 선택합니다.

(5) 이미지 삽입하고 패스 연결하기 1

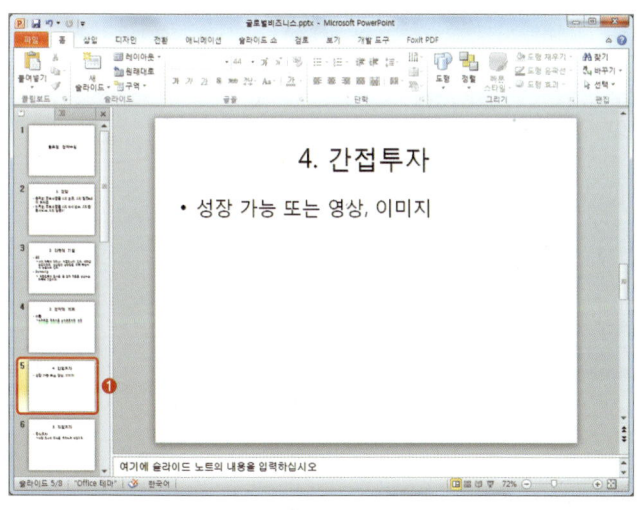

01 네 번째 핵심 키워드는 '간접투자'입니다. 주제에 사용할 콘텐츠 또는 이미지를 결정하지 못한 경우 프레지의 웹 이미지 검색으로 빠르게 이미지를 찾아서 삽입할 수 있습니다. 파워포인트 예제 다섯 번째 슬라이드를 확인합니다.

02 프레지의 [패스 설정]을 클릭하고 프레지에 입력된 '간접투자'를 선택하여 패스로 연결한 후 상승형 이미지를 클릭하고 [완료]를 클릭합니다.

03 [추가]-[이미지]를 선택하고 [이미지 추가] 속성창의 [웹에서 이미지 검색하기]에 '성장'을 입력한 후 검색된 이미지에서 적합한 사진을 드래그하여 이미지를 삽입합니다.

04 화살표 끝 부분에 이미지를 배치하고 그림과 같이 회전합니다. [패스 설정]을 클릭하고 그림과 같이 패스를 연결한 후 [완료]를 선택합니다.

(6) 이미지 삽입하고 패스 연결하기 2

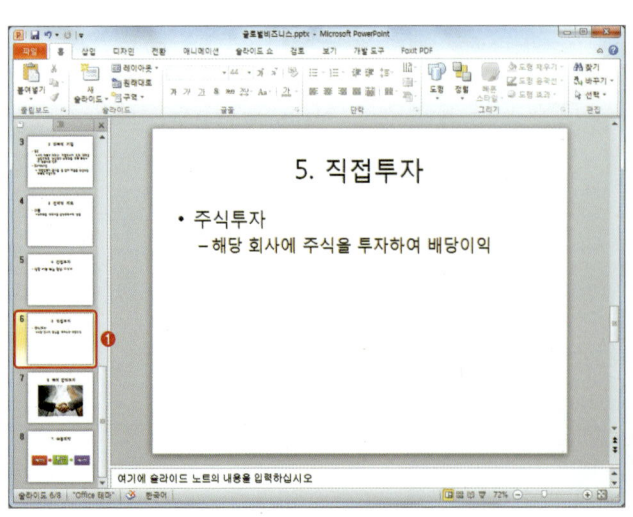

01 다섯 번째 핵심 키워드는 '직접투자'입니다. 파워포인트 예제 여섯 번째 슬라이드를 확인합니다.

02 프레지의 나무 이미지를 주밍하고 [추가]-[이미지]를 클릭합니다. [이미지 추가] 속성창의 [웹에서 이미지 검색하기]에 '주식'을 입력하여 적당한 이미지를 삽입한 후 다음과 같이 배치합니다.

03 [패스 설정]을 클릭하고 '직접투자'와 나무 이미지, 웹 이미지를 차례대로 클릭하여 패스를 연결한 후 [완료]를 선택합니다.

(7) 이미지 삽입하고 패스 연결하기 3

01 여섯 번째 핵심 키워드는 '국제 합작투자'입니다. 보유하고 있는 이미지가 파워포인트에 있다면 이미지를 저장하여 파워포인트에 삽입합니다. 파워포인트 예제 일곱 번째 슬라이드를 확인합니다.

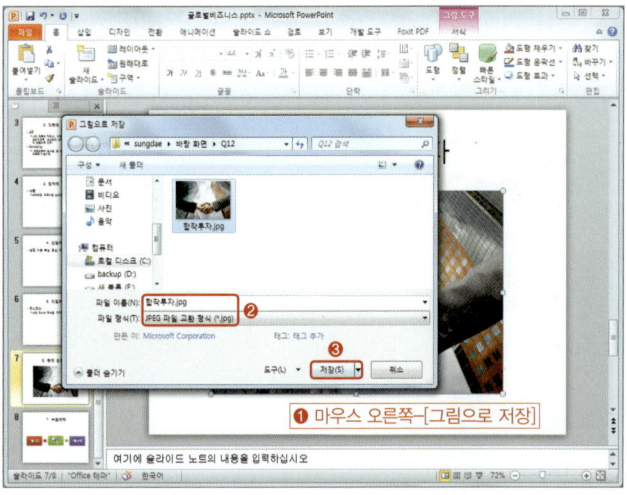

02 슬라이드의 이미지를 선택하고 마우스 오른쪽 버튼을 클릭한 후 [그림으로 저장]을 선택하여 그림으로 저장합니다.

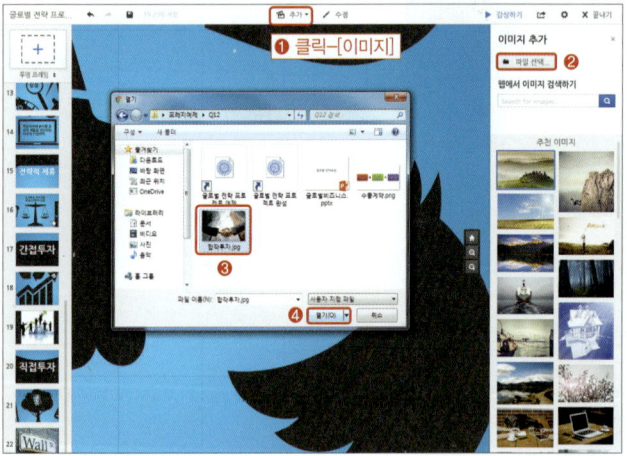

03 프레지에서 엄지손가락을 세운 이미지를 주밍하고 [추가]-[이미지]를 클릭합니다. [이미지 추가] 속성창의 [파일 선택]을 선택한 후 저장한 이미지를 선택하고 [열기]를 클릭하여 이미지를 삽입합니다.

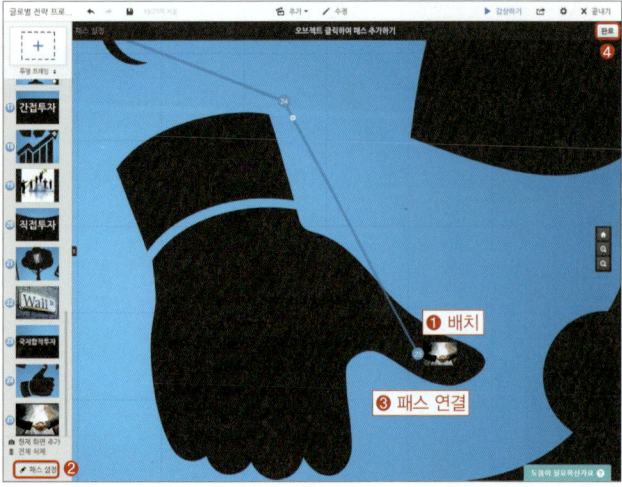

04 이미지를 엄지손가락 끝 부분에 배치합니다. [패스 설정]을 클릭하여 '국제합작투자'와 이미지를 패스로 연결하고 [완료]를 클릭합니다.

(8) 스마트아트 삽입하고 패스 연결하기

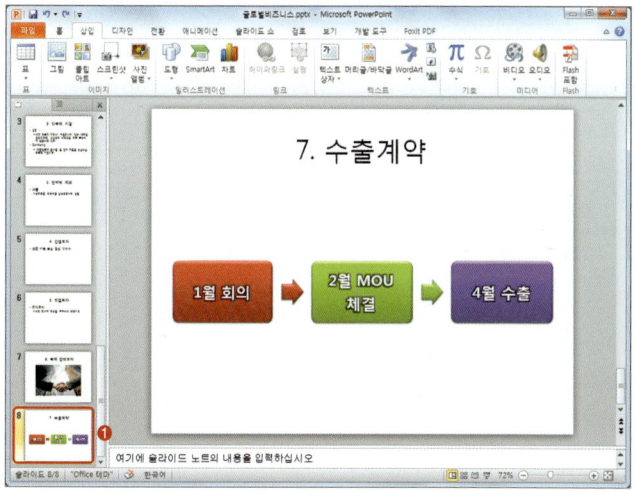

01 일곱 번째 핵심 키워드는 '수출계약'입니다. 수출계약 시기를 파워포인트의 스마트아트로 제작하여 프레지에 삽입합니다. 파워포인트 예제의 여덟 번째 슬라이드를 확인합니다.

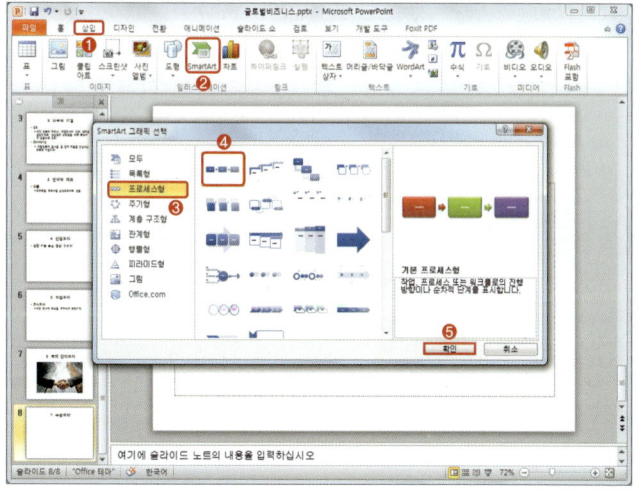

02 [삽입] 탭-[일러스트레이션] 그룹의 [SmartArt]를 클릭하고 [프로세스 형]-[기본 프로세스]를 선택한 후 [확인]을 클릭하고 SmartArt 내용을 작성합니다.

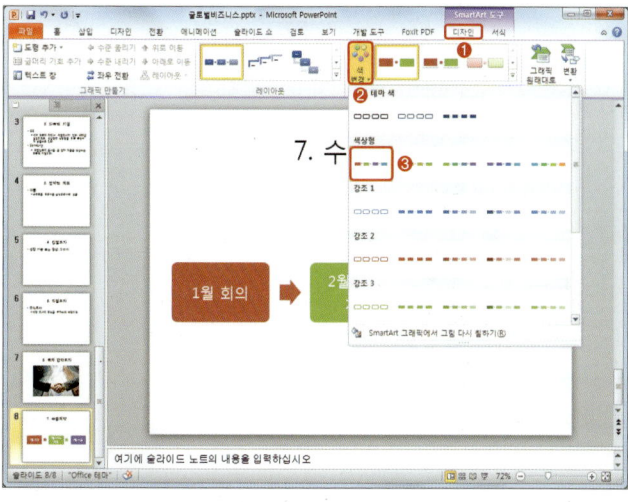

03 [SmartArt] 도구의 [디자인] 탭-[색 변경]을 선택하여 [색상형]-[색상형-강조색]을 클릭합니다.

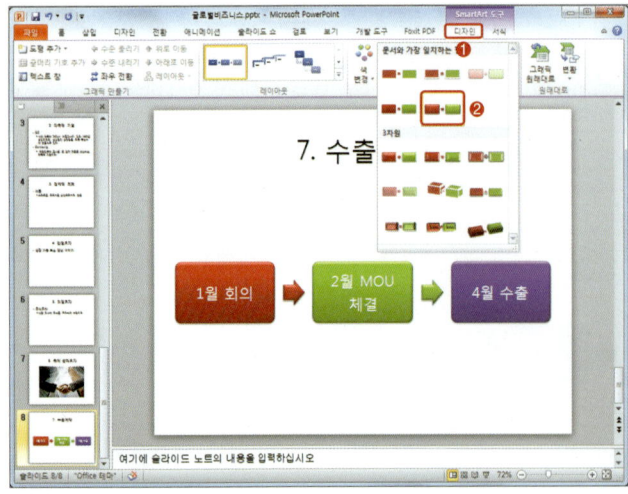

04 [SmartArt] 도구의 [디자인] 탭-[SmartArt 스타일] 그룹-[자세히]를 클릭하여 [문서와 가장 일치하는 항목]-[강한 효과]를 선택합니다.

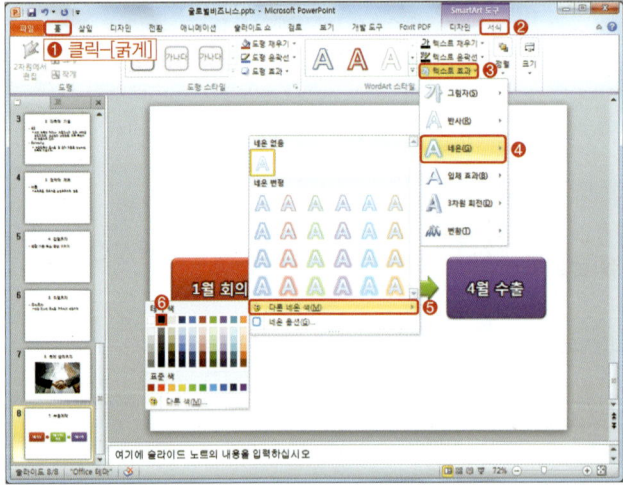

05 [홈] 탭-[글꼴] 그룹에서 [굵게]를 선택하고 [SmartArt] 도구의 [서식] 탭-[WordArt 스타일] 그룹의 [텍스트 효과]를 클릭한 후 [네온]-[다른 네온 색]-[테마 색]- [검정, 텍스트1]을 선택합니다.

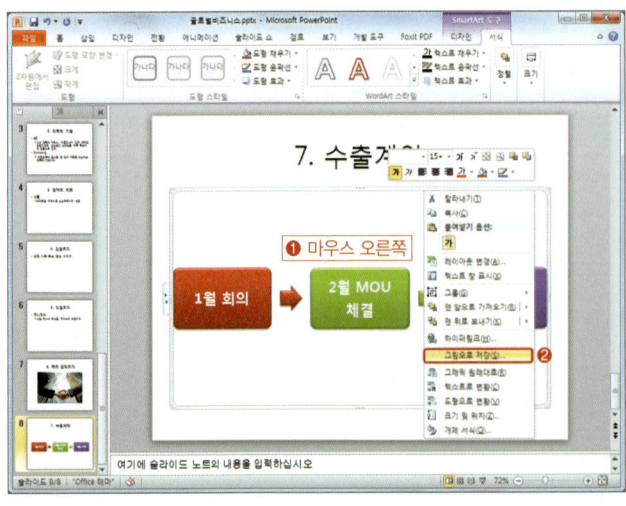

06 SmartArt를 선택하고 마우스 오른쪽 버튼을 클릭한 후 [그림으로 저장]을 선택하여 이미지로 저장합니다.

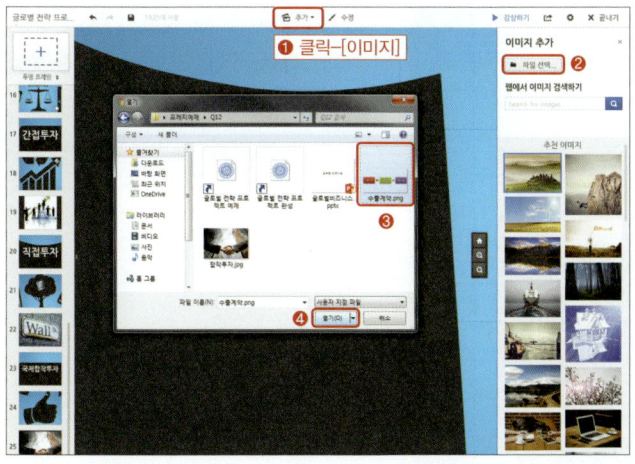

07 프레지에서 책 이미지를 주밍하고 [추가]-[이미지]를 클릭합니다. [이미지 추가] 속성창의 [파일 선택]을 선택하여 저장한 SmartArt 이미지를 클릭하고 삽입합니다.

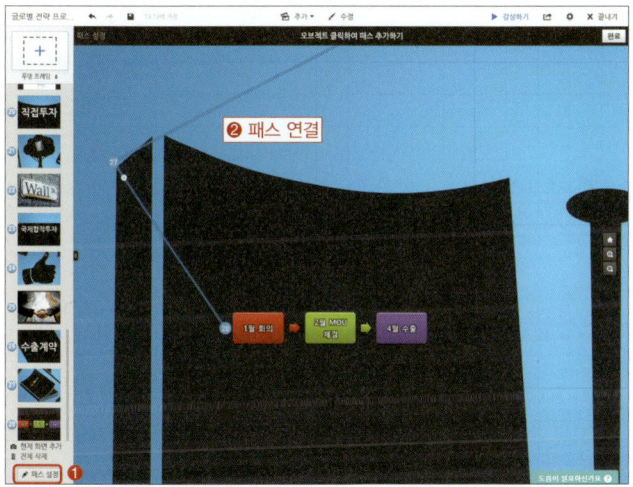

08 [패스 설정]을 클릭하고 '수출계약'을 패스로 연결한 후 책 이미지와 SmartArt 이미지를 차례대로 클릭하여 패스를 연결합니다.

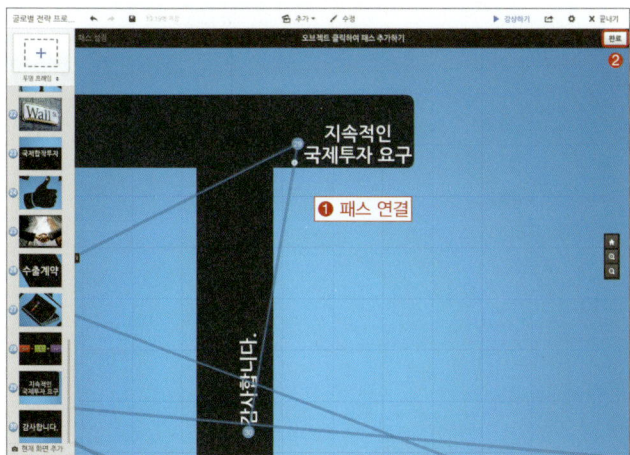

09 추가로 '지속적인 국제투자 요구'와 '감사합니다.'를 패스로 연결하고 [완료]를 클릭하여 완성합니다.

⑩ [감상하기]를 클릭하여 전체적인 패스 연결과 스토리 전개를 파악하고 추가할 것과 불필요한 것은 정리하여 프로젝트를 마무리합니다.

03 | 직접 해보는 실전기획

기획은 주제에 대한 고민과 아이디어에서 출발합니다. '창의력 개발'이라는 주제로 아래의 빈 공간에 주제와 연관성 있는 단어를 추가하고 내용을 구성하여 직접 기획해 보세요.

- 사용 예제 : Q13\Creativity 예제
- 예제 파일 : Q13 폴더

▲ 주제 및 핵심 키워드 분류

▲ 핵심 키워드에 포함될 콘텐츠 작성

핵심 키워드가 작성되었다면 'Q13' 폴더의 '창의력개발.pptx' 파일에 콘텐츠를 작성한 후 'Q13' 폴더의 예제 바로가기 아이콘을 더블클릭합니다. [복사하기]를 클릭하여 준비된 프레지에서 콘텐츠와 패스를 직접 제작해 보세요.

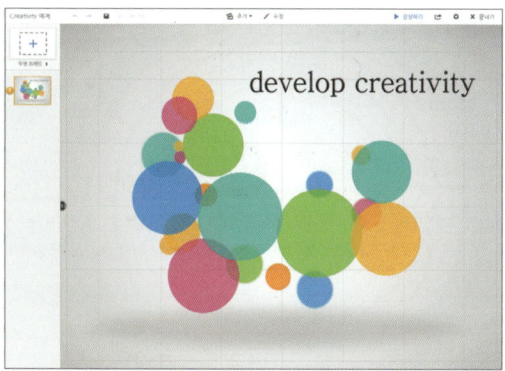

02 CHAPTER
고급 사용자를 위한 프레젠테이션 제작 노하우

프레지와 파워포인트는 서로의 장단점이 확실하게 구별됩니다. 프레지는 역동성을, 파워포인트는 간결하고 부드러운 느낌을 표현하는 데 적합합니다. 프레지에서 표현하지 못하는 세련된 도해를 파워포인트에서 표현하고, 차트나 애니메이션의 자연스러움을 더한다면 개성있고 세련된 발표를 할 수 있습니다. 이번 장에서는 고급 사용자를 위한 3D 이미지 처리와 움직이는 차트·애니메이션으로 꾸며보는 프레지에 대해 알아보겠습니다.

- 사용 예제 : Q14\TPM 활동 예제
- 완성 예제 : Q14\TPM 활동 완성
- 예제 파일 : Q14 폴더

(1) 파워포인트에서 3D 이미지 제작하기

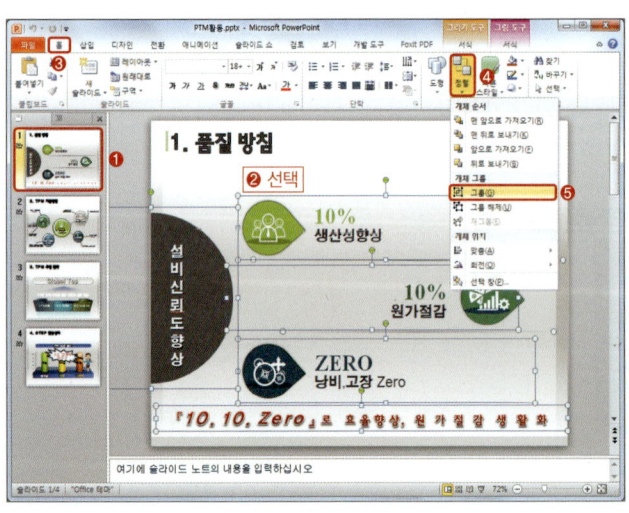

01 파워포인트를 실행하여 'TPM 활동.pptx' 파일을 열고 첫 번째 슬라이드를 선택합니다. 제목 타이틀을 제외한 나머지 객체를 선택하고 [홈] 탭-[그리기] 그룹-[정렬]을 클릭한 후 [개체 그룹]-[그룹]을 선택합니다.

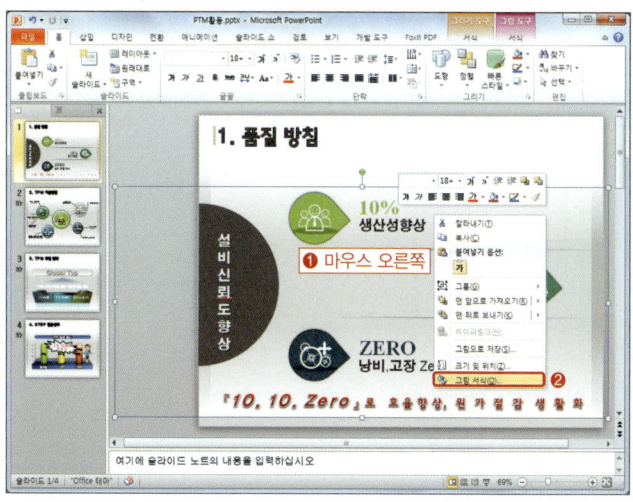

02 그룹화한 객체를 마우스 오른쪽 버튼으로 클릭하고 [그림 서식]을 선택하여 [그림 서식] 대화상자를 엽니다.

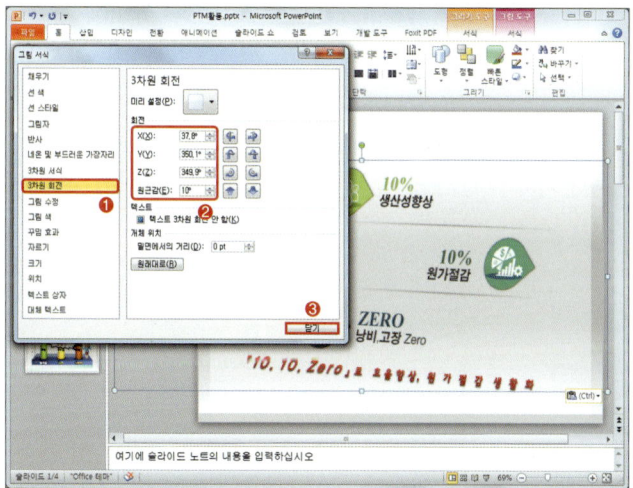

03 [그림 서식] 대화상자에서 [3차원 회전]을 선택하고 그림과 같이 회전 수치를 변경한 후 [닫기] 버튼을 클릭합니다.

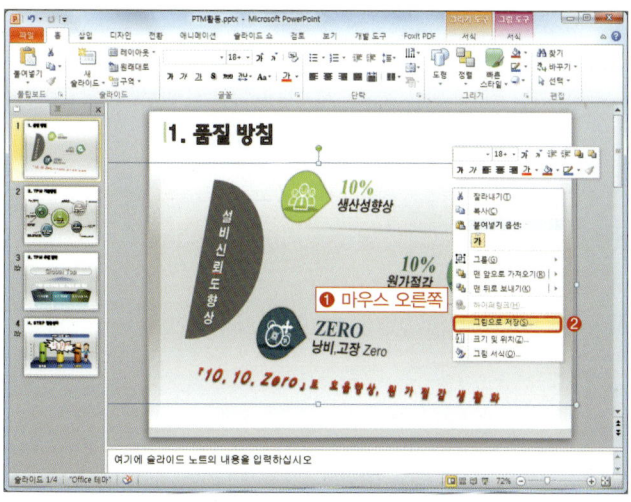

04 그림 객체를 선택하고 마우스 오른쪽 버튼을 클릭한 후 [그림으로 저장]을 선택하여 이미지로 저장합니다.

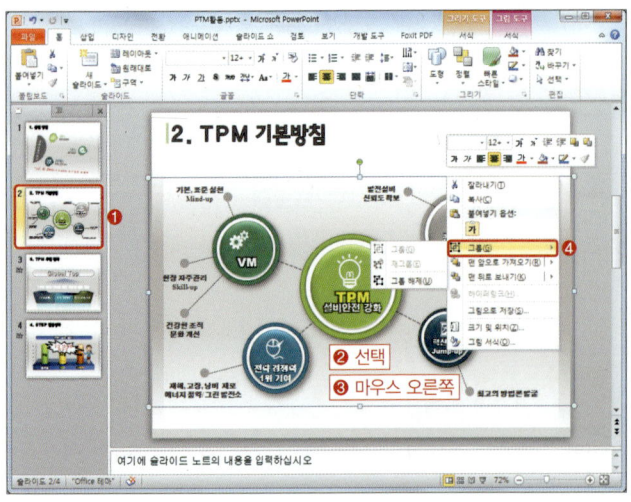

05 두 번째 슬라이드를 선택하고 같은 방법으로 제목 타이틀을 제외하고 그룹으로 지정을 합니다.

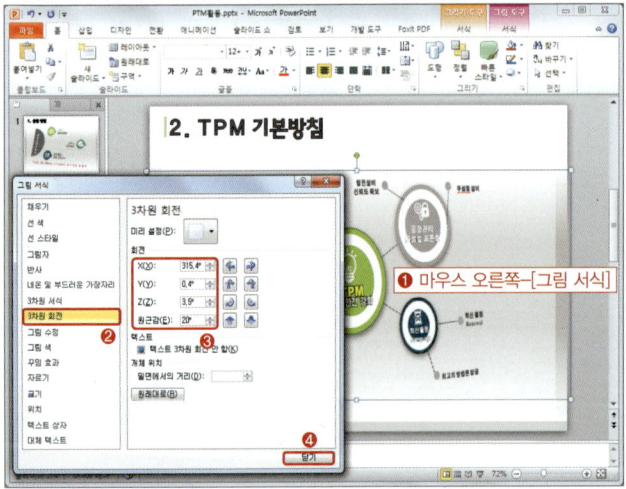

06 그룹화한 객체를 마우스 오른쪽 버튼으로 클릭하고 [그림 서식]을 선택하여 [그림 서식] 대화상자를 엽니다. [3차원 회전]을 클릭하고 회전을 설정한 후 [닫기]를 클릭합니다.

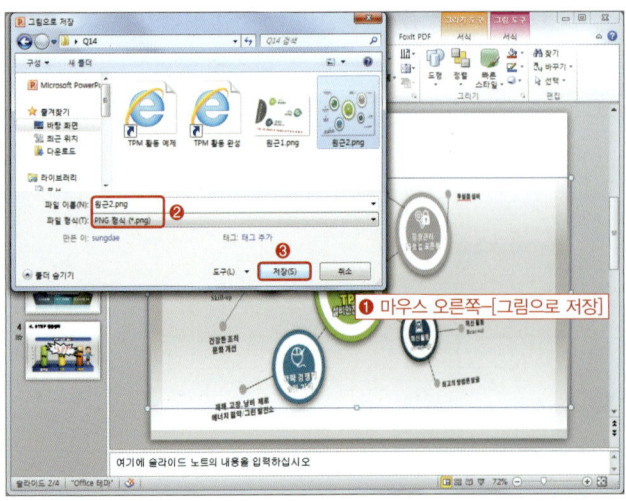

07 그림 객체를 선택하고 마우스 오른쪽 버튼을 클릭한 후 [그림으로 저장]을 선택하여 이미지로 저장합니다.

(2) 애니메이션을 동영상으로 제작하기

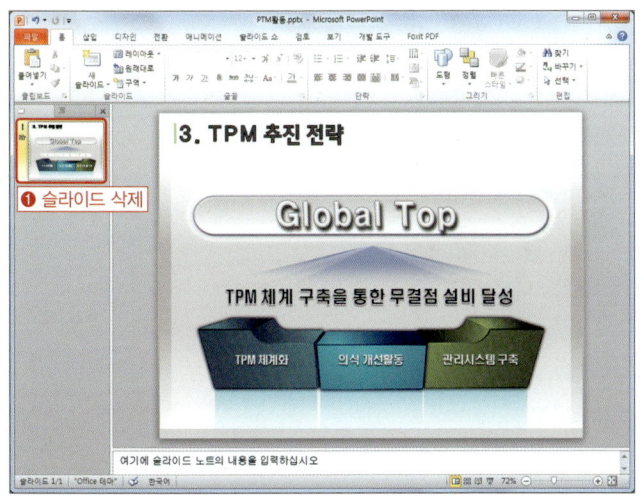

01 도해에 포함된 애니메이션을 동영상으로 만들기 위해 예제 파일에서 세 번째 슬라이드만 남기고 다른 슬라이드를 모두 선택한 후 Delete 를 눌러 삭제합니다.

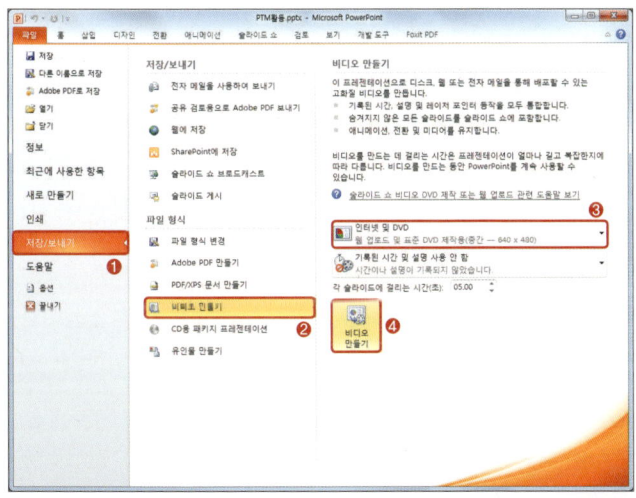

02 [파일] 탭의 [저장/보내기]를 선택하고 [파일 형식]-[비디오 만들기]를 클릭합니다. [인터넷 및 DVD]를 선택하고 슬라이드에 걸리는 시간을 확인한 후 [비디오 만들기]를 클릭합니다.

TIP 비디오 만들기 기능은 파워포인트2010 이상의 버전에서 제공됩니다.

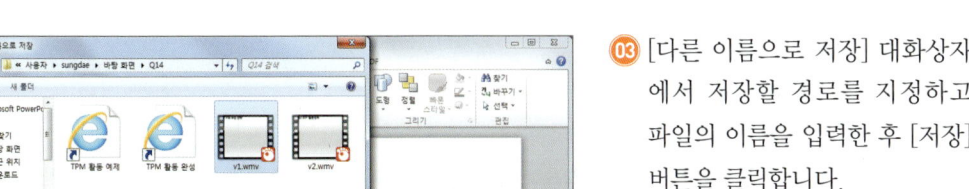

03 [다른 이름으로 저장] 대화상자에서 저장할 경로를 지정하고 파일의 이름을 입력한 후 [저장] 버튼을 클릭합니다.

04 동영상의 저장이 완료되면 Ctrl + Z 를 눌러 슬라이드 삭제 작업을 실행 취소하고 네 번째 슬라이드만 남기고 나머지 슬라이드는 삭제합니다.

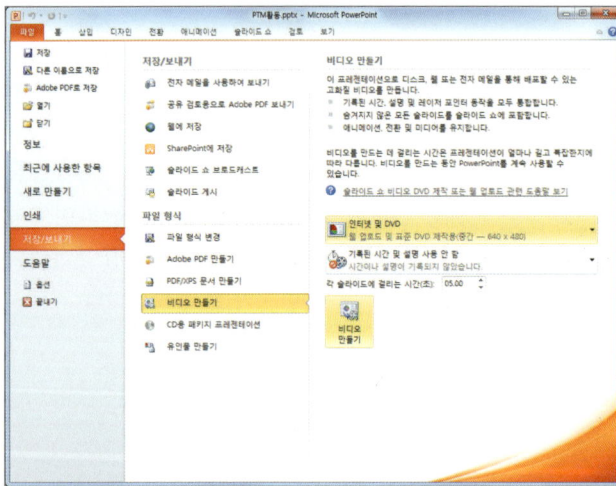

05 같은 방법으로 동영상을 저장합니다.

> **알·고·가·자**
>
> **동영상 제작 확인하기**
>
> 동영상 제작과정은 슬라이드 상태 표시줄에서 확인할 수 있습니다.
>
>
>
> 동영상으로 제작할 때 프레지 용량에 제한이 있으므로 640 * 480을 초과하지 않도록 하며, 너무 긴 동영상 역시 용량에 부담을 줄 수 있습니다.

(3) 프레지에 3D 이미지와 동영상 삽입하기

01 프레지에 로그인한 후 'Q14' 폴더의 예제 바로가기 아이콘을 더블 클릭하고 [복사하기]를 클릭합니다. 내 프레지에서 복사된 프레지를 클릭하고 프레지 관리 화면에서 [편집하기]를 클릭하여 프레지 편집을 시작합니다.

02 프레지에서 [추가]-[이미지]를 클릭한 후 [이미지 추가] 속성창에서 [파일 선택]을 선택합니다. 대화상자에서 저장한 이미지를 선택하고 [열기]를 클릭해 이미지를 삽입합니다.

03 프레지를 주밍하여 그림과 같이 회전 핸들로 조정하여 배치합니다.

04 프레지에서 [추가]-[파일(PDF, 동영상)에서...]를 클릭한 후 대화상자에서 저장한 동영상을 모두 선택하고 [열기]를 클릭합니다.

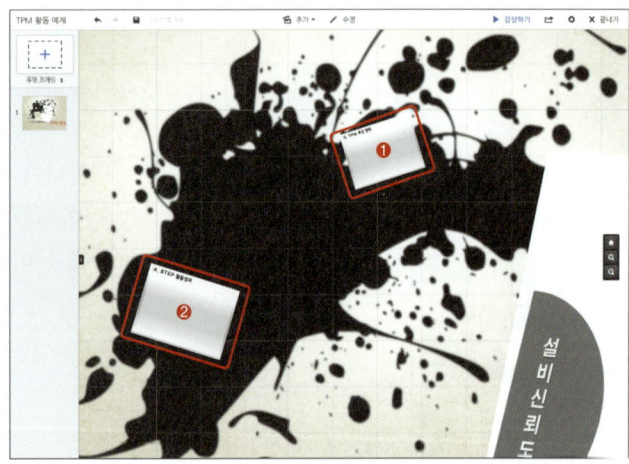

05 동영상을 선택하여 크기를 조절하고 회전하여 다음 그림과 같이 크기를 변경합니다.

(4) 패스 연결하고 완성하기

01 [패스 설정]을 클릭하고 전체 화면을 클릭하여 패스를 연결하고 오른쪽의 문서 이미지에 패스를 연결합니다.

02 그림과 같이 주밍하여 [현재 화면 추가]를 클릭하여 패스를 추가합니다.

03 같은 방법으로 주밍하여 나머지 두 개의 이미지도 [현재 화면 추가]로 패스를 지정합니다.

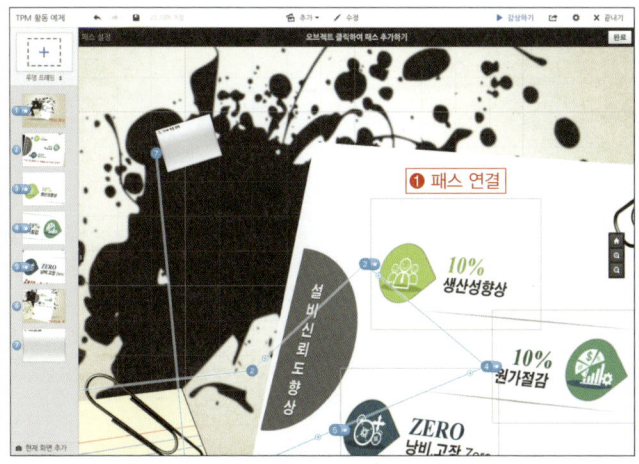

04 오른쪽 문서 이미지를 다시 한 번 클릭하여 패스를 지정하고 상단에 배치한 동영상을 클릭하여 패스를 연결합니다.

05 같은 방법으로 왼쪽 노트의 이미지 역시 주밍하여 [현재 화면 추가]를 클릭해 다음과 같이 패스를 지정합니다.

06 마지막 동영상을 패스로 연결하고 전체를 다시 한 번 패스로 연결한 후 [완료]를 클릭하여 완성합니다.

INDEX | 찾아보기

ㄱ

가이드라인	067
감상하기	054
강연 형태	012
개발 도구	224
개인 정보	042
검색 기능 제외	092
고급 사용자	302
공동 작업	154
괄호 프레임	075
구글 이미지 검색	091
구조화	016, 280, 284
귀납법	019
그룹 설정	066
그룹 해제	066
글꼴 변경	063
글로벌	278
글머리 그림	160
글머리 기호	064
금속 프레임	244
기본글꼴	141
기본틀	283
기억력	015
기획	012, 014, 278
꾸밈 효과	244

ㄴ

네온 효과	225
노하우	302

ㄷ

다국적기업	289
다운로드	158
단축키	151
데스크톱	035
데이터	024
도움말 & 설정	149
도형 갤러리	161
도형 색	172
도형 회전 핸들	167
돋보기	050
동영상 삽입	114
동영상 튜토리얼	149

ㄹ

로그아웃	043
로직트리	017
리허설	021

ㅁ

마인드맵	014, 279
매뉴얼	149
매트릭스	017
맨 뒤로 보내기	085
멀티 프레임	105
모양	098
모양 조절	170
모양조절점	166
목적	022

ㅂ

바로가기 키	160
반투명	193
발표	012, 278
발표용 도구	012
방향 설정	021
배경 음악	119
배경 이미지	144
배경 제거	248
배우기 & 고객지원	049
벤치마킹	023, 027, 283
변환 도구	065
부계정	047
빠른 스타일	174

ㅅ

사각형 프레임	076
사운드 변경	122
사운드 삽입	120
사진 앨범	242
상상력	186
상위 버전	034
서비스	034
선 그리기	085
선 두께	084
성장 앨범	241

세계지도	272	인터렉티브	261
셰이프	220	인터페이스	052
수정 메뉴	053	입체 원근감	244
수정창	145	입체효과	181
숨기기	156		

ㅈ

스마트 러닝	248	자료 수집	023
스마트 아트	210	자료 정리	283
스타일 버튼	084	자유형	221
스타일 지정	172	장소	022
스토리보드	024, 282	장애 발생	034
스토리텔링	030	재질	180
스티브 잡스	117	저작권	092
슬라이드 활용	132	저작도구	020
시각화	024	정보	015
시계열	019, 199	정보 수집	021, 023
시나리오	013	정보 추출	023
시각화 작업	021	제작	012, 278
실전기획	300	조감도	212
실행 취소	080	조명	180
심볼	098	주밍의 극대화	261
싱글 프레임	105	직유	016
		진행 방향	086

ㅇ

ㅊ

아이디어	032	창의력	015
안내선	161	창의력 개발	300
압축파일	159	청중	022
애니메이션	080, 254	추가 메뉴	052
애니메이션 화면	055	출처	023
양방향 커뮤니케이션	012		

ㅋ

영상 자료	026	캔버스	031
오류	034	캔버스 비율	033
원 프레임	075	콘셉트	013
원격 프레젠테이션	157	콘텐츠 구상	021, 024
유명인사	267	콘텐츠 수집	280
유튜브 동영상	114	크리스마스 캐롤	123
은유	016	클라우드	046
이미지 바꾸기	246	키워드	280
이미지 자르기	216		
이미지 추가	089		
이야기	030		
인기 프레지	050		
인지과학	015		
인터넷 및 DVD	263		

INDEX

ㅌ

탐색 메뉴	049
테마 수정	137
테마 종류	135
테마 활용	135
텍스트 배경	064
텍스트 분리	064
텍스트 색상	063
텍스트 서식	062
텍스트 수정	065
텍스트 입력	060
템플릿	045
통계 자료	023
통계청	024
투명 프레임	076

ㅍ

파스텔	192
파워포인트 제안서	131
페널티	209
패스 삭제	069
패스 설정	068
패스 순서	068, 088
패스 확인	070
퍼블릭 라이선스	041
페이드 인	056, 254, 273
페인트스트로크	244
편집 화면	054
폰트	141
프레임	074
프레임 내용에 페이드인 효과	081
프레임 편집	077
프레임만 제거	080
프레임으로 줌 인	078
프레지	030
프레지 공유	152
프레지 메뉴	049
프레지 생성	043
프레지 시작	061
프로필	232
피드백	027

ㅎ

현재 화면 추가	069
형광펜 그리기	085
화면비율	150
화살표 그리기	083
회원가입	039
회전조절점	066, 094
휴대용	158

A ~ Z

Adam somla	031
Adobe Acrobat Reader	154
Apply	142
AVI	115
AWS; Amazon Web Services	046
Background	137
Body	138
CAD	031
CSS Editor	141
Edit	146
Edu Enjoy	041
Enjoy	040
F4V	115
FLV	115
GE	289
GIF	089
iCloud	046
JPG	089
M4v	115
MOV	115
MP4	115
MPEG	115
pan	032
PDF 문서	125
PEOPLE	022
PLACE	022
PNG	089
Point	013
Public	040
PURPOSE	022
Reset	231
Resize image	090
SAMSUNG	289
Styles	099
Subtitle	138
TED	116
Theme Wizard	137
Title	138
wmf	226
X축	031
Y축	031
YouTube	032
Z축	031
zoom	032
ZUI(Zooming User Interface)	032

1 ~ 9

16:9	033
3단 구성	018
3차원 도형	178
3D	031
3D Background	144
3GP	115
3P 분석	022
4:3	033

이미지 출처

이 책에 사용된 이미지는 http://www.avery.com, http://www.stocklayouts.com, http://office microsoft.com, https://www.flickr.com의 무료 라이선스 이미지와 소유자의 허락과 동의에 해 사용된 것입니다. 일부 출처를 밝히지 않은 이미지는 원저작자를 알 수 없거나 저자가 직 제작한 것으로 이미지의 권리는 원저작자에게 있음을 알립니다. 또한 응용된 프레지 작품은 초 저작자가 라이선스를 가지고 있으며 저작자를 표시합니다.

by Meaghan Hendricks,
Jerry Howard, President & CEO
by Leticia Britos Cavagnaro _PreziPlaybook
The Prezenter Ltd offers Prezi training, Prezi design, and Prezi support to customers w
http://www.theprezenter.com

프레지에 파워포인트를 더하다!
프레지 기본&실무

발행일 | 2014년 7월 1일 초판 발행
2017년 1월 30일 1차 개정

자 | 김성대 · 유정수

정용수

예문사

도 파주시 직지길 460(출판도시) 도서출판 예문사

55-0550
-0660

정가 : 18,000원